Andreas Redtenbacher (Hg.)

Die Zukunft der Liturgie

Andreas Redtenbacher
(Hg.)

Die Zukunft der Liturgie

Gottesdienst 40 Jahre nach dem Konzil

Tyrolia-Verlag · Innsbruck-Wien

Mitglied der Verlagsgruppe „engagement“

Bibliografische Information Der Deutschen Bibliothek
Die Deutsche Bibliothek verzeichnet diese Publikation in der Deutschen Nationalbibliografie; detaillierte bibliografische Daten sind im Internet über <http://dnb.ddb.de> abrufbar.

2004

Umschlaggestaltung: unisono Werbeagentur, Innsbruck
Layout: Tyrolia-Verlag, Innsbruck
Druck und Bindung: MA-Tisk, Slowenien
ISBN 3-7022-2577-3
E-Mail: buchverlag@tyrolia.at
Internet: www.tyrolia.at

Inhaltsverzeichnis

Vorwort

„Die Zukunft der Liturgiereform des Zweiten Vatikanischen Konzils – Standortbestimmung und Festveranstaltung anlässlich 40 Jahre Liturgiekonstitution Sacrosanctum Concilium“: So lautete das Thema dieser Tagung, die am 11. Oktober 2003, dem 41. Jahrestag der Konzilseröffnung und liturgischen Gedenktag des seligen Konzilspapstes Johannes XXIII., von der Liturgiekommission und den drei Territorialvikariaten der Erzdiözese Wien in Zusammenarbeit mit namhaften Fachleuten in der Konzilsgedächtniskirche in Wien-Lainz veranstaltet wurde[1]. Der vorliegende Studienband dokumentiert in ergänzter und überarbeiteter Form die Beiträge und Ergebnisse dieser Tagung. Die Veranstaltung hatte ein enormes Interesse und Echo ausgelöst[2]: An die 300 Teilnehmer waren gekommen, eine Zahl, die bei ähnlichen Veranstaltungen zum 40. Anniversarium der Liturgiekonstitution nur noch in Trier mit Kardinal Joseph Ratzinger übertroffen wurde. Zugleich war die Wiener Tagung im deutschen Sprachraum die zeitlich erste zu diesem Thema. Bedenkt man die Rolle der Kirche Österreichs in der Liturgischen Bewegung und der folgenden konziliaren Liturgiereform (mit den Namen J. A. Jungmann, P. Parsch, K. Rahner, Kardinal König, Bischof Zauner und den Zentren Salzburg, Seckau, Klosterneuburg und Wien) und zugleich die Tatsache, dass bei aller berechtigten Sorge um das gottesdienstliche Leben in der gesellschaftlichen und pastoralen Situation von heute die Liturgie der Gemeinden hierzulande – wie Kardinal Franz König in seinem Interview aufzeigt – im Urteil vieler sich immer noch vitaler darstellt als in anderen Ländern, wird das sichtbar große Interesse erklärbarer. Denn die österreichischen Bischöfe hatten unmittelbar nach dem Konzil weitschauend und gezielt darauf gedrungen, die Gottesdiensterneuerung konkret in die Ebene der Pfarrgemeinden zu bringen: Das Konzil sollte nicht auf organisatorischen Zwischenebenen versickern – eine Priorită-

1 Tagungsprogramm: in diesem Band Seite 139.

2 Vorher und danach berichteten zahlreiche Medien und wissenschaftliche Zeitschriften über die Tagung – zugänglich sind zur Zeit der Abfassung: Kathpress Tagesdienst 236, 9. Okt. 2003, 4 und 241, 15. Okt. 2003, 5f.; Wiener Kirchenzeitung 12. Okt. 2003, 11. und 19. Okt. 2003, 19; http://www.liturgie.de/Informationen/Termine/40 Jahre Liturgiekonstitution; ausführlich: http://stephanscom.at/print/articles/200310/11/a3881 („Die Zukunft der Liturgiereform“ – 40 Jahre Liturgiekonstitution); BiLi 76 (2003) 291f brachte einen Bericht mit Vorankündigung einer weiteren Aufarbeitung; HlD plant 58 (2004) H. 3 od 4, MD ebenfalls 2004 einen ausführlichen Bericht.

tensetzung, die ihre Früchte trug. Angesichts der vielfach gewandelten Bedingungen ist „40 Jahre danach" dennoch wieder neu zu fragen, worin die bleibende Bedeutung von Sacrosanctum Concilium für heute liegt, denn „die Liturgiereform des Zweiten Vatikanischen Konzils wäre grob missdeutet, wenn man in ihr nur ein eigenwilliges Vorgehen nach Art sozialer und politischer Reformbestrebungen erblickte, in dem man eine alte durch eine neue [...] Gestalt der Liturgie ersetzen wollte. Wird die kirchliche Reform nicht im Licht der Begabung der Kirche mit dem Heiligen Geist als dem Geist Christi, des eigentlichen Herrn der Kirche, vollzogen und angeschaut, dann ist sie nicht, was sie sein kann, ja sein soll: Antwort auf den Anruf der Gnade in der Zeit. Diese theologische Perspektive ist nicht eine unter anderen, sondern die alle anderen sammelnde, konzentrierende und substanziierende Hinsicht. Eine wirkliche Reform ereignet sich aus göttlichem Ursprung; als solche erweist sie sich nicht zuletzt darin, dass sie dem zuvorkommenden Tun Gottes, der sich selber schenken will, entgegenkommt und alles eigene Tun als von Gott ermöglichtes und als zu verdankendes realisiert."[3] Dessen waren sich die Konzilsväter und zuvor schon die Vertreter der Liturgischen Bewegung[4] bewusst. 40 Jahre danach musste sich im Jahr 2003 eine derartige Tagung also der Aufgabe stellen, diesen Anspruch unter einem stark geänderten gesellschaftlichen und pastoralen Umfeld gleichsam neu zu verifizieren.

Am 4. Dezember 1963 hatte Papst Paul VI. als erstes von insgesamt 16 Konzilsdokumenten die Konstitution über die Liturgie promulgiert[5]. Damit hatte das Konzil signalisiert, dass die Liturgie eines der Kernthemen der Kirche auf ihrem Erneuerungsweg in die Zukunft darstellt. Aber in der Wahrnehmung heutiger Pfarrgemeinden und in der über den Gottesdienst vermittelten Wahrnehmung der Kirche durch die Gesellschaft ist Liturgie in der Tat heute mehr denn je zur Nagelprobe geworden, an deren Gestalt und Vollzug das innerste Wesen des Glaubens und der Kirche für Menschen positiv sichtbar oder aber auch negativ verstellt wird. Im Idealfall führt sie nicht nur zur Mitte, „sondern ist selbst die" einladende

3 Anlässlich 25 Jahre SC in ihrem Vorwort: Hj. Becker/B. J. Hilberath/U. Willers (Hg.), Gottesdienst – Kirche – Gesellschaft. Interdisziplinäre und ökumenische Standortbestimmung nach 25 Jahren Liturgiereform, St. Ottilien 1991 (PiLi 5), 1–12, hier: 7.

4 Vgl. neuerdings den 1. Band der von A. Redtenbacher herausgegebenen Reihe „Pius-Parsch-Studien. Quellen und Forschungen zur Liturgischen Bewegung": P. Parsch, Volksliturgie. Ihr Sinn und Umfang, Würzburg 2004 (PPSt 1): dieser „Klassiker" der Liturgischen Bewegung ist unter der genannten Hinsicht heute eindringlich der Lektüre zu empfehlen.

5 Nach einer Endabstimmung mit 2147 Ja- und nur 4 Neinstimmen.

und sichtbare „Mitte“[6] von Glauben und Kirche – so sollte es jedenfalls sein. Sie wird jedoch heute nicht nur oft zum Thema des Gesprächs, sondern an ihr scheiden sich mitunter auch die Geister, nicht selten sogar der Zugang zum Glauben und zur Kirche als Gemeinschaft der Glaubenden. Wie also feiern Christen „richtig“ und „sachgerecht“ – sodass die Feier der Liturgie aus sich selbst spricht –, und zwar in einer doppelten Treue dem gegenwärtigen Menschen *und* dem theologischen Gehalt der Liturgie gegenüber. Diese Frage ist in unserer Epoche der nachhaltigen Säkularisierung mit dem gleichzeitigen Gegentrend zur Respiritualisierung und Reritualisierung[7] ebenso brisant, wie sie es bereits zur Zeit der Liturgischen Bewegung im 19. und 20. Jahrhundert und zur Zeit des Zweiten Vatikanischen Konzils war. Von dieser Problemanzeige musste die Tagung ausgehen und zugleich unter affirmativ-anerkennenden und selbstkritischen Perspektiven die großen Chancen der Liturgie für Gegenwart und Zukunft ausleuchten.

Der Gang der Tagung selbst mit ihren Referaten, Berichten und Diskussionen, mit dem Vespergottesdienst und dem Rahmenprogramm braucht an dieser Stelle nicht im Detail eigens nachgezogen zu werden, der vorliegende Band dokumentiert hinreichend sowohl das Tagungsprogramm im Ablauf als auch den Tagungsgehalt in den Beiträgen. Kurz anzumerken ist aber, dass der Studienband gegenüber dem Tagungsablauf geringfügig erweitert wurde:

Erstens um den Beitrag des Herausgebers, der den Tagungsteilnehmern als Manuskriptdruck zur Verfügung stand. Als zielgerichtete Hinführung zum Text der Konzilskonstitution findet er aus historischen und inhaltlichen Gründen seinen logischen Platz unmittelbar vor dem Beitrag von Rudolf Schwarzenberger über die Umsetzung der Konzilsbeschlüsse[8] in Teil I (Standortbestimmung).

Zweitens um den zusammenfassenden Beitrag von Hans-Jürgen Feulner[9]. Er hatte die abschließende Diskussion geleitet[10] und es in dankenswerter Weise übernommen, für Teil II (Ausblicke) dieser Publikation ein ausführliches Resümee vorzulegen.

6 Kardinal König in: A. Redtenbacher, Liturgie und Leben. Erneuerung aus dem Ursprung. Liturgiewissenschaftliche Beiträge mit einem Vorwort von Franz Kardinal König, Würzburg 2002, 10.
7 Meist in nichtkirchlichem Umfeld.
8 In diesem Band Seiten 25–40.
9 In diesem Band Seiten 119–131.
10 Für die jedoch die Zeit sehr knapp geworden war.

Drittens um einen Beitrag von Hubert Philipp Weber über das Begleitprogramm (Büchertisch, pastoralliturgische Materialien, liturgische Gewänder- und Geräteschau, Videos bemerkenswerter Liturgien, historische Schautafeln zur Liturgiereform), das Rahmen und Flair der Veranstaltung mitgeprägt hatte und für diese Publikation eigens gesichtet und reflektiert wurde[11]. Sinnentsprechend ist dieser Beitrag in Teil III (Dokumentation) eingeordnet.

Viertens wurde in den Band der vollständige Text der Liturgiekonstitution in der approbierten deutschen Fassung aufgenommen und ebenfalls in Teil III (Dokumentation)[12] eingefügt. Einerseits war dies aufgrund des Gesamtthemas der Tagung, aber auch des oftmaligen unmittelbaren Textbezugs der meisten Beiträge angebracht, um bei der Lektüre den Zugang zu den angegebenen Passagen zu erleichtern und Zusammenhänge innerhalb des Konzilstextes eigenständig wahrnehmen zu können. Andererseits schien dies auch dringend geboten, wenn man die bedauernswerte Unkenntnis der Konzilsdokumente im Allgemeinen und der Liturgiekonstitution im Besonderen sogar bei denen wahrnimmt, die sie schon allein aus Berufsgründen eigentlich kennen müssten[13]: Ich werde nicht müde, die konkrete Textkenntnis unter Theologiestudierenden, Seelsorgern, pastoralen Mitarbeitern und Gemeinden immer wieder einzuklagen, und hoffe, durch die Aufnahme des wichtigen Textes zumindest teilweise am diesbezüglichen Defizitabbau mitzuwirken.

Der Studienband dokumentiert die Wiener Tagung in thematischer Hinsicht so, dass die angeführten Erweiterungen die Wiedergabe des inhaltlichen Duktus der Veranstaltung nicht verzerren, sondern sogar verstärken. Diese Konturierung wurde durch eine Gliederung in die folgenden drei Teile erreicht:

Teil I behandelt unter dem Stichwort *„Standortbestimmung"* mit den Beiträgen von Kardinal König (Interview), Andreas Redtenbacher und Rudolf Schwarzenberger jene Basis, von der inhaltlich ausgegangen werden muss.

Teil II versucht aus sehr verschiedenen Perspektiven *„Ausblicke"* aufzuzeigen. Die Beiträge stammen jeweils aus der Feder von Paul M. Zu-

---

11 In diesem Band Seiten 141–152.

12 In diesem Band Seiten 153–188.

13 Unverkennbar ist leider die Tatsache, dass ehrenamtliche Mitarbeiter sich häufig in diesem Punkt interessierter und folglich versierter zeigen als hauptamtliche Priester, Diakone, Pastoralassistenten und Religionslehrer, was auf Dauer für Liturgie und Pastoral nicht ohne Schaden bleiben kann.

lehner, Martin Klöckener, Hans-Jürgen Feulner und Kardinal Schönborn (Predigt).

Teil III enthält als „*Dokumentation*" das Eröffnungswort von Anton Strutzenberger mit der Programmabfolge, den ergänzenden Beitrag von Hubert Philipp Weber, den Text der Liturgiekonstitution, sowie das Literatur- und Mitarbeiterverzeichnis zum vorliegenden Band.

Die Herausgabe erfolgt in Absprache mit dem Vorsitzenden der Liturgiekommission der Erzdiözese Wien, Herrn KR Anton Strutzenberger. Dieses Vorwort darf sich daher darüber freuen, Dank in zweifacher Funktion auszudrücken: Zuerst darf es namens der Veranstalter der Studientagung einmal mehr den beiden Wiener Kardinälen Christoph Schönborn und Franz König für die profilierten Beiträge zur Tagung, aber auch für das jahrelange „liturgische Vertrauen" als Erzbischöfe von Wien von Herzen danken. Die Präsentation des Interviews mit Kardinal König, dem weit über die Grenzen Österreichs verehrten Wiener Alterzbischof und prominenten Konzilsteilnehmer, bildete nicht nur den bewussten Beginn der Veranstaltung, sondern markierte zugleich auch einen ihrer Höhepunkte. Dankbarkeit und Ehrerbietung der Veranstalter und Teilnehmer gegenüber Kardinal König dürfen sich auch an dieser Stelle sichtbar Ausdruck verleihen.[14] Offizieller Dank gebührt auch den durchwegs prominenten Referenten sowie den Mitarbeitern der drei Bischofsvikariate und des Kardinal-König-Hauses in Wien-Lainz[15] für ihren Anteil am Zustandekommen und für die aufopferungsvolle Betreuung der Tagung – sie hatten wesentlichen Anteil am guten Gelingen. Zweitens aber ist es eine ehrenvolle und gerne geleistete Pflicht des Herausgebers, allen Verfassern der schriftlichen Beiträge eine besondere Anerkennung auszudrücken. Sie haben bereitwillig der Publikation zugestimmt und sich in der Folge neben ihren üblichen Verpflichtungen der Mühe unterzogen, ihre Beiträge in kurzer Zeit in publizierbare Manuskripte zu verwandeln. Mag. Gottfried Kompatscher und Dr. Raimund Tischler vom Tyrolia-Verlag danke ich für die kompetente und freundliche Betreuung des Bandes, meinem wissenschaftlichen Mitarbeiter

14 Aufgrund eines folgenreichen Sturzes konnte Kardinal König nicht selbst an der Tagung teilnehmen; das Interview wurde von Prof. Ernst Grissemann (ORF) gemeinsam mit dem Verfasser und unterstützt durch eine professionelle Bildpräsentation von G. Radlmair (www.stephanscom.at) in der autorisierten Textfassung eingebracht. *Während der Drucklegung dieses Bandes verstarb Kardinal Franz König am 13. März 2004 – möge der Dank zugleich eine posthume Würdigung für ihn sein.*

15 Die Konzilsgedächtniskirche und das „Kardinal-König-Haus" (Bildungszentrum) in 1130 Wien, Lainzer Straße 138 werden gut betreut von den Patres der Jesuiten.

Dipl. Theol. Markus Krastl für die Bearbeitung des Manuskriptes und die Erstellung des Literaturverzeichnisses.

Dr. Egon Kapellari, Diözesanbischof von Graz-Seckau und Liturgiereferent der Österreichischen Bischofskonferenz, schrieb 2003: „In Gegenwart und absehbarer Zukunft bedarf es eines entschlossenen Willens zu vermehrter liturgischer Bildung, zu mehr mystagogischer Hinführung und Begleitung und zu verstärkten Bemühungen auch der Liturgiewissenschaft um die theologischen Grunddeterminanten der Liturgie. Liturgie müsste – wie bei den Meistern der Liturgischen Bewegung – wieder zu einem Kernanliegen der gesamten Gemeindepastoral werden.“[16] Autoren und Herausgeber hoffen, dass der hier vorgelegte Sammelband „Die Zukunft der Liturgie – Gottesdienst 40 Jahre nach dem Konzil“ dafür einen möglichst hilfreichen und wirksamen Anstoß bietet.

Andreas Redtenbacher

16 E. KAPELLARI, 40 Jahre Liturgiekonstitution – aus der Sicht des liturgieverantwortlichen Bischofs für Österreich, in: HID 3–4 (57) 2003, 171–179, hier: 179.

TEIL I
STANDORTBESTIMMUNG

Interview mit Kardinal Franz König

Wie es zur Liturgiekonstitution kam – aus der Sicht eines Zeitzeugen und Konzilsteilnehmers[1]

Redtenbacher: Eminenz, am 3. August 2003 sind Sie in das 99. Lebensjahr eingetreten und überblicken damit bald ein volles Jahrhundert an Entwicklungen in Kirche und Welt. Welchen Stellenwert hat für Sie das Zweite Vatikanische Konzil aus dieser großen Lebensperspektive?

Kardinal König: Das Zweite Vatikanische Konzil wurde am 11. Oktober 1962 feierlich eröffnet. Ich werde jenen Tag nie vergessen, als ich damals als relativ junger Erzbischof von Wien inmitten von rund zweieinhalbtausend Konzilsvätern über die Scala Regia hinunter zum Eingang der Peterskirche gestiegen bin. Davon war ich sehr beeindruckt, denn bisher war die Kirche auch in meinem Bewusstsein vorwiegend eine Kirche Europas. Nur unterbewusst hatte man wahrgenommen, dass die Kirche eine internationale Zusammensetzung hat. Jetzt sah man die vielen Bischöfe aus der ganzen Welt, aus den verschiedenen Herkunftsländern mit verschiedener Hautfarbe und Sprache. Damals hatte niemand dem Papst, der ja schon fortgeschrittenen Alters war, zugetraut, ein so ungewöhnliches Unternehmen auf sich zu nehmen. Daher waren die Erwartungen an das Konzil zunächst auch nicht ganz eindeutig – es gab viele Gegenstimmen und eine Menge Skepsis. Kurzum, es herrschte einerseits Unsicherheit, zugleich aber Bewunderung für den Mut des Papstes. Johannes XXIII. selbst hatte mir einige Wochen später in einem Gespräch erzählt, es sei ihm der Gedanke gekommen, ein Konzil einzuberufen. Aber er habe sich gedacht, dieser Gedanke könne nur vom bösen Feind kommen – so etwas kann man heute nicht mehr machen. Diese innere Stimme hätte sich aber immer öfter wiederholt. Am Schluss – so sagte er mir – war er überzeugt: Das kommt nicht von unten, das kommt von oben!

---

1 Der vorliegende Beitrag ist die Wiedergabe des Interviews, das Kardinal König am 19. Juli 2003 für die Zeitschrift „Heiliger Dienst“ [57 (2003) 163–170] gegeben hatte. Die wörtliche Fassung wurde auf der Tagung am 11. Oktober 2003 in Wien-Lainz „Die Zukunft der Liturgiereform des Zweiten Vatikanischen Konzils, Standortbestimmng und Festveranstaltung anlässlich 40 Jahre Liturgiekonstitution Sacrosanctum Concilium“ präsentiert und wird daher hier nochmals dokumentiert. Das Gespräch mit Kardinal König führte Dr. Andreas Redtenbacher.

Ich war dann sehr gespannt, wie die Vorbereitungen vor sich gehen werden. Von der ersten öffentlichen Konzilsankündigung am 25. Januar 1959 in der Basilika St. Paul vor den Mauern bis zum Eröffnungstag am 11. Oktober 1962 währte die relativ lange Vorbereitungszeit und viele, auch ich persönlich, waren sehr besorgt. Mit der Eröffnung war diese Spannung – auch bei mir – auf einem gewissen Höhepunkt angelangt: Wie wird das jetzt gehen? Der Papst war von seinem Tragsessel heruntergestiegen und zu Fuß – mit einer Mitra wie alle anderen Bischöfe auch – zum Petrusgrab gegangen. Der eigentliche Wendepunkt kam dann mit seiner berühmten Eröffnungsansprache: Man solle nicht immer nur auf die Stimme der Unglückspropheten hören und sich auch in schwierigen Zeiten eine optimistische Einstellung bewahren! Das war zugleich eine Botschaft an die ganze Welt und hatte in der Tat ein ungeheures Öffentlichkeitsinteresse zur Folge. Beim Ersten Vatikanum hatte das Konzil noch hinter verschlossenen Türen getagt, und obwohl man auch am Zweiten Vatikanum anfangs an Latein als Verkehrssprache festhalten wollte, wurde dies bald aufgegeben – es begann sich vieles in nur kurzer Zeit zu wandeln. Die Kirche, bisher in einer defensiven Haltung zur modernen Welt und zum Fortschritt der Wissenschaft, vollzog aus den negativen Abwehrkräften heraus eine Wende zur Welt und zum Menschen hin. Sie entwickelte ein neues Gespür für die Öffentlichkeit und auch für die Ökumene der nichtkatholischen Christenheit.

Redtenbacher: Dieser große Einschnitt war wohl dramatisch – für die Bischöfe als Konzilsteilnehmer, in anderer Weise für die römische Kurie und wieder ganz anders für die Christenheit und die gesamte Weltöffentlichkeit?

Kardinal König: In den ersten Tagen des Konzils hatte sich bereits sehr vieles getan. Die Erzbischöfe von Köln und Lille, das waren damals die Kardinäle Frings und Liènart, hatten sich dafür eingesetzt, dass das Konzil die von der Kurie vorgelegten Mitgliederlisten für die Fachkommissionen nicht einfach übernimmt, sondern das Konzil sollte sie selbst wählen. Es war ein denkwürdiger Augenblick, als das Konzil mit überwältigender Mehrheit darauf bestand, die Listen selbst zu erstellen. Dies zeigte: Das Konzil steht zwar nicht über dem Papst, aber es lässt sich auch nicht gleichsam von außen durch eine römische Kurie bestimmen, die sich zwischen den Papst als Haupt des Konzils auf der einen Seite und die Teilnehmer, also das weltweite Bischofskollegium, auf der anderen Seite dazwischenschiebt. In diesem Zusammenhang wurde dann ja bekanntlich auch der österreichische Bischof Franz Sal. Zauner von Linz für die Liturgiekommission des Konzils gewählt – ein wichtiger Gestus, an dem man bereits sah, dass man unter den Konzilsteilnehmern zu diesem Zeitpunkt schon wusste, was nördlich der Donau vor sich ging: Ein bisher relativ unbekannter Bischof wurde gewählt, weil die Konzilsväter sich die Zeit nahmen, sich vor diesen Wahlen umzusehen und einander kennen zu lernen. Und dann kam die entscheidende und große Frage: Mit welchem Thema fangen wir an?

Redtenbacher: Wie liefen die thematischen Vorbereitungen für ein so großes Unternehmen, wie es ein Weltkonzil im 20. Jahrhundert darstellte, und was waren dann die ersten inhaltlichen Schritte auf dem Konzil selbst?

Kardinal König: Länger zuvor schon hatte eine internationale Kommission Themenvorschläge gesammelt, das war die so genannte „Antepraeparatoria“. Hier kam alles Mögliche von links und rechts zusammen, auch sehr viel Oberflächliches. Man musste sich also fragen, welche Themen sind von großer Wichtigkeit, und schied zugleich die oberflächlicheren Vorschläge aus. Das Konzil musste sich schon aus Zeitgründen auf einige wenige zentrale Fragen konzentrieren. Sehr bald trat als eine der Schicksalsfragen des Konzils jene nach der Liturgie auf. Das hing damit zusammen, dass das Thema durch die Liturgische Bewegung bereits eine jahrelange Vorbereitung erfahren hatte. Da war schon vieles da in der Kirche. Boshafte Stimmen haben dann gemeint, man ziehe die Liturgie vor, weil dies ein einfacheres Thema wäre. In Wirklichkeit hat man nun aber entdeckt: Das ist ja ein ungeheures Thema für die Kirche und für die gesamte Pastoral! Lassen Sie mich kurz erklären, warum.

Die Einstellung vieler Bischöfe damals und die Struktur, in der sie lebten, war weitgehend vom Kopf und vom Wissen her bestimmt – auch angesichts der modernen Wissenschaft. Wieweit geht uns das alles an, wie weit können wir hier gehen, so wurde vom Kopf aus gefragt und argumentiert. Heute sind wir hier weiter, damals aber hatte man versucht, alles vom Kopf her zu beurteilen und entsprechend zu handeln: in einem System und in einer fixierten Ordnung, für die in gewisser Hinsicht auch die vatikanische Kurie stand. Nun aber hatte man schon zuvor in der Liturgischen Bewegung und vor allem dann auf dem Konzil selbst entdeckt: Wir müssen tiefer graben und wesentlicher werden! Es galt ein

Element zu finden und zu entwickeln, das für die Kirche wesentlich ist: Neben dem Kopf gibt es auch das Herz, neben dem Verstand gibt es das Gefühl, neben der Sprache gibt es auch Zeichen und Symbole! Das haben die Konzilsteilnehmer begriffen und so das Thema der Liturgie sehr rasch mit großer Mehrheit an den Anfang gestellt.

Redtenbacher: Das war in der Tat ganz offensichtlich eine folgenschwere und tiefgehende Grundentscheidung des Konzils, von der dann sehr vieles abhing. Wie sehen Sie das heute?

Kardinal König: Ja, natürlich! Wenn wir heute die Liturgie mit dem Gottesdienst vor dem Konzil vergleichen, sind die Unterschiede deutlich sichtbar. Ich merke das auch heute immer, wenn ich in eine Pfarre komme, denn ich bin ja noch sehr oft unterwegs in unseren Pfarrgemeinden. Da gibt es gut vorbereitete Feiern, Laien und Pastoralassistenten engagieren sich, es gibt die Beteiligung des Volkes Gottes an der Liturgie, die Gemeinden verstehen zumindest grundsätzlich die liturgischen Vorgänge. Allein schon die Texte zeigen es: Früher hatte man sie einfach heruntergesagt – wovon man einiges verstand, vieles aber nicht. Vor allem nördlich der Alpen war damals bereits ein starkes Interesse vorhanden, dies zu ändern. Wir waren alle – auch ich selbst – dann aber doch sehr überrascht, als man die ersten Textentwürfe des Konzils durchgesehen hatte: Vieles ist uns erst hier voll bewusst geworden. Nochmals zur lateinischen Sprache: Man hat damals gesehen, ja das ist ganz unmöglich, Gottesdienst weltweit nur in einer einzigen, noch dazu in einer toten Sprache zu feiern, ohne dass die Menschen die Sache mitvollziehen können. Übrigens gab es bezüglich der sprachlichen Kommunikation dank des Papstes selbst noch eine weitere positive Wendung: Nach einigem Hin und Her hatte man zur besseren Information der Öffentlichkeit eine Form entwickelt, für alle Hauptsprachen jeweils nach der Vormittagssitzung des Konzils einen Berichterstatter mit der Funktion des Pressesprechers zu beauftragen, um Presse und Weltöffentlichkeit über die Vorgänge am Konzil aus erster Hand zu informieren. Das hat sich sehr bewährt. Auch hier sah man: Mit Latein als einziger Sprache kann die Kirche nicht mehr durchkommen.

Redtenbacher: Das Konzil verabschiedete insgesamt 16 Dokumente. Welche davon sind für das Leben und den Sendungsauftrag der Kirche in der Welt aus Ihrer Sicht wirkungsgeschichtlich die bedeutsamsten?

Kardinal König: Ich würde hier zwei nennen: die Liturgiekonstitution und das Ökumenedekret. Neben der Liturgischen Bewegung gab es damals ja auch eine bedeutsame Ökumenische Bewegung. Vor allem in Nordeuropa, im angelsächsischen Bereich und im anglikanischen Raum. Aber erst durch das Konzil wurde die Ökumene zu einem Interesse innerhalb der gesamten katholischen Welt. Das Konzil selbst fasste dies dann in dem lapidaren Satz zusammen: Ökumene ist die Aufgabe aller Christen! 40 Jahre danach hat der gegenwärtige Papst Johannes Paul II. in seiner wichtigen Enzyklika „Ut unum sint" dies noch einmal verstärkt, indem er ausdrückte: Man kann nicht katholisch sein, ohne zugleich ökumenisch zu sein! – und: Der Weg der Kirche ist der Weg der Ökumene! Im päpstlichen Dokument stehen dazu großartige und das Konzil weiterführende Aussagen.

Redtenbacher: Zur Entwicklung des Liturgieverständnisses auf und seit dem Konzil haben Sie sich oben bereits geäußert, wie aber wird es mit der Ökumene weitergehen?

Kardinal König: Am letzten Berliner Kirchentag im Sommer 2003 wurde man sich des ökumenischen Anliegens wieder sehr stark bewusst und eine große Sehnsucht auch nach der gemeinsamen Eucharistiefeier war ja deutlich spürbar, obwohl sie vorläufig noch nicht vollzogen werden kann. Mein Eindruck damals und heute: Das ist schon ein großartiger Christus, der uns so zur Einheit hinführt und lenkt! Hier zeigt sich aber auch, wie nahe die beiden großen Konzilsthemen Liturgie und Ökumene beieinander liegen. Das sagte letztlich explizit auch die Liturgiekonstitution des Konzils selbst in ihrem Vorwort. Übrigens hatte man auch schon während des Konzils das große Interesse der Öffentlichkeit an den beiden Themen beobachten können. Heute bin ich der Meinung, dass wir in den ökumenischen Bemühungen an einem Punkt angelangt sind, an dem es nun sehr darauf ankommen wird, vieles – aber nur, was eben möglich ist – schon gemeinsam zu versuchen und vor allem gemeinsam zu handeln. Dann werden wir besser auch über die jetzt noch trennenden Glaubensfragen theologisch ins Gespräch kommen können. Jetzt wäre jedenfalls eine Phase des gemeinsamen Handelns auf verschiedenen Ebenen, auch an der Basis der Gemeinden, dringend nötig, sonst kommen wir hier nicht vom Fleck. Es gibt dafür sehr viele praktische Möglichkeiten auf der Gemeindeebene. Freilich müsste zugleich theologisch auch an der Basis mehr reflektiert und mehr Bildungsarbeit geleistet werden als bisher. Das müsste man unbedingt vermeiden, dass manche versucht sind zu sagen: Was wollt ihr denn – wir können ohnehin schon alles gemeinsam, die theologischen Unterschiede gehen nur die da oben etwas an.

Redtenbacher: Eminenz, erlauben Sie mir, nach diesem wichtigen ökumenischen Exkurs wieder zu unserem Hauptthema der Liturgie zurückzukehren: Warum hatte dieses Thema schließlich auch für Sie persönlich auf dem Konzil ein so hohes Gewicht erlangt?

Kardinal König: Resümierend würde ich sagen, am Konzil hat ein ungeheurer Lernprozess eingesetzt – für die Teilnehmer und für das Konzil als Ganzes. Es ging nun nicht mehr einfach nur um Ordnungsfragen. Liturgie ist nicht zuerst eine Frage der Außenseite des Glaubens, sondern sie ist seine Mitte, die es in der Tiefe vom Konzil neu zu entdecken galt. Hier muss ich Ihnen ein persönliches Bekenntnis ablegen: Mein eigenes Interesse war am Anfang in der Tat nicht so sehr die Liturgie, sondern ich kam ja von der Religionswissenschaft her. Dabei habe ich aber deutlich gesehen, dass auch von dieser Seite viele Dinge die liturgische Sphäre betreffen, denn der Religionswissenschaftler vergleicht ja die Ausdrucksformen des Kultes in den verschiedenen Völkern. Darin liegen Schätze verborgen, die wir auch heute noch viel zu wenig kennen. Vorsichtig wäre zu erheben, was hier für unsere Liturgie fruchtbar gemacht werden könnte bzw. wo wir hinzulernen könnten. Dies braucht natürlich eine breite und seriöse theologische Diskussion mit dem Blick: Hier liegen Dinge, die für uns von großem Wert sein können.

Redtenbacher: Die Haltung des gegenwärtigen Papstes Johannes Paul II. zur Liturgie scheint ganz und gar vom Konzil geprägt zu sein, zumindest wie wir es seinen eigenen Äußerungen und Dokumenten zu liturgischen Fragen entnehmen können.

Kardinal König: Ja, das wird bestätigt zum Beispiel in seinem sehr schönen Schreiben „Vicesimus quintus annus“ von 1988 zum 25-jährigen Gedenken an die Promulgation der Liturgiekonstitution, wo er den Weg des Konzils für die Liturgie voll und ganz bekräftigt hat. Das liturgische Interesse reicht bei ihm jedoch noch viel weiter zurück: in die Zeit seiner Tätigkeit als Studentenseelsorger in Krakau. Professor George Weigel kann in seiner inzwischen bekannten Biographie über den Papst davon berichten, dass er damals schon eine Gruppe von Studenten und Akademikern um sich versammelt hatte, mit der er schon lange vor dem Konzil die Schriften und Texte des österreichischen Pioniers der Liturgischen Bewegung, Pius Parsch, gelesen und studiert hatte. Er zählte also – was man vielleicht viel zu wenig beachtet – zu jenen Konzilsvätern des II. Vatikanums, die der Liturgischen Bewegung nahe standen. Er hielt übrigens am Konzil ein kraftvolles Plädoyer zur Einführung der Muttersprache im Gottesdienst. Ich halte die Aussagen Weigels hier für korrekt. Karol Wojtyla ist ja schon damals weit herumgekommen und war dann auch als junger Bischof viel unterwegs. Er hatte sich sehr interessiert, wie es andere machen. Er war auch in Österreich und hat sich interessiert: Wie macht ihr das in Wien.

Redtenbacher: Können Sie aus Ihrer Sicht und aus Ihrer eigenen Geschichte kurz berichten, welche Rolle in der liturgischen Entwicklung die Kirche Österreichs damals spielte, an deren Spitze Sie als Vorsitzender der Bischofskonferenz lange Jahre standen?

Kardinal König: Es gab verschiedene Zentren, die das Anliegen aufgegriffen hatten. Bei uns waren ganz besonders Teile der Jugendbewegung aktiv interessiert, etwa der Bund Neuland. Die Jugend hatte erfahren, die Messe ist ein „Block", von dem wir eigentlich nichts verstehen. Die Bemühungen gingen dahin, ihr hier einen Zugang zu verschaffen. Vom Chorherrenstift Klosterneuburg aus hatte auf sehr intensive Weise Pius Parsch weit über den deutschen Sprachraum hinaus eine ungeheuer intensive und internationale Breitenwirkung erzielt – ganz besonders durch seine zahlreichen Schriften, die das so genannte „Volksliturgische Apostolat" in Millionenauflagen und in fast allen europäischen Sprachen herausbrachte. Und vom Wiener Seelsorgeinstitut wirkte vor allem Prälat Rudolf sehr segensreich für die Liturgie und ihr Verständnis. Die Benediktinerabteien Seckau und St. Peter in Salzburg, dem Sitz des heutigen Österreichischen Liturgischen Institutes der Bischofskonferenz, nahmen sich ebenfalls des Anliegens an. Es gab Theologen wie Josef Andreas Jungmann und Bischöfe wie Franz Zauner, die durch das Konzil weit in den internationalen Raum hinein wirkten. Österreich war damals sehr stolz darauf. Wir haben gesagt: Schaut, was bei uns ein Bischof für die Liturgie erreichen kann! Der Salzburger Erzbischof war dann jahrelang Vorsitzender der Liturgiekommisssion für Österreich und Liturgiereferent der Bischofskonferenz. Später folgte ihm engagiert und kompetent Bischof Egon Kapellari nach. Pater Karl Rahner, mein persönlicher Konzilstheologe, hatte sich vor allem dort eingebracht, wo liturgische Fragen das Dogmatische berührten. Er ist auch mit wichtigen Schriften zur Konzelebration hervorgetreten und vor allem mit seinem Buch: „Die vielen Messen und das eine Opfer“. Professor Rahner war sich vor allem sehr bewusst: In der Liturgie steht etwas Wichtiges an, hier braucht es Entscheidungen des Konzils. Nochmals: Vielen wurde dies alles erst auf dem Konzil wirklich bewusst. Den Bischöfen aus Nordamerika, Südamerika und Afrika war das etwas völlig Neues. Und ich würde sagen: Auch ich bin auf dem Konzil mehr und mehr in die Bedeutung der Liturgie hineingewachsen, obwohl mir sicher etliches schon bekannt war. Aber hier hat sich theologisch vieles in ganz neuen Zusammenhängen gezeigt. Österreich hatte dabei ganz gewiss mit den genannten Personen und Zentren weltweit eine Vorreiterrolle für die gesamte liturgische Entwicklung inne. Wir in Österreich haben uns dann gleich nach dem Konzil gesagt: Jetzt braucht es die Umsetzung vor allem auf der Pfarrebene. Dafür haben wir uns besonders eingesetzt. Das Konzil sollte nicht auf einer Zwischenebene versickern, sondern in die Gemeinden hineinkommen. Daher war die Diözesan- und vor allem die Pfarrebene für uns in Österreich besonders wichtig. Die Früchte dieser Prioritätensetzung kann man heute sehr deutlich erkennen, wenn Bischöfe und Gläubige von auswärts berichten, dass unsere Gemeinden eine deutlich vitalere und lebendigere Liturgie aufweisen, als dies in anderen Ländern, etwa auch in Deutschland, der Fall ist. Für diese gute liturgische Arbeit waren – so würde ich zusammenfassen – vor allem die drei wichtigen Zentren: Salzburg, Klosterneuburg und Wien die unmittelbaren Bezugspunkte. Später wurde noch Professor Kurt Schubert für uns besonders wichtig, der sich auch in anderen Ländern dafür einsetzte, dass der jüdische Hintergrund nicht nur des christlichen Glaubens, sondern auch der Liturgie selber früher als anderswo gesehen wurde.

Redtenbacher: Seit Ihrer Emeritierung als Erzbischof von Wien sind Sie immer noch unermüdlich unterwegs und feiern mit Pfarrgemeinden und auch im größeren Rahmen viele Gottesdienste. Was erfahren Sie und sehen Sie dabei: Was ist an Gutem in der Liturgie gewachsen und wo liegen aus Ihrer Sicht heute die Defizite?

Kardinal König: Ich vergleiche da immer gerne mit meiner eigenen Kindheit. Ich bin in Niederösterreich aufgewachsen und habe gute Erinnerungen an diese Zeit. Man ist regelmäßig am Sonntag zur Kirche gegangen, zur Sonntagsmesse. Aber alles andere ging uns nichts an – das war damals die Einstellung. Etwa der Heilige Abend: Wir sind da rund eine halbe Stunde nach Kirchberg zu Fuß marschiert, das war das schöne familiäre Brauchtum: die Lichter der Laternen, mit denen wir dann hinuntergewandert sind – das alles war sehr schön und hat zum Leben gehört, es war ein Stück Leben. Aber warum man das tat, habe auch ich erst später gelernt. Heute muss ich gestehen, wenn ich an meine letzten Pfarrbesuche denke: Ich staune da! Der Altarraum ist wirklich in Ordnung und schön geschmückt. Dann das Wort Gottes in der Feier: Man spricht langsam, deutlich, ich denke da an die Lesungen, die man früher kaum verstanden hatte. Alle sind beschäftigt, alle nehmen auf ihre Weise aktiv teil, alles ist klar, geordnet und durchschaubar. Man muss nicht erst während der Feier etwas suchen. Man spürt auch die Reverenz der Teilnehmer vor dem heiligen Geheimnis. Sie sind sich ihrer Aufgabe bewusst, die meisten versuchen das alles wirklich für ihre Pfarrgemeinde in schöner Weise zu machen. Das allein ist schon ein sehr großer Fortschritt. Die Ministrantendienste, die Lektoren, die verschiedenen Assistenten, die ordentliche Körperhaltung und dann auch die Gesangsteile, die da zumeist auch schön gesungen werden. Da sind sehr gute Kräfte da. Ich denke an die gute Zusammenarbeit vieler Laien mit dem Klerus. Das alles sind schöne Früchte, die in den Jahrzehnten seit dem Konzil gewachsen sind. Natürlich gibt es da und dort auch Schwächen, aber der Fortschritt ist unverkennbar. Manchmal denke ich mir, es gibt Schwierigkeiten beim inneren Verständnis von Texten und Lesungen. Hier müsste man eine kurze, aber prägnante Einführung geben – sie aber nicht den Vorlesenden überlassen, sondern zwei, höchstens drei Sätze der Hinführung sehr gut vorbereiten, nicht mehr. Aber wer macht das? Vor allem ergibt sich ja auch die Gefahr, dass dies zu einer eigenen Predigt ausufert. Das ist für mich eine Schwierigkeit, die ich hier erwähnen will.

Redtenbacher: Wir leben in priesterarmen Zeiten. Neben der pastoralen Leitung durch Priester fehlt es dadurch mitbedingt an Priestern als genuine Vorsteher der Gottesdienste. Manches wird – unter bischöflichem Auftrag – durch Laien, bisweilen durch Diakone, wettgemacht. Welchen Rat haben Sie aus Ihrer reichen bischöflichen Erfahrung für diese nicht ganz einfache Situation?

Kardinal König: Das wird in den nächsten zehn Jahren noch viel schwieriger werden. Ich denke, das Konzil hatte einen ganz großen Akzent auf das Laienapostolat gelegt, vor allem in der Kirchenkonstitution und im Dekret über das Laienapostolat. Das halte ich jetzt schon und für die unmittelbare Zukunft für eine Überlebensfrage unserer Gemeinden. Hier müsste man die Laien wirklich für ihre Aufgaben gut vorbereiten und bilden. Gerade auf liturgischem Gebiet ist hier sehr vieles zu tun. In der Liturgiekonstitution sagt uns das Konzil schon in Bezug auf die Priester, dass von der Liturgischen Erneuerung keine Früchte erwartet werden können, wenn nicht zuallererst die Seelsorger vom Geist der Liturgie wirklich innerlich ergriffen, also tatsächlich in diesem Sinne „begeistert" sind und in ihr Lehrmeister werden. Das gilt natürlich auch in ganz besonderer Weise, wenn Laien in einer liturgischen Verantwortung für die Gemeinden stehen. Sie müssen selbst zuerst vom Geist der Liturgie entflammt sein, um in ihren Gemeinden die Liebe zum Gottesdienst wach zu halten und weiterzugeben. Das gilt für ehrenamtliche Mitarbeiter, für Pfarrgemeinderäte und ganz besonders natürlich für alle Hauptamtlichen in der Pastoral. Ich denke hier vor allem an die Pastoralassistenten und an die Religionslehrer. Ähnliches wäre übrigens auch über die Diakone zu sagen. Das Laienapostolat muss mehr und mehr auch ein liturgisches Apostolat werden. Besonders wichtig ist aber die Ausbildung und Befähigung für die liturgischen Dienste in den Gemeinden. Einen anderen Weg sehe ich nicht.

Redtenbacher: Als einstiger Universitätsprofessor sind Sie auch mit den Fragen der theologischen Fakultäten von innen her vertraut. Die Liturgiekonstitution definiert das Fach Liturgiewissenschaft im Artikel 16 als theologisches Hauptfach und begründet dies. Es darf nach dem Willen des Konzils in der Ausbildung nie fehlen. Was wünschen Sie sich 40 Jahre nach dem Konzil von der Liturgiewissenschaft in Forschung und Lehre für die Gegenwart und für die Zukunft?

Kardinal König: Das Konzil hatte damals die vielfachen Bestrebungen auch in liturgiewissenschaftlicher Hinsicht aus der Zeit davor aufgegriffen und dem Fach einen sehr hohen Stellenwert im theologischen Fächerkanon nicht nur eingeräumt, sondern in aller Form zugewiesen. Das war und ist ein Auftrag von höchster kirchlicher Autorität – vom Papst gemeinsam mit dem Ökumenischen Konzil. Und das war nicht nur für die damalige Zeit richtig und wichtig. Die Herausforderungen der Seelsorge der Zukunft rufen geradezu danach, sich dessen heute neu und verstärkt bewusst zu werden. Daher wäre es sehr zu wünschen, dass eine breite theologische Diskussion erneut Platz greift oder wieder eröffnet wird, die der Liturgiewissenschaft die ihr eigene innere theologische Struktur sichert und damit ihr großes Gewicht an den Ausbildungsstätten garantiert. Ich würde mir eine breit angelegte theologische Diskussion wünschen, welche die in der Tat vorhandene Notwendigkeit der Liturgiewissenschaft noch mehr deutlich macht und noch stärker begründet als bisher. Das wäre eine dringende Aufgabe, die sich sehr unmittelbar den Liturgiewissenschaftlern stellt. Dies nicht nur aus Gründen, die innerhalb und zwischen den theologischen Disziplinen liegen und allein dort auszumachen wären, sondern aus der Sorge um die Kirche und aus der Sorge um eine genuin christliche Vitalität unserer Pfarrgemeinden, für die Liturgie immer mehr Quelle und Höhepunkt ihres Lebens werden soll. Um dies würde ich die Vertreter der Liturgiewissenschaft aus meiner persönlichen Überzeugung und von meiner Erfahrung her bitten.

Redtenbacher: Eminenz, ich bedanke mich herzlich für dieses Gespräch, in dem Sie uns an Ihren reichen persönlichen Erfahrungen, Ihrem weiten Wissen und Ihrer großen Verantwortung, die Sie als Erzbischof von Wien, als Vorsitzender der Österreichischen Bischofskonferenz und als prominenter Konzilsteilnehmer zu tragen hatten, Einblick und Anteil schenkten. Von Herzen vertrauen wir darauf und wünschen Ihnen, dass Gott Sie mit seinem Segen weit über Ihr 99. Lebensjahr hinaus begleitet und – auch für uns – erhält!

Andreas Redtenbacher

„Sacrosanctum Concilium" – eine notwendige Hinführung nach 40 Jahren[1]

I. Eine Relecture im Jahr 2003

Jüngeren Zeitgenossen ist es aus eigenem Erleben nicht mehr bekannt. Die heute Fünfzigjährigen aber haben zumeist zu den ersten Auswirkungen hin noch einen eigenen lebendigen und historischen Bezug. Wer jedoch älter ist, weiß aus seinen frühen Tagen, welche immense geistliche Dynamik das Konzil insgesamt und die Liturgiereform des Konzils im besonderen für das Leben und Zeugnis der Kirche von damals bedeuteten. Wie in einem Brennpunkt hatte sich eine außergewöhnliche religiöse Dynamik in der Liturgiekonstitution und im viel zitierten „Geist der Liturgie", der die Kirche schon zuvor in der Liturgischen Bewegung erfasst hatte, konzentriert und sich gewissermaßen sichtbar „entladen": ein epochemachender Vorgang der jüngeren Kirchengeschichte. Damals schrieben die deutschsprachigen Bischöfe von Rom aus in ihre Heimatbistümer: „Heute, am 4. Dezember 1963, ist in der Öffentlichen Sitzung zum Abschluss der diesjährigen Arbeitsperiode des II. Ökumenischen Vatikanischen Konzils die Konstitution ‚Über die heilige Liturgie' angenommen worden, nachdem die Väter das Schema schon am 23. November mit 2158 Ja- und nur 19 Neinstimmen (bei einem ungültigen Votum) gebilligt hatten. Heute hat der Heilige Vater Papst Paul VI. nach der feierlichen Schlussabstimmung des Konzils die erste Konstitution des II. Vatikanums ‚De Sacra Liturgia' rechtskräftig verkündet."[2] Diese Schluss-

1 Der vorliegende Beitrag wurde für die Tagung am 11. Oktober 2003 in Wien-Lainz als Manuskriptdruck erstellt: A. REDTENBACHER, Sacrosanctum Concilium. Die Liturgiekonstitution des Zweiten Vatikanischen Konzils – 40 Jahre danach, Trier – Klosterneuburg – Wien 2003 und ist in HlD 57 (2003) 180–190 veröffentlicht. Lateinischer Text der Konstitution „Sacrosanctum Concilium" (= SC): AAS 56 (1964) 97–138; eine ausführlichere Behandlung der Liturgiekonstitution bietet: A. REDTENBACHER, Liturgie und Leben. Erneuerung aus dem Ursprung. Liturgiewissenschaftliche Beiträge – mit einem Vorwort von Franz Kardinal König, Würzburg 2003; die wichtigsten Kommentare siehe hier: 31f: J. E. Lengeling, H. Schmidt, J. A. Jungmann, K. Rahner/H. Vorgrimler, G. Alberigo/K. Wittstadt, A. Bugnini sowie M. Paiano.

2 Pastorale der deutschsprachigen Bischöfe an ihren Klerus, in: J. E. LENGELING, Die Konstitution des Zweiten Vatikanischen Konzils über die heilige Liturgie, Münster [2]1965 (= Reihe Lebendiger Gottesdienst 5/6) 7*–12*, hier: 7*.

abstimmung war mit dem eindeutigen Ergebnis von 2147 Ja- und nur vier Neinstimmen erfolgt. Mit lang anhaltendem Applaus hatten die Konzilsväter und Beobachter dieses überwältigende, von fast allen Teilnehmern getragene Ergebnis als erste große Frucht des Konzils begrüßt. Das kirchengeschichtliche Datum höchsten Ranges war aber nicht allein ein Werk des Konzils selbst: es war ein Ereignis aus lange zurückreichenden geschichtlichen Wurzeln mit grundlegenden und weitreichenden Wirkungen nicht nur für den Gottesdienst, sondern für das gesamte Leben der Kirche und die Pastoral. Mit höchster Autorität fasste es nämlich eine Entwicklung zusammen, die – von der Liturgischen Bewegung des 19. und 20. Jahrhunderts[3] vorangetrieben – sich mehr und mehr entfaltet und die Kirche erfasst hatte. Die Liturgische Bewegung war in der Tat wie ein „Zeichen der göttlichen Vorsehung für die gegenwärtige Zeit, wie ein Hindurchgehen des Heiligen Geistes durch seine Kirche“[4]. Das Konzil öffnete sich und die universale Kirche also für diesen Geist. Ja, gerade in und durch die Liturgiekonstitution hatte es sich bewusst unter das Wirken des Heiligen Geistes gestellt.[5] Seither sind vier Jahrzehnte vergangen. Territoriale und kategoriale Gemeinden, Pfarren, Ordensgemeinschaften und Diözesen versuchten und versuchen, ihr gottesdienstliches Leben aus der Kraft dieser weltkirchlichen Erneuerung zu gestalten. Ohne Zweifel waren besonders in den beiden ersten postkonziliaren Jahrzehnten Probleme bei der Übertragung des Neuen in die konkreten Gottesdienstgemeinden aufgetreten, von denen einige auch heute noch die Verantwortlichen und Gemeinden beschäftigen (einige seien exemplarisch, ohne Anspruch auf eine vollständige Analyse, angeführt: zähe traditionalistische Tendenzen bis hin zum Schisma Lefebvres, aber auch

---

3 Siehe dazu: F. Kolbe, Die Liturgische Bewegung, Aschaffenburg 1964 (= Der Christ in der Welt 9, Die Liturgie der Kirche 4); A. Bugnini, Die Liturgiereform 1948–1975. Zeugnis und Testament, Deutsche Ausgabe hg. von J. Wagner unter Mitarbeit von F. Raas, Freiburg – Basel – Wien 1988 [Original italienisch: La riforma liturgica (1948–1975), Roma 1983], 25f; T. Maas-Ewerd, Die Krise der Liturgischen Bewegung in Deutschland und Österreich, Regensburg 1981 (= StPaLi 3); J. Wagner, Mein Weg zur Liturgiereform 1936–1986. Erinnerungen, Freiburg – Basel – Wien 1993; aber auch: T. Maas-Ewerd, Pius Parsch und die Liturgische Bewegung im deutschen Sprachgebiet, in: N. Höslinger/T. Maas-Ewerd (Hg.), Mit sanfter Zähigkeit. Pius Parsch und die biblisch-liturgische Erneuerung, Klosterneuburg 1979 (= SPPI 4), 79–119.

4 Pius XII. in der berühmten Ansprache an den Pastoralliturgischen Kongress 1956 in Assisi, in: AAS 48 (1956) 711–725, hier: 712; die bedeutsame päpstliche Äußerung wurde im Teil V des Ersten Kapitels (Förderung der pastoralliturgischen Bewegung), Artikel 43, vom Konzil wörtlich in die Liturgiekonstitution übernommen.

5 Dazu: L. Bettazzi, Das Zweite Vatikanum. Pfingsten unserer Zeit, Würzburg 2002 [übersetzt von B. Häußler, italienisches Original: Brescia 2000], hier besonders: 32–38.

allzu subjektive und theologisch unzureichende liturgische Privattexte Einzelner, Unsicherheiten in den liturgischen Rollenbildern bei Priestern und Laien, Papier- und Textüberflutungen, fragliche liturgische Raumgestaltungen, verbale Überfrachtung der Feiern, vorschneller Verzicht auf volkstümliche Elemente, eine oft sehr schwache Kultur der „ars celebrandi", ein Mangel an liturgischer Bildung und mystagogischer Aufbereitung etc.).[6] Angesichts der seither deutlich veränderten gesellschaftlichen Lage treten jedoch heute neue Fragen mit Vehemenz hinzu: Die inzwischen radikal fortgeschrittene Säkularisierung praktisch aller Lebensbereiche und die seit geraumer Zeit zugleich neu aufgebrochene, meist aber kirchlich ungebundene Respiritualisierung rufen nach einer neuen und vertieften Reflexion der gottesdienstlichen Feier, die sich auch in veränderter Situation wirksam vollziehen muss, soll sie dem Konzilsauftrag nachkommen, der „Höhepunkt, dem das Tun der Kirche zustrebt, und zugleich die Quelle, aus der all ihre Kraft strömt"[7], tatsächlich zu sein. Darum ist eine Relecture der Liturgiekonstitution gerade in dieser Situation ein Gebot der Stunde und es besteht aller Grund zu fragen, was zu tun ist, dass das liturgische Bewusstsein oder der „Geist der Liturgie"[8], den die Konstitution vermitteln will, nicht erlischt, son-

---

6 Bestandsaufnahmen auf liturgiewissenschaftlicher und kirchenamtlicher Ebene erfolgten in der Zwischenzeit immer wieder. Die aus dem ersten Vierteljahrhundert umfassendste Darstellung darüber bietet: M. Klöckener, 25 Jahre Liturgiekonstitution und Liturgiereform. Ein Bericht über Veranstaltungen und Publikationen zu diesem Anlass, in: Hj. Becker/B. J. Hilberath/U. Willers (Hg.), Gottesdienst – Kirche – Gesellschaft. Interdisziplinäre und ökumenische Standortbestimmungen nach 25 Jahren Liturgiereform, St. Ottilien 1991 (= PiLi 3); schon früher: M. Sodi, La „Sacrosanctum Concilium" e i suoi commenti dal 1964 ad oggi, in: Not. 19 (1983) 571–607; auch: ON 23 (1984) 125–147, Unsere Liturgie – 20 Jahre nach dem Konzil (Schwerpunktheft mit Beiträgen von G. Braulik und R. Schwarzenberger); siehe besonders das Apostolische Schreiben von Papst Johannes Paul II. „Vicesimus quintus annus", datiert mit 4. Dezember 1988, in: AAS 81 (1989) 897–918, in dem der Papst die Liturgiereform voll bestätigt; sowie: ON 28 (1989) 1–41, Die Tiefen der Liturgie entdecken (Schwerpunktheft mit Ausführungen von Johannes Paul II., Erzbischof Karl Berg, Hj. Auf der Maur und E. Tietze); aus letzter Zeit: E. Nagel, ... dass die Richtung stimmt. Zum Stand der Liturgischen Erneuerung am Ende des 20. Jahrhunderts, in: G. L. Müller, Auf dem Weg zum Heiligen Jahr 2000. Aufbruch ins Dritte Jahrtausend – Teil 2. Theologisches Arbeitsbuch, Köln 1997, 333–350; Einzelstimmen z. B.: O. H. Pesch, Das Zweite Vatikanische Konzil. Vorgeschichte – Verlauf – Ergebnisse – Nachgeschichte, Würzburg ^{4}1996, 105–131; H. Krätzl, Erneuerung der Liturgie – ein Maßstab nachkonziliarer Reform, in: Ders., Im Sprung gehemmt. Was mir nach dem Konzil noch alles fehlt, Mödling ^{4}1999, 27–46; L. Bettazzi (Anm. 5); H. Krätzl, Liturgie und Kirche auf dem Weg ins 3. Jahrtausend, in: Ders., Neue Freude an der Kirche. Ein engagiertes Bekenntnis, Innsbruck – Wien 2001, 255–265 [zuerst erschienen in BiLi 73 (2000) 92–98].

7 SC 10.

8 Der Titel der bekannten und auch heute lesenswerten „Jahrhundertschrift" von R. Guardini lautete: Vom Geist der Liturgie, Freiburg/Br. 1918 (= EcOra 1).

dern weiter wächst. Eine bloß äußere Befassung mit der erneuerten Liturgiegestalt war bereits in den ersten Jahren nach dem Konzil unzureichend und wäre es auch unter den geänderten Bedingungen von heute, um dem eigentlichen Anliegen der Erneuerung gerecht zu werden. Zwar ist erfreulich und es stimmt, dass aus dem vorkonziliaren Gottesdienst vorwiegend des Klerus und in lateinischer Sprache vielerorts nun eine feiernde, betende und preisende gottesdienstliche Versammlung geworden ist. Aus oft nicht verstandenen „Riten", die einfach „vollzogen" worden waren, wurde gemäß dem Wunsch des Konzils vielerorts tatsächlich die „bewusste und tätige"[9] Teilnahme der gesamten Gemeinde, die die Gegenwart des an ihr handelnden, erhöhten Herrn in verstehbaren Zeichen und Symbolen erfahren und feiern kann. Oft war diese Umstellung aber auch an der Oberfläche hängen geblieben – trotz gegenteiliger Bemühungen um die Tiefe des liturgischen Vollzuges.[10] Die Liturgiekonstitution zeigt demgegenüber eindringlich auf, dass mit der Erneuerung des Gottesdienstes im Grunde eine Gesamterneuerung des Glaubens von seiner Mitte her angezielt war: in der Liturgie den Kern des Glaubens: die liebend-erlösende Neigung Gottes zum Menschen, die sich in Leben, Sterben und Erhöhung Christi endgültig zeigt, nicht nur zu feiern, sondern durch die Feier an sich zu erfahren und wirksam zu empfangen. So sollte durch die Liturgiereform das Pascha-Mysterium wieder *die* zentrale Wirklichkeit des Glaubens und des Lebens werden. „Spiritualität" bedeutet für den Christen primär die Prägung seines Lebens und Glaubens durch das Pascha Christi selbst. Spiritualität kann so wieder wesentlich und „kernig" (weil vom „Glaubenskern" her geprägt) werden. Sie wird befreit von oft peripheren Sonderwelten und aus dem zweiten, das Wesentliche überlagernden Stockwerk wieder in den ersten Stock der Glaubensmitte geführt. Drehpunkt und Quelle der christlichen Spiritualität muss deshalb der Gottesdienst als Grundvollzug des Glaubens und als Mitte des gemeindlichen und persönlichen christlichen Lebens werden. Diese Grundbefindlichkeit durch und in einer dafür (!) erneuerten Liturgie freizulegen und fruchtbar zu machen, war die eigentliche und erklärte Absicht des Konzils. Und das bestimmt auch den hohen Rang des Tex-

9 Vgl. das instruktive Büchlein von R. Schwarzenberger, Bewusst und tätig. Die Liturgieerneuerung des II. Vaticanums, Wien 1983.

10 Von Anfang an waren die Bemühungen nach Verabschiedung von SC in diese Richtung gegangen, vgl. dazu: H. Volk, Theologische Grundlagen der Liturgie, Mainz 1964; die Liturgiewissenschaft bemüht sich insgesamt wachsend um weitere vertiefende Reflexion – als Beispiel: W. Haunerland, Die Eucharistie und ihre Wirkungen im Spiegel der Euchologie des Missale Romanum, Münster 1989 (= LQF 71), hier besonders: 5–62.

tes der Konstitution selbst.[11] In der immer wieder aufflammenden Diskussion um Gewicht und Bedeutung der Konzilsaussagen insgesamt und zur Liturgie im Besonderen muss daher gerade angesichts dieser für den Glauben und das kirchliche Leben so zentralen Anliegen festgehalten werden, dass in der Liturgiekonstitution eine gesamtkirchliche Bewegung, die sich zudem mehr als ein Jahrhundert abgezeichnet hatte, mit höchstem Gewicht bestätigt wurde. Es ist „fundamentale Überzeugung des Glaubens, wonach Konzilien ein Ereignis des die Kirche leitenden Geistes Gottes und ihr Ergebnis deshalb bindende Richtschnur für die Kirche ist."[12] Dieses hohe Gewicht erfordert es, mit dem Anliegen von „Sacrosanctum Concilium" ernst zu machen und im Rückblick auf den Konzilstext jene Ziele zu sehen, die er uns auch für heute und morgen aufgibt.[13] In einer großen historischen Perspektive gesehen steht die Wirkungsgeschichte eines Konzilsdokumentes, auch dieser Konstitution, nach vier Jahrzehnten ja noch relativ am Anfang.

II. Der Weg zum Konzil: die Liturgische Bewegung

Um die Tragweite des Konzilsgeschehens von 1963 voll zu ermessen, ist ein Blick auf den geschichtlichen Weg der Liturgieerneuerung davor, also auf die Liturgische Bewegung des 19. und 20. Jahrhunderts unerlässlich. Die Liturgiekonstitution des Konzils ist nämlich ohne die vorangegangene Entwicklung, deren offizielle Bestätigung sie schließlich geworden war, undenkbar; ja sie wurde sogar als die „Ernte der Liturgischen Bewegung des 19. und 20. Jahrhunderts" bezeichnet[14]. Die ersten An-

11 Das Konzil verabschiedete 16 Dokumente von verschieden hohem Rang: „Erklärungen", „Dekrete", „Konstitutionen" und zwei „Dogmatische Konstitutionen". SC ist nicht nur „Erklärung" oder „Dekret", sondern eine hochrangige „Konstitution" eines Ökumenischen Konzils, die nach dem Willen der Konzilsväter „Konstitutives" über den Gottesdienst der Kirche sagt; vgl. dazu: H. AUF DER MAUR, Die Liturgiekonstitution des Zweiten Vatikanischen Konzils. Ihre Schwerpunkte und ihre Aktualität heute, in: ON 28 (1989) 10–25, hier: 13; sowie zur ganzen Fragestellung: DERS., Liturgiereform im Geiste der kirchlichen Tradition. Zum Grundanliegen der Liturgiekonstitution, in: J. KREMER (Hg.), Aufbruch des Zweiten Vatikanischen Konzils heute. Geleitwort von Franz Kardinal König, Innsbruck 1993, 46–72.

12 W. KASPER, Die bleibende Herausforderung durch das II. Vatikanische Konzil. Zur Hermeneutik der Konzilsaussagen, in: DERS., Theologie und Kirche, Mainz 1987, 290–299, hier: 291.

13 Vgl. B. KLEINHEYER, „Sacrosanctum Concilium 1986". Eine Relecture der Liturgiekonstitution, in: LJ 38 (1988) 4–29, hier: 28.

14 J. E. LENGELING (Anm. 2), 37*–97*, hier: 38*.

fänge reichen jedoch noch weiter zurück. Die Maßnahmen, die das Konzil von Trient vor vierhundert Jahren eingeleitet hatte[15], schufen eine Liturgieordnung, die ganze vier Jahrhunderte überdauerte[16] – ein in der gesamten Liturgiegeschichte einmaliger Vorgang. In dieser überlangen Zeitspanne hatten sich selbstverständlich Welt, Gesellschaft und Denkweisen – nicht ohne Einfluss auf die Kirche – gewandelt und geändert. So war es nur natürlich, dass sich auf diesem Hintergrund der Wunsch nach gottesdienstlichen Reformen immer wieder regte. Im Frankreich des 17. Jahrhunderts, im deutschen Sprachraum teilweise bereits im 16. und dann im 18. Jahrhundert war es verschiedentlich zu mehr oder weniger einschneidenden Reformvorschlägen gekommen, jedoch ohne bleibenden Erfolg. Der geistig-geistliche Boden war dafür nicht reif genug[17]. Das änderte sich deutlich, als im 19. Jahrhundert Bibelwissenschaft, Vätertheologie, Geschichte der Frühen Kirche, Ekklesiologie, nicht zuletzt die Erforschung des Mönchtums zu einem erhöhten Interesse gelangten. Auf dem kulturgeschichtlichen Hintergrund der Aufklärung[18], vor allem aber – und im Gegensatz zu ihr – der Romantik[19] konnten schließlich um die vorletzte Jahrhundertwende drei Bewegungsstränge entstehen, die einander wechselseitig beeinflussten und schließlich in die große Liturgische Bewegung mündeten: die Jugendbewegung mit ihrem ausgeprägten Gemeinschaftscharakter, die biblische Bewegung und eine zunächst strikt historisch orientierte Liturgiebewegung vor allem in monastisch-benediktinischen Zentren[20]. Aus diesen drei Linien entstand schließlich die „volksliturgische", auf Erneuerung der Gemeindeliturgie, aber auch der Kirche insgesamt hinorientierte Bewegung, die im Zweiten Vatikanischen Konzil ihren Höhepunkt fand[21]. Die Wiederentdeckung der Liturgie als kirchliche Gemeinschaftsfeier ist ohne diese Wurzeln undenkbar. Unübertroffen hatte Romano Guardini schon 1922 die Folgen dieses gro-

---

15 Vgl. zum Folgenden auch: A. G. MARTIMORT, L' Eglise en prière I. Principes de la liturgie, Paris 1983, 74–94.

16 J. A. JUNGMANN, Einleitung und Kommentar zur Liturgiekonstitution, in: LThK. E I, 9–109, hier: 10; vgl. auch: H. JEDIN, Kleine Konziliengeschichte. Mit einem Bericht über das Zweite Vatikanische Konzil, Freiburg/Br. [8]1978, 127.

17 Näheres dazu bei: W. TRAPP, Vorgeschichte und Ursprung der Liturgischen Bewegung, Regensburg 1940.

18 J. A. JUNGMANN, Liturgische Bewegung zwischen Barock und Gegenwart, in: LJ 12 (1962) 1–15.

19 Dazu ausführlich: O. ROUSSEAU, Histoire du mouvement liturgique, Paris 1945.

20 H. JEDIN (Anm. 16) 127–130; ergänzend dazu: A. REDTENBACHER, Gemeindetheologie – Gemeindespiritualität, in: IUC 30 (1983) 109–115.

21 1962–1965, eröffnet durch Papst Johannes XXIII. am 11. Oktober 1962.

ßen geistlichen Vorgangs gedeutet: „Ein religiöser Vorgang von unübersehbarer Tragweite hat eingesetzt: Die Kirche erwacht in den Seelen.“[22] Die pastoralliturgisch ausgerichtete „volksliturgische“ Bewegung hatte also ihre spezifisch liturgischen Wurzeln in den früheren historisch-historisierend orientierten engagierten Benediktinerabteien. Diese waren die ersten und bewussten Träger den neuen Pflege der Liturgie: Solesmes, Beuron, Maria Laach, Maredsous und Mont César / Keizersberg. Für sie stehen die Namen: Prosper Guéranger, Ildefons Herwegen, Odo Casel, in anderer Weise Lambert Beauduin und Anselm Schott. Ihr bleibendes Verdienst ist die Wiederentdeckung der großen gottesdienstlichen Traditionen, des Kirchenjahres, der Erneuerung des Gregorianischen Gesanges etc. Sie erschlossen den „Geist der Liturgie“ zunächst vor allem den akademischen Kreisen[23]. Im Austausch mit den Kräften der Jugendbewegung konnte das Anliegen dann über die studierende Jugend mehr und mehr an Breite gewinnen. Hier ist nochmals auf Romano Guardini mit der Burg Rothenfels am Main hinzuweisen[24]. Der eigentliche Schritt in die Pfarrgemeinden und damit in die Breite des kirchlichen Lebens hinein war jedoch dem Klosterneuburger Chorherrn Pius Parsch gelungen, der in St. Gertrud eine liturgische „Basisgemeinde“ um sich versammelt hatte und vor allem durch seine Schriften – verlegt in seinem „Volksliturgischen Apostolat“ und übersetzt in nahezu alle europäischen Sprachen – zum großen internationalen Wegbereiter der Liturgischen Bewegung – nun im Sinne echter „Volksliturgie“ – wurde[25]. Verdienstvolle und vorbildliche Vorarbeit auf der Gemeindeebene der Pfarrei kam auch dem Leipziger Oratorium zu[26] und der Innsbrucker Jesuitentheologe Josef Andreas Jungmann begleitete und ermöglichte die liturgische Erneuerung durch seine historisch-wissenschaftlichen und liturgiegenetischen Grundlagenstudien[27]. Die Haltung der offiziellen Kirche zur Liturgi-

22 R. GUARDINI, Vom Sinn der Kirche, Mainz 1922, 1.

23 T. MAAS-EWERD, Liturgische Bewegung, I. Katholische Kirche, in: [3]LThK, VI, 992f.

24 Siehe: H. B. GERL, Romano Guardini, 1885–1968. Leben und Werk, Mainz 1985, 153–259.

25 Zu Pius Parsch siehe: N. HÖSLINGER/T. MAAS-EWERD (Anm. 3); auch: A. REDTENBACHER, Immer noch Zukunftsvision – „Volksliturgie“ nach Pius Parsch, in: HlD 52 (1998) 118–122 [geringfügig erweiterte englische Fassung: Pius Parsch, Theologian of Liturgy: His Contribution to Twentieth-Century Liturgical Reform, in: SL 33 (2003) 89–96]; und: F. RÖHRIG, Pius Parsch (1884–1954), Chorherr des Stiftes Klosterneuburg. Ein Leben für die Ehre Gottes in der Liturgie, in: J. MIKRUT (Hg.), Faszinierende Gestalten der Kirche Österreichs, Bd. 4, Wien 2001, 225–249.

26 Näheres bei: A. POSCHMANN, Das Leipziger Oratorium, Leipzig 2001 (= EThS 81).

27 Über Jungmann: B. FISCHER/H. B. MEYER (Hg.), J. A. Jungmann. Ein Leben für Liturgie und Kerygma, Innsbruck 1975.

schen Bewegung wurde unter Papst Pius X. eindeutig positiv[28]. Dem als Seelsorgerpapst in die Geschichte eingegangenen Pontifex war das gottesdienstliche Leben der Kirche, vor allem der konkreten Gemeinden ein höchst persönliches Anliegen. Er war es auch, der als Erster den wichtigen Begriff der „aktiven Teilnahme" auf offizieller Ebene zu einem kirchenamtlichen Anliegen erhob: Die tätige Teilnahme der Gläubigen an den christlichen Mysterien als erster und unersetzlicher Quelle des christlichen Lebens wurde in der Folge zu einem Schlüsselbegriff der Bewegung. Bereits 1903 hatte er das Motuproprio „Tra le sollecitudini" veröffentlicht, in dem er ihn im Zusammenhang kirchenmusikalischer Fragen erstmals verwendete.[29] Darüber hinaus setzte er sich ein für die Förderung des Kommunionempfanges, der Kinderfrühkommunion, eine Brevierreform und vieles mehr. 1909 forderte Lambert Beauduin beim Katholikentag in Mecheln ebenfalls die tätige Teilnahme des Volkes mit der berühmt gewordenen Formel: „il faut démocratiser la liturgie"[30]. Nach Pius X. wird es wieder etwas stiller. Einerseits legten die Kriegsereignisse einen gewissen Schatten über die Länder Europas und banden auch kirchliche Kapazitäten mit anderen Fragestellungen. Anderseits erhoben sich Widerstände gegen zu weit gehende Vorschläge aus dem deutschen Sprachraum. Zwar hatte auch Pius XI. mit der einen oder anderen Maßnahme[31] die Linie fortzusetzen versucht, dennoch kam es auf längere Sicht schließlich sogar zu einer „Krise" der Liturgischen Bewegung[32]. Desto weitblickender ging Pius XII. vor: Mit seinen Enzykliken setzte er Marksteine für die weitere Entwicklung und vor allem für die Vertiefung der Liturgietheologie selbst: „Mystici Corporis" (1943) und „Mediator Dei" (1947), die als „Magna Charta" der Liturgischen Bewegung gepriesen wurde[33]. Hier wird Liturgie nicht mehr als rubriziert geregelte Handlung des Klerus beschrieben, sondern als Werk des ganzen mystischen Leibes, des Hauptes Christi mit den Gliedern und somit zugleich auch als die Mitte des Lebens der kirchlichen Gemeinschaft. Durch dieses päpst-

---

28 Pius X., 1903–1914; mit seinem seelsorglichen Programm: „Instaurare omnia in Christo".

29 Das Motuproprio trägt das Datum vom 22. November 1903, Veröffentlichung: AAS 36 (1903) 329–339.

30 „Mechelner Ereignis" genannt, Näheres in: F. KOLBE (Anm. 3), 33f.

31 Beispielsweise mit der Apostolischen Konstitution „Divini cultus" von 1928.

32 Siehe: T. MAAS-EWERD, Die Krise (Anm. 3).

33 Vom 20. November 1947, Veröffentlichung: AAS 39 (1947) 521–595; vgl.: T. MAAS-EWERD, „Mediator Dei" – vor 50 Jahren ein Signal. Die Liturgieenzyklika Papst Pius' XII. vom 20. November 1947, in: LJ 47 (1997) 129–150; und: A. HEINZ, Die Liturgiereform vor dem Konzil. Die Bedeutung Pius' XII. (1939–1958) für die gottesdienstliche Erneuerung, in: LJ 49 (1999) 3–38, hier besonders: 32–38.

liche Schreiben erhielt die Liturgische Bewegung das Siegel der höchsten Autorität[34]. Der Papst dachte bereits an eine grundlegende und umfassende Liturgiereform: Er setzte eine eigene Kommission ein, in der bedeutende Liturgiewissenschaftler mitwirkten, und zu einzelnen Problemen war sogar der Weltepiskopat befragt worden[35]. Konkrete Früchte dieser (Vor-)Arbeit waren 1951 die lang ersehnte Erneuerung der Osternacht, 1955 die der Heiligen Woche, die Einführung der Abendmesse sowie zweisprachiger Ritualien u. a. Der erste Internationale Pastoralliturgische Kongress 1956 in Assisi stellte einen weiteren Meilenstein dar[36], an dem der Papst die Liturgische Bewegung als „Hindurchgehen des Heiligen Geistes durch die Kirche" bezeichnete[37]. Das große Anliegen des Kongresses war die pastorale Ausrichtung der Liturgie. Seine Grundsätze finden sich später in der Liturgiekonstitution des Konzils wieder. Nur noch drei Jahre waren es bis zur ersten offiziellen Ankündigung eines weltweiten Konzils durch den nächsten Papst Johannes XXIII.: sie erfolgte schließlich am 25. Jänner 1959 in der römischen Basilika St. Paul vor den Mauern.

III. Ein Konzilstext entsteht – Genese der Konzilskonstitution über die Liturgie

Dennoch war die eigentliche und erste Überraschung die Einberufung dieses Konzils selbst, die von dem als „Übergangspapst" gewählten und an Jahren bereits vorangeschrittenen Johannes XXIII. niemand erwartet hatte. Die zweite Überraschung bestand dann darin, dass das Thema Liturgie sein erstes wurde[38]. Das war zunächst von offizieller Seite so nicht vorgesehen[39]. Bereits im Mai 1959 hatte Johannes XXIII. eine Vor-Vorbereitungskommission errichtet, die „Antepraeparatoria", unter Leitung von Kardinalstaatssekretär Tardini. Ihre Aufgabe war es, Themenvor-

34 A. BUGNINI (Anm. 3), 26f.

35 Ebd.

36 G. ALBERIGO u. a., Assisi 1956–1986. Il movimento liturgico tra la riforma conciliare e attese del popolo di Dio, Assisi 1987. Von ähnlicher Bedeutung war der Missionsliturgische Kongress von Nimwegen 1959 für die Missionsländer.

37 Vgl.: Anm. 4.

38 Siehe: J. WAGNER, Die neue Liturgie, in: K. Rahner u. a. (Hg.), Reformation aus Rom, München o. J., 40–48, hier: 40.

39 Ebd.; siehe auch: A. BUGNINI (Anm. 3), 34–49; sowie: K. RAHNER/H. VORGRIMLER, Kleines Konzilskompendium, Freiburg/Br. [19]1986, 24f.

schläge für das Konzil zusammenzutragen[40]. Weltepiskopat, Ordensobere, theologische Fakultäten und Kuriendikasterien wurden befragt, welche Themen sie für ein kommendes Konzil zur Beratung vorschlagen würden. Von den tausenden Antworten entfiel ein Viertel auf das Thema Liturgie und zeigte damit an, dass die Frage nach der Liturgie für viele brennend war. Im Juni 1960 richtete der Papst dann die Zentralkommission des Konzils, Fachkommissionen für die einzelnen Themenbereiche und Konzilssekretariate ein. Sie unterstanden den fachzuständigen Kurienkardinälen der Kongregationen: für die Liturgie war dies Kardinal Cicognani, offizieller Sekretär wurde der Liturgiewissenschaftler Annibale Bugnini. 26 Mitglieder und 37 Theologen als Berater in breiter internationaler Streuung gehörten ihr an.[41] In Unterkommissionen wurden die Einzelfragen aufgeteilt und behandelt. Bugnini erstellte dann einen ersten Textentwurf mit 252 Seiten – gegliedert in „Schema" und „Erläuterungen". Für diesen Textvorschlag wurden weitere Stellungnahmen eingeholt: 1500 (!) Vorschläge mussten nun noch berücksichtigt werden. Daraufhin wurden schließlich die grundlegenden Liturgie- und Reformprinzipien an den Anfang gestellt und durch Bugnini ein gestraffter zweiter Vorschlag mit 125 Seiten geschaffen: Im Jänner 1962 wurde er unter dem Titel „Quaestiones de Sacra Liturgia. Schema Constitutionis de Sacra Liturgia a Commissione Liturgica propositum" einstimmig von der „Praeparatoria", der Vorbereitungskommission für Liturgie, verabschiedet. Ihr Präsident, Kardinal Cicognani, unterschrieb den Entwurf am 1. Februar 1962 – vier Tage vor seinem Tod: es war sein letzter offizieller Akt.[42] Während Kardinal Larraona als Präsident nachfolgte, ging das Schema an das Zentralsekretariat des Konzils, das es an die vorbereitende Zentralkommission des Konzils weiterleitete. Diese behandelte das Schema im Frühjahr 1962. Von allen thematischen Vorlagen für die Konzilsväter war die für Liturgie nach dem Urteil der meisten die beste. Dennoch nahmen kuriale Kreise nun leider Einfluss auf das Papier, bevor es von Papst Johannes XXIII. endgültig approbiert und für den Druck freigegeben werden konnte. Etliches war nun auf der Strecke geblieben: Zahlreiche Desiderata für die Feier des Gottesdienstes, wie z. B. der Lai-

---

40 Ausführliche Darstellung mit Blick auf die Liturgiethemata des Konzils: F. EISENBACH, Die Gegenwart Jesu Christi im Gottesdienst. Systematische Studien zur Liturgiekonstitution des II. Vatikanischen Konzils, Mainz 1982, 128f.

41 Allerdings fehlten bedeutsame Köpfe der Liturgischen Bewegung des französischen und deutschsprachigen Raums, sie wurden erst später beigezogen.

42 A. BUGNINI (Anm. 3), 45f.

enkelch, waren dem kurialen Eingriff zum Opfer gefallen. Die Kurie wollte die Verwirklichung der Liturgiereform der Ritenkongregation selbst vorbehalten und sich nicht allzu viel vom Konzil vorschreiben lassen.[43] Den Konzilsvätern blieb dies nicht verborgen, sie brachten den Text daher von sich aus in der ursprünglichen Fassung in Umlauf und beschlossen im Oktober 1962 die Behandlung der Liturgie als erstes der Konzilsthemen: „Das war zugleich eine Anerkennung der Reife und der Bedeutung dieses Themas“[44]. In der 2. „Generalkongregation“ dieses Oktobers wählten sie nun aus ihren Reihen die Mitglieder der eigentlichen Konzilskommission für Liturgie, einige wurden – der Konzilsordnung entsprechend – vom Papst selbst ernannt. Aufgabe dieser Kommission war es, die Änderungswünsche der Konzilsväter selbst einzuarbeiten. Im November bereits wurde die Diskussion im Plenum der Konzilsaula mit 2162 Ja-, 46 Nein- und 7 ungültigen Stimmen beendet. „Dieses Resultat zeigte, dass das Schema den liturgischen Sinn und die Erwartung der Gesamtkirche widerspiegelte; dass es Vertrauen verdiente und geeignet war für eine liturgische Reform in Einklang mit den besten Traditionen der Kirche.“[45] Nach Einarbeitung der Väterinterventionen und ihrer Diskussion wurde im November 1963 in der 73. Generalkongregation über das gesamte Schema abgestimmt, das nun nur noch 20 Gegenstimmen erhielt. Am 4. Dezember 1963 erfolgte schließlich die endgültige und feierliche Schlussabstimmung mit dem Endresultat: 2147 Ja- und nur 4 (!) Neinstimmen. Papst Paul VI. vollzog die Approbation und Promulgation „una cum Concilii Patribus“ – ein bewegender und wahrhaft historischer Augenblick.

IV. Aufbau und Gehalt der Konstitution

Sacrosanctum Concilium umfasst insgesamt 130 Artikel, gegliedert in 7 Kapitel, versehen mit einem Vorwort und einem Anhang. Davon ist das Erste Kapitel das bedeutendste: Es enthält erstens die theologischen Grundlagen des Gottesdienstes der Kirche, und damit auch den erneuerten und vertieften Liturgiebegriff, somit die konziliare „Theologie der Liturgie“, sodann zweitens die fundamentalen Grundsätze für eine offiziel-

43 Ebd., 47; und: F. Eisenbach (Anm. 40), 135f.
44 A. Bugnini (Anm. 3), 50.
45 Ebd., 53.

le Erneuerung der Liturgie. Die folgenden Kapitel zwei bis sieben behandeln – nach dem theologischen Gewicht gereiht – Aussagen zu den einzelnen Bereichen des sakramental-liturgischen Lebens der Kirche. Der Anhang handelt über die Kalenderreform. So zeigt sich folgende Gliederung:

- *Vorwort [= Artikel 1–4]*
- *Erstes Kapitel* [= Artikel 5–46]: Allgemeine Grundsätze zur Erneuerung und Förderung der heiligen Liturgie

I. Das Wesen der heiligen Liturgie und ihre Bedeutung für das Leben der Kirche [5–13].
II. Liturgische Ausbildung und tätige Teilnahme [14–20].
III. Die Erneuerung der heiligen Liturgie [21–40].
IV. Förderung des liturgischen Lebens in Bistum und Pfarrei [41–42].
V. Förderung der pastoralliturgischen Bewegung [43–46].

- *Zweites Kapitel* [= Artikel 47–58]: Das heilige Geheimnis der Eucharistie
- *Drittes Kapitel* [= Artikel 59–82]: Die übrigen Sakramente und Sakramentalien
- *Viertes Kapitel* [= Artikel 83–101]: Das Stundengebet
- *Fünftes Kapitel* [= Artikel 102–111]: Das liturgische Jahr
- *Sechstes Kapitel* [= Artikel 112–121]: Kirchenmusik
- *Siebentes Kapitel* [= Artikel 122–130]: Die sakrale Kunst, liturgisches Gerät und Gewand
- *Anhang:* Erklärung des Zweiten Vatikanischen Konzils zur Kalenderreform.

Die theologischen Grundsatzaussagen finden sich – wie oben angedeutet – im Ersten Kapitel, das auch die Eckpunkte für die intendierte pastoralliturgische Erneuerung angibt. Diese werden in den Kapiteln zwei bis sieben spezifisch weiterentfaltet. Zum Verständnis der gesamten Reform, die alle diese Kapitel behandeln, ist jedoch vorerst eine unmittelbare Konfrontation mit dem Text des Ersten Kapitels – auf Grund seines grundlegenden Gehaltes und seiner theologischen Aussagedichte – in der Tat unumgänglich und muss an dieser Stelle eindringlich empfohlen werden[46].

Der Gehalt aller Kapitel von Sacrosanctum Concilium kann auf dem

46 Dazu: A. Redtenbacher (Anm. 1), 34–42.

Hintergrund des Ersten Hauptkapitels dann in den folgenden 14 liturgietheologischen und pastoralliturgischen Leitlinien zusammengefasst werden:

1. Gottesdienst erschöpft sich nicht in äußerem und rituellem Tun. Er ist auch weit mehr als bloßes „kultisches Geschehen“ und vollzogen nur durch eine dafür autorisierte Person. Vielmehr ordnet das Konzil das liturgische Geschehen in eine *heilsgeschichtliche Gesamtschau* ein, deren personale Mitte Christus selbst ist. Er gibt uns jetzt schon mitten in dieser Welt Anteil an der eschatologischen Wirklichkeit[47].

2. Gottesdienst ist daher immer und grundsätzlich *Feier des Pascha-Mysteriums Christi* und seine geschenkhaft-gnadenvolle Aneignung durch Kirche und Christen im Vollzug der Liturgie: hier *vollzieht* sich das Werk unserer Erlösung.[48]

3. Gottesdienst ist nicht zuerst Tun des Menschen, sondern primär *Handeln Gottes selbst* und daher Sein Dienst (Gottes Dienst) am Menschen.[49] Der Primat des Handelns liegt ganz bei Gott, als Antwort darauf handelt der Mensch in der Feier und in seinem Leben.

4. Christi Gegenwart und Handeln im Gottesdienst sind umfassend. Sie beschränken sich weder auf die eucharistischen Gestalten noch auf die Person des Priesters, weil jede liturgische Äußerung der Kirche als Handeln Christi im Heiligen Geist an der Grundsakramentalität der Kirche teilhat. Daher gilt immer: *Das primäre Subjekt der Liturgie ist Christus* selbst, das sekundäre die Kirche als sein Leib, das tertiäre die konkrete gottesdienstliche Versammlung mit dem Priester als Vorsteher in persona Christi an der Spitze.

5. Gottesdienst ist eine wesentliche *Grundfunktion der Kirche*, und zwar „culmen et fons“, das heißt: *Höhepunkt und Quelle*[50] all ihren Tuns,

---

47 Er kann darum auch mit „Lebensaustausch zwischen Gott und Mensch“ umschrieben werden: E. AMON, Lebensaustausch zwischen Gott und Mensch. Zum Liturgieverständnis Johannes Pinsks, Regensburg 1988 (StPaLi 6).

48 Vgl. das von SC aufgegriffene Gabengebet der Messe vom Letzten Abendmahl am Gründonnerstag (früher 9. So. nach Pfingsten).

49 M. KUNZLER, Die Liturgie der Kirche, Paderborn 1995 (= Amateca – Lehrbücher zur katholischen Theologie Bd. X), 193–201.

50 SC 10.

daher die bedeutendste unter den drei Grundfunktionen Martyria – Leiturgia – Diakonia.

6. Eingefügt durch die Taufe in Christi Pascha-Mysterium haben Christen Anteil an seinem königlichen Priestertum. Dies begründet Recht und Pflicht zur „aktiven, tätigen, bewussten“ und auf „geistlichen Gewinn“ zielenden Teilnahme aller. *„Aktive Teilnahme“* ist der zentrale Begriff der Liturgiereform des Konzils, der aber weiter und tiefer reicht als eine äußerlich-rituelle Beteiligung an der Feier.[51]

7. Dem Primat von Gottes Handeln in der Liturgie und ihrem gottmenschlichen Dialogcharakter entspricht die *Aufwertung des Wortes Gottes* in der Liturgie: Das Konzil hat den „Tisch des Wortes“ reicher gedeckt.

8. Christus spricht auch heute durch die Liturgie zum Menschen: sie hat daher auch „belehrenden Charakter“, *Verkündigungscharakter* und auch eine missionarische Dimension.

9. Das gottmenschliche Zusammenspiel der Liturgie vollzieht sich unter *sinnenfälligen Zeichen* und Symbolen mit teils göttlichem, teils menschlichem Ursprung. Zeichen und Symbole müssen daher verstehbar ausdrücken, wofür sie stehen, sonst ist die Feier des Geheimnisses der Liturgie gefährdet.

10. Aufgrund des theologischen Gewichtes der liturgischen Feier eignet jeder ortskirchlichen Liturgiegemeinde eine geistliche Würde: Jede Pfarrei ist nicht nur kirchlicher Verwaltungssprengel, sondern eine eigenständige geistliche Wirklichkeit und Größe. Noch mehr gilt dies für die Kirche des Bistums insgesamt unter Leitung ihres Bischofs. Das Konzil hat daher die *Ortskirche und das Bischofsamt* theologisch deutlich aufgewertet.

---

51 Vgl.: S. SCHMID-KEISER, Aktive Teilnahme. Kriterium gottesdienstlichen Handelns und Feierns. Zu den Elementen eines Schlüsselbegriffes in Geschichte und Gegenwart des 20. Jahrhunderts. 2 Bände, Frankfurt – New York 1985 (= EHS.T 250); auch: C. BENKE, „Mit geistlichem Gewinn ...“ (SC 11). Zur Tiefendimension gottesdienstlicher Feier, in: LJ 51 (2001) 172–180; und: W. HAUNERLAND, Werk Christi und seiner Kirche, in: HlD 52 (1998) 220–226, hier vor allem: 223.

11. Von daher sind auch *Adaptation und Inkulturation* der einen Liturgie der Kirche in die Vielgestaltigkeit der kulturellen Kontexte ihrer Ortskirchen hinein nicht bloß kirchendisziplinäre oder rechtliche Fragen, sondern tragen nach den Konzilsaussagen ein theologisches Gewicht, das ernst genommen werden muss, ohne die je größere Einheit in dieser Vielfalt zu sprengen.

12. Liturgiereform beschränkt sich insgesamt nicht bloß auf eine Reform des gottesdienstlichen Ritus, sondern zielt die *Erneuerung des christlichen Lebens* von der Mitte des Glaubens her an, die in der Liturgie konkret sichtbar wird. Sie ist daher nicht Selbstzweck, sondern dient der Vertiefung des ganzen christlichen Lebens.

13. Eine echte und umfassende liturgische Erneuerung kann auch aus diesem Grunde nie endgültig und ein für alle Mal beendet sein, sondern bleibt eine *Daueraufgabe*, die der umfassenden mystagogischen Hinführung und der permanenten liturgischen Bildung bedarf. Dies ist ein klarer Konzilsauftrag.

14. All dies „aber geschieht in der *Kraft des Heiligen Geistes*“[52], der die Seele jeder Liturgiefeier ist, der aber auch in der Liturgischen Erneuerung gleichsam „durch seine Kirche hindurchgeht“.[53]

Damit ist in großen Linien der inhaltliche Ertrag der Liturgiekonstitution zusammengefasst. Die 14 Punkte zeigen dabei eine große Übereinstimmung mit der vorkonziliaren Liturgischen Bewegung, die nicht nur in den Konzilstext selbst eingeflossen ist, sondern durch das Konzil in vielen Punkten auch eine Fortschreibung erfuhr. Festzuhalten ist an dieser Stelle auch, dass der Konzilstext theologisch schlüssig den Charakter der Liturgie der Kirche, die selbst eine „ecclesia semper reformanda“ ist, als „liturgia semper reformanda“ ausweist[54], und dies mit der höchsten zur

52 SC.
53 Anm. 4.
54 ... ein auch weniger Kundigen aus der Geschichte her sofort einleuchtender Tatbestand, neuerdings umfassend aufgezeigt in: M. KLÖCKENER/B. KRANEMANN (Hg.), Liturgiereformen. Historische Studien zu einem bleibenden Grundzug des christlichen Gottesdienstes (Teil I: Biblische Modelle und Liturgiereformen von der Frühzeit bis zur Aufklärung, Teil II: Liturgiereformen seit der Mitte des 19. Jahrhunderts bis zur Gegenwart), FS A. Häußling, Münster 2002 (= LQF 88); Grundsätzliches auch: K. RICHTER, Liturgiereform als Mitte der Erneuerung der Kirche, in: DERS., Das Konzil war erst der Anfang. Die Bedeutung des

Verfügung stehenden Autorität eines Ökumenischen Konzils mit und unter dem Papst, also dem obersten Lehr- und Hirtenamt der Kirche. Unter den sich beschleunigt wandelnden Bedingungen unserer Zeit sind wir daher aufgerufen, im Sinne des Konzils das gottesdienstliche Leben nach den skizzierten Grundsätzen so zu gestalten, dass die äußere und die innere aktive Teilnahme, die Liturgiegestalt und ihr personaler Vollzug immer mehr und immer aufs Neue einander entsprechen. In diesem Sinne bleibt tatsächlich liturgische Erneuerung auch heute – 40 Jahre nach Sacrosanctum Concilium – eine Aufgabe, die in vieler Hinsicht *vor* uns liegt. Der Konzilstext ist auch heute Auftrag und Programm für die Kirche und die Gemeinden im Sinne einer Liturgischen Bewegung und des „Geistes der Liturgie", welcher der Geist der Kirche selbst ist.

Zweiten Vaticanums für Theologie und Kirche, Mainz 1991, 53–74; auch: DERS., Das Verhältnis von Kirche und Liturgie. Zur Rezeption des Zweiten Vatikanischen Konzils, in: HlD 54 (2000) 171–180.

Rudolf Schwarzenberger

Der Weg zur neuen Liturgie – die Umsetzung der Beschlüsse des II. Vaticanums

Auf den Tag genau, dem 11. Oktober, sind es heute 41 Jahre, dass Papst Johannes XXIII. das zweite Vatikanische Konzil eröffnet hat.
Gleich in den ersten Tagen ist damals klar geworden, dass die Fragen zur Erneuerung der Liturgie aufgrund der gut ausgearbeiteten Vorlagen zum „Schulbeispiel" für die Konzilsväter werden sollten.
Schon am 22. November 1963 haben sie dann die Liturgiekonstitution mit 2158 Pro-Stimmen bei 19 Kontra-Stimmen und einer ungültigen Stimme angenommen.
Papst Paul VI. promulgierte sie dann am 4. Dezember 1963.

Die Zeit danach – Zustimmung zur Erneuerung

Kardinal Giacomo Lercaro, der erste Präsident des Rates zur Durchführung der Beschlüsse der Liturgiekonstitution, hat wenige Monate nach deren Promulgation in einem Brief an die Vorsitzenden der Bischofskonferenzen geschrieben: „Bewegten und staunenden Herzens stehen wir vor diesem ‚neuen Hindurchgang des Heiligen Geistes durch seine Kirche', von dem vor neun Jahren Pius XII. zu den Teilnehmern des ersten internationalen Kongresses für Pastoral-Liturgie in Assisi prophetisch gesprochen hatte. Wir sehen, wie sich die ‚neue geistliche Erziehungsaufgabe' entwickelt und feste Gestalt annimmt, die der Heilige Vater mehrfach eine der kostbarsten Früchte des Konzils genannt hat. Man darf ruhig sagen, dass das Zweite Vatikanische Konzil in die Geschichte eingehen wird, gekennzeichnet von einer seiner kühnsten Verwirklichungen, indem es der Liturgie ein neues Aussehen gab, das sie noch strahlender und wirksamer machte."[1]

Papst Johannes Paul II. hat dann zum 25. Jahrestag der Promulgation der Liturgiekonstitution 1988 festgestellt: „Diese Reform der gesamten Liturgie entsprach einer allgemeinen Erwartung der ganzen Kirche. Denn

1 WDBl 104 (1966) 10ff.

der liturgische Geist hatte sich in fast allen Bereichen immer mehr verbreitet, verbunden mit dem Wunsch nach einer aktiven Teilnahme an den heiligen Geheimnissen und am öffentlichen und feierlichen Gebet der Kirche wie auch mit dem Verlangen, das Wort Gottes in reicherem Maße zu hören."[2]

Diese beiden Stimmen, unmittelbar nach der Promulgation und 25 Jahre später, machen deutlich, wie sehr die Erneuerung der Liturgie zu den zentralen Anliegen des II. Vaticanums und wie sehr sie zu dessen geistlichem Erneuerungsprozess zählt. Es ging in erster Linie nicht um Änderung von Riten und Gebräuchen, und schon gar nicht, wie einige bis heute nicht müde werden zu behaupten, um die willkürliche Zerstörung des Überkommenen, sondern um das eine große Ziel: um eine enge, organische Verbindung zwischen der Erneuerung der Liturgie und der Erneuerung des ganzen Lebens der Kirche.[3] So jedenfalls sieht es der gegenwärtige Papst.

Deshalb ist es auch falsch, von einer neuen Liturgie zu reden, denn aus der Liturgiekonstitution[4] selbst geht mehrfach hervor, dass das Erneuerungswerk sich der Tradition, der sog. norma patrum, verpflichtet wusste, gleichzeitig aber die Zeitbedingtheit und -abhängigkeit bestimmter Feierformen erkannte und dementsprechend Veränderungen vornahm.

Erste Schritte im Erneuerungsprozess

Diese Erneuerungsarbeit war jedoch mit der Promulgation der Liturgiekonstitution nicht abgeschlossen, sondern erst eröffnet. Es war ein langer, und für manche damals auch ein zu langsamer Weg der Erneuerung. Im Rahmen des römischen Consiliums waren 40 Arbeitsgruppen eingesetzt worden. In dem schon zitierten Schreiben von Kardinal Lercaro weist er u. a. auch darauf hin, „eine allgemeine, aufs Wesentliche und die Fundamente zurückgreifende Reform der Liturgie lässt sich nicht an einem Tage schaffen. Sie verlangt Zeit, Forschungen, Analysen, kritische Beurteilungen. Vor allem verlangt sie Geduld."[5]

Die Ungeduld, die in dieser postkonziliaren Zeit aufgekommen ist, ist m. E. mit schuld, warum bis heute, und wenn ich recht sehe, heute erst

2 Apostolisches Schreiben „Vicesimus quintus annus" v. 4. 12. 1988, n. 4.
3 Brief „Dominicae Cenae" v. 24. 2. 1980, n. 13.
4 SC, 21, 23 und 50.
5 A. a. O., S. 11.

recht wieder Kritik an der konziliaren Liturgiereform geübt bzw. diese noch immer nicht akzeptiert wird. Die Ungeduld führte und führt zu Experimenten, die dem Anliegen geschadet haben und auch heute noch schaden: Experimente, die oft von geringer theologischer und liturgischer Kompetenz zeugen.

Wenn, um nur ein Beispiel zu nennen, die Liturgiekonstitution[6] davon sprach, dass die Riten „den Glanz edler Einfachheit an sich tragen und knapp, durchschaubar und frei von unnötigen Wiederholungen“ sein sollen, so war dies kein Aufruf zu einer minder ästhetischen und banalen Kurzform liturgischen Handelns.

In dieser Atmosphäre des erfreulichen und ehrlichen Aufbruchs, aber auch der Ungeduld mit ihren oft prägenden negativen Nebenerscheinungen, waren nun die Verantwortlichen in den Diözesen bemüht, die Erneuerungsschritte in die Praxis umzusetzen. Es herrschte damals in Österreich eine große Einmütigkeit in der Bischofskonferenz. Zeugen dafür sind heute die gemeinsamen Hirtenbriefe und Pastoralschreiben zur Liturgiereform und die einzelnen Schritte ihrer Verwirklichung.

Die Liturgische Kommission für Österreich war ihr Beratungsgremium und zugleich Verbindungsglied zu den anderen Liturgischen Kommissionen im deutschen Sprachraum. Diesen kam ja in der Zeit der Erneuerung, nach dem in der Liturgiekonstitution vorgesehenen Instanzenzug, besondere Bedeutung zu.[7]

Österr. Bischofskonferenz und Neuordnung der Liturgie

In ihrem ersten Pastoralschreiben zur Neuordnung der Liturgie[8] erinnern die Bischöfe an die Jahrzehnte der Liturgischen Bewegung, an die Schriften von Pius Parsch und vor allem an den Katholikentag 1933 mit der ersten in großer Öffentlichkeit gefeierten sog. Betsingmesse. Wenn man so will, war diese zunächst ein bischöflich gebilligtes Experiment, dem Rom erst 1943 seine Zustimmung gegeben hat.

Die Liturgische Bewegung war es auch, die den Gründer des Wiener Seelsorgeamtes, Prälat Karl Rudolf, geleitet hat, von Anfang an den liturgischen Behelfen in seinem Arbeitsbereich große Aufmerksamkeit zu

6 SC 34.
7 SC 22. u. 36, § 3 und 4.
8 WDBl 101 (1963) 178ff.

widmen. So sind schon lange vor dem II. Vaticanum im Wiener Seelsorgeamt, wie es damals hieß, Gottesdienstmodelle publiziert worden, die ein Ziel gehabt haben: die bewusste und tätige Teilnahme der Gläubigen an den liturgischen Feiern, im Rahmen des vorkonziliar Möglichen.

So war es nur selbstverständlich, dass im Umfeld des II. Vaticanums und seiner liturgischen Erneuerung das Wiener Pastoralamt unter der Leitung unseres unvergesslichen P. Josef Zeininger OSFS in gemeinsamer Arbeit mit der Diözesankommission für Liturgie sich von allem Anfang an in den Dienst dieser Aufgabe gestellt hat. Die Wiener Diözesansynode, die bekanntlich in den Jahren von 1969 bis 1971 in der Lainzer Konzilsgedächtniskirche stattgefunden hat, hatte dann nicht wenige Aufträge liturgie-pastoraler Art dem Pastoralamt zugewiesen.

Von besonderer Bedeutung für die Pastoral bis heute war der Beschluss der Synode, die Wiener Erzdiözese in drei territoriale Vikariate unterzuteilen. Durch diese Strukturreform wurde es möglich, die anstehenden Aufgaben, nicht nur liturgischer Art, in gemeinsamer Arbeit mit einer größeren Nähe zu den einzelnen Gemeinden zu erfüllen.

In verdienstvoller Weise werden bis heute Frauen und Männer auf Vikariatsebene in die verschiedensten liturgischen Dienste eingewiesen.

Auf welche Weise, oder so sagen wir heute, in welchen Schritten haben wir in der ED. Wien die Liturgieerneuerung umgesetzt?

Die Arbeit des Wiener Pastoralamtes in der Erneuerungsarbeit

Der erste Schritt war immer die *Information*, was, zu welchem Zeitpunkt und aus welchen Gründen dieser Erneuerungsschritt folgt. Information kann sehr knapp sein. Manchmal ist dies notwendig, doch nicht immer!

Zu knapp waren zweifelsohne jene Informationen, die leider gar nicht so selten die Gemeinden zu hören bekamen: Ab dem 1. Adventsonntag müssen wir das aufgrund des Konzils jetzt so und so machen ...

Eine solche Information hat nicht befriedigt, sondern begreiflicherweise oft Ärger unter den Gläubigen ausgelöst.

Deshalb waren die Mitarbeiter im Pastoralamt und der Liturgiekommission immer bemüht, den umfassenden Background eines Erneuerungsschrittes aufzuzeigen: in Informationsblättern, in Predigtskizzen und entsprechenden Texten. Leider ist dieses „Papier“ dann oft zu schnell in der „Rundablage“ beim pfarrherrlichen Schreibtisch verkommen.

Als Leiter des Pastoralamtes und Vorsitzender der Diözesankommission für Liturgie in dieser liturgisch ereignisreichen Zeit habe ich selbst viele Artikel zu den anstehenden Erneuerungsschritten verfasst, so z. B. unter dem Titel „Pastoralliturgische Hinweise" in vielen Folgen zum erneuerten Messordo 1976 im Wiener Diözesanblatt. Diese Artikelserie ist dann 1978 als Handreichung zur Pastoral unter dem Titel „Die erneuerte Liturgie der Eucharistiefeier" in der Schriftenreihe des Pastoralamtes erschienen.

Im Dienste der Information stand damals auch die Wiener Kirchenzeitung. Immer wieder wurden in Artikeln und Interviews Themen liturgischer Erneuerungen geboten. Wer sich informieren wollte, hatte genügend Material zur Verfügung.

Eng im Zusammenhang mit dieser schriftlichen Information sind die *Theologischen Tage* für die Priester und Diakone zu sehen. Ziel dieser Tage ist es gewesen, eine umfassende theologische, pastoralliturgische Einführung in die betreffenden Sakramente zu geben, deren Feier nun neu geordnet worden ist. Bei dieser Gelegenheit möchte ich dankbar an den Bischofsvikar des Vikariates unter dem Manhartsberg, Prälat Franz Stubenvoll, erinnern. Diese Fortbildungstage waren ihm Herzensanliegen, gerade weil er erfahren hatte, wie notwendig die sachgerechte Hinführung der Gemeinden zur erneuerten Liturgie war.

So reiste z. B. ein Triumvirat – ein Dogmatiker, ein Liturgiker und ein Pfarrer – durch die Diözese zu Priestertagen, um die Mitbrüder mit dem neuen Messbuch vertraut zu machen. Dem damaligen Erzbischof war dieses Anliegen so wichtig, dass er die Teilnahme an diesen Tagen für Priester als verpflichtend erachtete.

Der erneuerte Firmritus war ebenso Anlass für einen solchen Studientag. Doch darüber hinaus hatte Kardinal König die Firmspender, vom damaligen Apostolischen Nuntius an bis zum jüngsten Firmbeauftragten, zu einem Studiennachmittag in das erzbischöfliche Haus geladen. 1981 folgte dann ein Theologischer Tag mit dem Thema „Die Sorge der Gemeinde um ihre Kranken". Die Referate beider Tagungen wurden in der Reihe „Handreichungen zur Pastoral" publiziert.[9]

Damit soll gezeigt werden, dass bei all diesen Bildungsvorgängen es nie um bloß rituelle Ein- und Anweisungen ging, sondern immer der Gemeindebezug bzw. die Zielgruppe des betreffenden Sakramentes mit bedacht worden ist.

9 Pastoralamt der Erzdiözese Wien (Hg.), Überlegungen zur Firmpastoral (Handreichungen zur Pastoral), Wien. 1974; Pastoralamt der Erzdiözese Wien (Hg.), Die Sorge der Gemeinden um ihre Kranken (Handreichungen zur Pastoral), Wien 1981.

In ähnlicher Weise wurden nach 1975 auf verschiedenen Ebenen die Gemeinden mit dem neuen „Rollenbuch der Gemeinde", dem GOTTESLOB vertraut gemacht.

Für interessierte Laien und Mitarbeiter in den Pfarren gab es verschiedene Möglichkeiten der Information. Auch und vor allem haben die Wiener Theologischen Kurse Themen liturgischer Erneuerung mitaufgegriffen. In verschiedenen Seminaren und Wochenendkursen wurden diesbezügliche Themen angeboten.[10]

Dankbar denke ich an die gemeinsame Initiative von Theologischen Kursen und dem Pastoralamt im Dienste der Frauen und Männer, die sich als Leiter der Taufgespräche in den Pfarren bereit fanden.

Später, in den Achtzigerjahren, gab es eine Kooperation in der Vorbereitung der Begräbnisdienstleiter.

Schließlich bestand eine weitere Unterstützung in den Materialien des *Behelfsdienstes*. Als die Österreichische Bischofskonferenz schon 1965 von Rom die Erlaubnis erwirkt hatte, die geplante neue Leseordnung an den Ferialtagen einzuführen, war es notwendig, entsprechende Lektionartexte mit Lesung, Antwortpsalm, Hallelujavers und Evangelium zur Verfügung zu stellen. In langer, mühevoller Schreibarbeit haben Mitarbeiterinnen des Pastoralamtes dies ermöglicht.

Auf ähnliche Weise sind damals viele andere Behelfe entstanden und wollten so mithelfen, die schon gegebenen neuen Möglichkeiten zu nützen.

Das Ziel der Erneuerten Liturgie

Der Rückblick auf diese ereignisreiche Zeit nach dem Konzil zeigt m. E., wie früh und engagiert sich die Mitarbeiter unserer Diözese dem Anliegen der liturgischen Erneuerung geöffnet haben. Nie, das möchte ich aus eigener Überzeugung und Erfahrung betonen, ist es uns darum gegangen, bloß neue Rubriken anstelle alter zu setzen, sondern immer um das, was wohl am besten in der Liturgiekonstitution[11] selbst geschrieben steht: „Darum sollen die Seelsorger bei liturgischen Handlungen darüber wachen, dass nicht bloß die Gesetze des gültigen und erlaubten Vollzugs beachtet werden, sondern auch dass die Gläubigen *bewusst, tätig und mit geistlichem Gewinn* daran teilnehmen."

---

10 Vgl. Heute gemeinsam glauben, Hg. Margarete Schmid, Innsbruck 1980.
11 SC 11.

Kardinal Lercaro[12] hatte mit einem Wort des Papstes auf die „neue geistliche Erziehungsaufgabe" unmittelbar nach dem Konzil verwiesen. Ich stelle uns allen abschließend die Frage, die Johannes Paul II. in seinem Apostolischen Schreiben „Tertio millenio adveniente" der gesamten Kirche schon 1994 gestellt hat: „Die Gewissensprüfung darf auch die Annahme des Konzils, dieses großartigen Geschenks des Geistes an die Kirche gegen Ende des zweiten Jahrtausends, nicht unberücksichtigt lassen ... *Wird die Liturgie, gemäß der Lehre von Sacrosanctum Concilium, als ‚Quelle und Höhepunkt' des kirchlichen Lebens gelebt?*"[13]

Damit ist aber auch gleichzeitig gesagt, dass unsere Bemühungen um eine gemeindegerechte Liturgiefeier nie zu Ende sind. Für uns älter Gewordene heißt das: Hüten wir uns vor der gefährlichen Routine im gottesdienstlichen Handeln und lassen wir der jüngeren Generation etwas von dem Geist spüren, der uns in der ersten nachkonziliaren Zeit erfüllt hat. Allen Jüngeren möchte ich sagen, ein Erbe zu übernehmen ist dann keine aufgezwungene Last, wenn ich bereit bin, damit verantwortlich und zugleich kreativ umzugehen.

---

12 A. a. O., S. 10.
13 Apostolisches Schreiben v. 10. 11. 1994, n. 36

TEIL II
AUSBLICKE

Paul M. Zulehner
unter Mitarbeit von B. Beranek, M. König sowie S. Gall („Reactos“)

Zur Qualität der erneuerten Liturgie

I. Zum kulturellen Hintergrund

Die Qualität der christlichen Liturgie, insbesondere der gottesdienstlichen Versammlung am Sonntag, gewinnt immer größere Bedeutung. Der Grund liegt in der überraschenden kulturellen Entwicklung, die in der Forschung unter dem Begriff „Spiritualität aus Säkularität“ einzufangen und zu analysieren versucht wird.

Spiritualität aus Säkularität

In den Sechzigerjahren war von Religionssoziologen felsenfest prognostiziert worden, dass die kulturelle Zukunft der „Stadt ohne Gott“ (Harvey Cox, Stadt, 1966) gehöre. Je moderner die Kultur werde, desto säkularisierter werde sie sein. Gott werde in einer solchen Kultur immer mehr „überflüssig“ und daher aus dem Leben der Menschen ebenso wie aus der Öffentlichkeit verschwinden. Die Entwicklung der nächsten Jahrzehnte schien dieser Säkularisierungsthese Recht zu geben: Kirchen wurden leerer, Menschen kündigten ihre Mitgliedschaft auf, die Bereitschaft, das Leben in einen Orden oder einen zölibatär gestalteten Priesterberuf zu investieren, sank in immer moderner werdenden Kulturen. Solche Säkularisierung im Sinn der Loslösung des öffentlichen wie privaten Lebens zumindest von kirchlichen Institutionen läuft im Übrigen auch heute vor unseren Augen unvermindert weiter – insbesondere bei der jungen Generation. Eine beträchtliche Zahl von Menschen lebt aufs Diesseits vertröstet.

Nicht vorhergesehen wurde allerdings von den Religionssoziologen, was Matthias Horx (Matthias Horx, Megatrends, 1995) einen der Megatrends der späten Neunzigerjahre nannte: „Respiritualisierung“. Aus vielfältigen Gründen, die hier nicht weiter dargestellt werden können (Paul M. Zulehner, 2002), wächst aus zugespitzter Säkularität überraschenderweise Spiritualität, die beides sein kann: Flucht aus der Unerträglichkeit banal-flachen Lebens oder Protest gegen diese durch Suche einer produktiven Alternative.

Dimensionen dieser spirituellen Suche

Diese neuartige Spiritualität – oder sollte man nicht besser von Spiritualitäten reden? – wird heute aufwendig erforscht. Erste durchgängige Dimensionen zeichnen sich ab, die entweder mit kulturellen Defiziten oder/und mit unausrottbaren menschlichen Sehnsüchten zu tun haben:

- *Reise in die Tiefe:* In einer Kultur, die den Menschen immer mehr an die Peripherie seines Lebensrades schleudert, in der er sich von sich selbst entfremdet erlebt, suchen Menschen die Einkehr bei sich, die Reise ins Innere, in die eigene Tiefe. Ein „Exodus ins Ego“ (Hans-Willi Weis, Exodus, 1998) findet statt. Das Ziel dieser Reise ins Innere und die Beweggründe sind bunt und vielfältig. Bei manchen ist es die religiöse Verdichtung der positiven Seite des Individualismus, der Wahrnehmung des eigenen Ichs. Andere suchen lediglich Wellness (Donald B. Ardell), Wohlbefinden. Doch sind darunter auch Leute, die auf dem Grund des eigenen Ichs sich hineinbewegen in den göttlichen Bereich. Sie überschreiten – bei sich selbst angekommen – gleichsam sich selbst hinein ins Göttliche. Und nicht wenige sind darunter, die glauben, dass sie das Göttliche nicht nur in sich tragen, sondern fühlen sich – pantheisierend – mit dem Göttlichen eins und beziehen von dorther Licht, Energie und Lebenskraft.
- *Reise in die Weite:* Die spirituellen Reisen führen aber nicht nur in die Tiefe, auf den Grund des eigenen Ichs, sondern von diesem weg in kosmische Weiten. Manchen ist das „Ego“ zu eng, zu einsam, zu angstbesetzt. So brechen spirituell Reisende auf in die Natur, in kosmische Weiten, in Gottes weite Welt. Sie fühlen sich mit ihrem bedeutungslosen kleinen Ich über ihr Selbst verwoben mit einer großen Welt, ja einer heiligen Welt, die ihnen in ihrer Kleinheit Größe und Würde verspricht.
- *Reise in Gemeinschaft (Ethik der Liebe):* Der spirituelle Kultautor des Christentums Henri Nouwen sprach einmal davon, dass es in unserer Zeit eine „Kultur der Hinrichtung“ gebe. Einer sei der bedrohliche Lebenskonkurrent des anderen, eine „Ellenbogengesellschaft“ sei typisch für unsere Zeit, und diese sei auf Dauer keine befriedigende Form zu leben. Im Gegensatz dazu suchen manche in ihrem spirituellen Verlangen nach Gemeinschaften, in denen es anders ist, die eine Art Ethik der Liebe leben.
- *Erneuerung der Welt:* In solchen Gemeinschaften sehen manche spirituelle Wanderer unserer säkularen Kulturen eine Avantgarde einer

kommenden Welt. Das Urteil über die bestehende Welt und die Beziehung zu dieser variiert beträchtlich in den zeitgenössischen spirituellen Gruppen. Sehen die einen die heutige Welt dem apokalyptischen Untergang geweiht – und das vielleicht bald – und würden aus dieser Welt heraus nur wenige (nämlich ihre spirituelle Gemeinschaft) gerettet werden, sehen andere wiederum die konkrete Welt als Herausforderung für eine bessere Gestaltung. Weltflucht und Weltveränderung sind die Alternativen.

- *Sehnsucht nach Heilung:* Durchgängig ist neueren Spiritualitäten das Heilwerden des Menschen und der Welt. Viele fühlen, dass in unserem hochmodernen Leben „etwas nicht stimmt", dass dieses Leben uns trotz einer erfolgreichen Hightechmedizin „krank macht". Heilung ist dann aber ein spiritueller Vorgang. Sie geschieht, so hoffen Spirituelle, indem der Mensch sich wieder an den göttlichen Ursprung zurückbegibt – was wiederum in Heilabenden rituell erfahrbar gemacht wird.
- *Sehnsucht nach Gewissheit:* Nicht wenige spirituell Reisende bewegt auch der Wunsch, in Zeiten der Überorientierung und der damit gegebenen einsamen Orientierungszumutung Gewissheit zu finden. Strenge und Struktur werden gesucht. Dabei spielen Meister, die göttliches Licht und Klarheit verkörpern und Gott mit seinen Botschaften („Durchsagen") wie ein Kanal („channeling") durchlässig machen, eine wichtige Rolle.

Und die Kirchen?

„Die Sehnsucht boomt, aber die Kirchen schrumpfen", so schrieb inmitten dieser unübersehbaren Megaspiritualisierung moderner Stadtkulturen (Paul M. Zulehner u. a., Kehrt, 2002) Günther Nenning angesichts des Zustands der christlichen Altkirchen. (Günther Nenning, Gott, 1997). Er versteht nicht, wie inmitten eines boomenden „spirituellen Marktes" das erfahrene spirituelle Unternehmen Kirche sich so schlecht behauptet. Steht nach Jahren einer „Selbstsäkularisierung" der Kirchen (Wolfgang Huber, Kirche, 1999) deren „Respiritualisierung" an? Braucht es mehr spirituelle Personen („Gottesfrauen", „Gottesmänner"), spirituelle Vorgänge, spirituelle Orte? Haben sich die christlichen Kirchen in Zeiten der Nachaufklärung nicht verführen lassen, ihre Botschaft zu vernützlichen und der Gesellschaft glaubhaft zu machen, dass sie wegen ihrer Ordnungskraft und Moral unentbehrlich sei? Die Vernützlichung der Reli-

gion ist aber deren Ende. Es ist Zeit, wieder den Akzent – ohne die Bedeutung eines Handelns in Nächstenliebe, das aus der Gottesliebe geboren wird, zu schmälern – von der Moral auf die Mystik zu verlagern, vom Herstellen auf das Darstellen, vom Handeln zurück zum Sein, vom Fordern zum Staunen und zur Anbetung.

Das Institut für Pastoraltheologie an der Katholisch-Theologischen Fakultät der Universität Wien hat es sich zum Ziel gesetzt, nicht nur diesen Megatrend der „(Re-)Spiritualisierung“ zu erforschen. Auch kleinere Projekte dienen diesem Anliegen. So etwa die kleine Auftragsstudie „Gemeinde als Heil-Land“ (Markus Beranek, Gemeinde, 2002). Missio Aachen wollte auskundschaften, welche therapeutische Kraft christliches Gemeindeleben hat. Oder eben: Wie können in der Nachfolge des Heilands kirchliche Gemeinschaften zum „Heil-Land“ werden?

Das andere Forschungsprojekt bezog sich in den letzten Monaten auf die Gottesdienstqualität in Gemeinden der Stadt Wien und Umgebung. Dabei war das Ziel dieses Projekts praktisch. Uns ging es um Unterstützung von Gemeinden, die Gottesdienstqualität zu verbessern. In einem ersten Schritt wollten wir in einer Fallstudie Grundlagenforschung betreiben. Wie erleben Menschen, die in den sonntäglichen Gottesdienst kommen, seine Qualität? Mit welchen Erwartungen kommen sie, mit welchen Erfahrungen gehen sie. Wir experimentierten mit Einreißfragebögen und werteten diese zusammen mit den beteiligten Gemeinden aus (www.pastoral.univie.ac.at <http://www.pastoral.univie.ac.at/> [Projekt-Gottesdienst]). Sodann machten wir eine qualitative Tiefenforschung. Bei dieser bedienten wir uns der Gallschen Reactoscop-Technik.

Aus dieser zweiten Fallstudie werden im Folgenden ausgewählte Ergebnisse vorgelegt und für die Entwicklung der Gottesdienste ausgewertet.

II. Ausgewählte Ergebnisse

Irritationen und Gratifikationen

In einer Allensbacher Studie über den Kirchenaustritt wurde beobachtet, dass es nicht allein, auch nicht primär die Irritationen (Störungen, Ärgernisse) sind, welche Menschen aus der Kirche austreten lassen. Noch mehr als die Irritation zählt der Mangel an Gratifikation. Für die Kirchen ist es daher zwar wichtig, unnötige Irritationen zu mindern (die „Irritation“ des

Evangeliums, die „Irritation" Gottes bleibt immer noch schwerwiegend genug), noch wichtiger aber ist es, Gratifikationen sicherzustellen. Es ist wie in der johanneischen Szene, wo Jesus angesichts des Ärgernisses so vieler, die ihn daraufhin verließen, fragt: *„Wollt auch ihr weggehen?"* – und die Jünger mit ihrem Wortführer Petrus dagegenhielten: *„Herr, zu wem sollen wir gehen? Du hast Worte des ewigen Lebens!"* (Joh 6,67f). So fragen wir zuerst nach den Irritationen im Gottesdienst und wenden uns dann den gottesdienstlichen Gratifikationen zu.

Irritationen

„Haben Sie sich im Gottesdienst über etwas geärgert?", so wurden Gottesdienstteilnehmende gefragt. An Hand der Antworten haben wir die an der Fallstudie Beteiligten in zwei Gruppen („Cluster") aufgeteilt: in solche mit einem ganz niedrigen Irritationsniveau (37 %) und die anderen (63 %), bei denen zwei Ärgernisse herausragen: der Ärger über die Art des Priesters zu zelebrieren und der Ärger über die Qualität der Predigt.

Beide Momente hängen zusammen, sind aber nicht deckungsgleich. Bei der Predigt handelt es sich um den Umgang mit dem Wort. Die „Art des Priesters vorzustehen" reicht tiefer. Sie hat viel mit der „Inszenierung" des Gottesdienstes zu tun: nämlich der Kunst, einen Raum und einen Vorgang zu inszenieren, in dem der Himmel offen ist, in dem Gottes Nähe geahnt und „erfahren" werden kann. Oder wie der zukunftsweisende Passauer Pastoralplan 2000 „Gott und den Menschen nahe" formulierte, dass Gottesdienste „gottvoll" und „erlebnisnah" sein sollten (Paul M. Zulehner, Aufbrechen, 2002).

Viele Vorstehende tun sich damit schwer. Es würde ja voraussetzen, dass sie selbst „Gottesmänner" (oder in Wortgottesdiensten oftmals auch „Gottesfrauen" sind). Man merkt es einem Vorstehenden auch nach wenigen Minuten an, „was er glaubt". Das ist hier nicht beurteilend gemeint, denn es könnte ja auch zum Vorschein kommen, dass Priester heute immer mehr belastet, ja überlastet, manchmal spirituell sogar ausgebrannt sind.

Die Versuchung, statt den Gottesraum szenisch zu öffnen, scheint es eine Flucht ins Gottesgeschwätz zu geben. Viele Gottesdienste werden durch eine Art „Wortdurchfall" (Logorrhöe) beschädigt. Manchmal wird an jeder erdenklichen Stelle gepredigt: Weil man der Anwesenheit Gottes und seinem Handeln an uns (was ja Gottesdienst als Dienst Gottes an uns zunächst meint) nicht traut?

ABBILDUNG 1: Quellen des Ärgers über den Gottesdienst

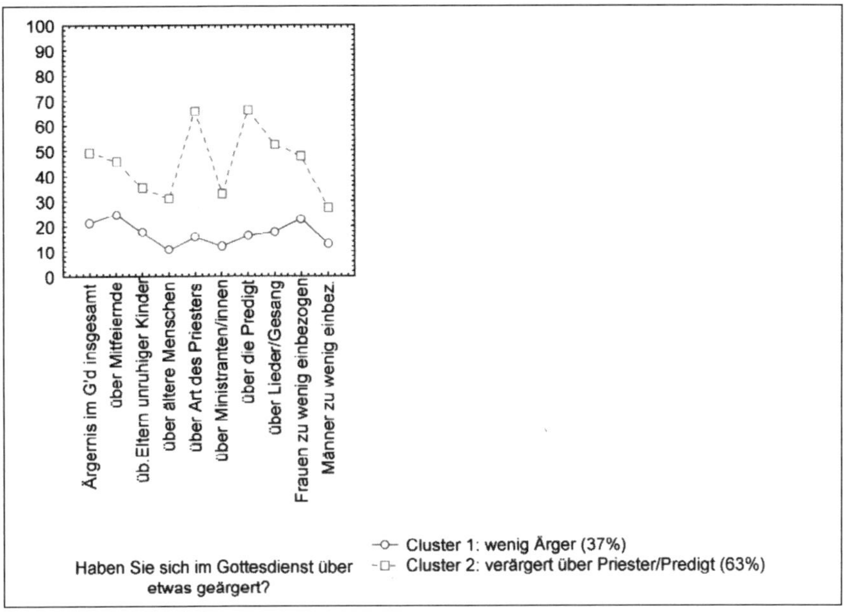

Nicht wenige enttäuscht über Predigt

Die Erwartungen derer, die in den Gottesdienst kommen (und die wir befragt haben), an die Predigt sind außerordentlich hoch und werden bei einem Teil beträchtlich enttäuscht. Es war eine der großen liturgischen Errungenschaften, dem Wort in der katholischen Liturgie mehr Raum zu geben. Diese Chance besser zu nützen, verlangt nach starken Interventionen in die Fortbildung derer, die (amtlich) das Wort ergreifen.

Die Priester spüren diese Not und Notwendigkeit auch. In der großen zentraleuropäischen Priesterstudie (Paul M. Zulehner, Priester, 2002; Anna Hennersperger, Presbyterium, 2003) steht an oberster Stelle der Fortbildungswünsche „zeitgemäß verkündigen“.

Nachzudenken ist auch darüber, wie es eine stärkere Durchdringung zwischen dem verkündigten Wort und dem Alltagsleben der (kleinen) Leute gibt. Vielleicht sollte jeder Prediger zumindest einmal im Monat sich am Montagabend in einem Bibelkreis mit Leuten treffen, das Wort Gottes des kommenden Sonntags gemeinsam meditieren und dann eine Woche lang damit schwanger gehen. Die Predigten würden wahrscheinlich anders sein.

ABBILDUNG 2: Ewartungen an die Predigt und deren Erfüllung

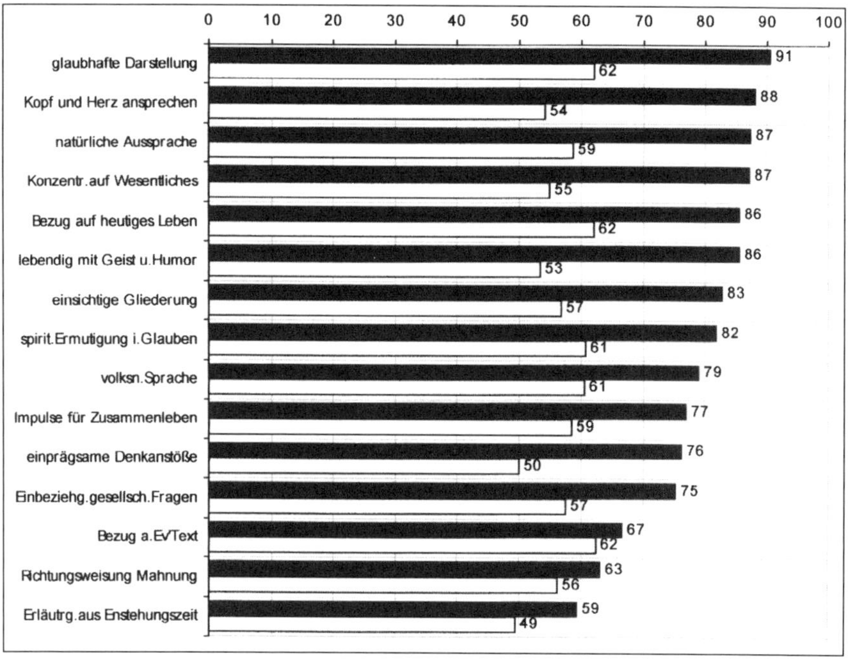

Gratifikationen

So wichtig der Abbau von Irritationen ist: Die Stärkung der Gratifikationen ist zumindest ebenso wichtig wie der Abbau von Störungen und Ärgerlichkeiten. Gratifikationen sind nicht identisch, aber doch verwandt mit den berechtigten Erwartungen, die Gottesdienstteilnehmende mit sich bringen. Gratifikation bedeutet dann, dass die gottesdienstliche Feier solchen (theologisch gereinigten) Erwartungen gerecht wird.

Motive und Erwartungen, zum Sonntags-Gottesdienst zu kommen

In Tiefengesprächen haben wir einen breiten Katalog möglicher Erwartungen an den Sonntagsgottesdienst eruiert, die dann in die Befragung implementiert worden sind. Diese Erwartungen sind sehr breit. Sie beziehen sich auf die innerste Mitte allen kirchlichen Lebens: Gott, Tod und Auferstehung Jesu. Sie haben auch zu tun mit dem, was moderne Menschen in einer Gottesdienstfeier suchen: Rast, Befreiung vom Alltag, dessen Unterbrechung, Ruhe und Trost. Dann aber auch Gemeinde, Freunde zu treffen.

Im Einzelnen waren folgende Erwartungen vorgelegt worden, auf welche die Befragten „reagieren“ sollten; dabei lautete der einführende Frageimpuls: *„Ihre Motive und Erwartungen, zum Sonntags-Gottesdienst zu kommen“:*

- eine Rast, eine Befreiung vom Alltag zu finden, den Alltag zu unterbrechen?
- um Trost, Ermutigung und Kraft zu finden?
- für innere Zwiesprache, für persönliches Gebet?
- um durch Lesung, Evangelium und Predigt angesprochen zu werden?
- um Eucharistie zu feiern und die Kommunion zu empfangen?
- um Gemeinschaft, Gemeinde zu erleben, um Freunde zu treffen?
- um zur Ruhe zu kommen (und Stille zu finden)?
- um auch immer wieder Freude zu empfinden, um es zu genießen?
- um im Gottesdienst immer wieder einen inneren Aufbruch zu erreichen?
- um in Messe und Gebet dem Geheimnis Jesu näher zu kommen?
- um Gottes Gegenwart zu erfahren?
- um Tod und Auferstehung Jesu konkret erfahrbar zu machen?
- wegen anderer, nicht genannter Erwartungen an den Gottesdienst?

Breite Erwartungen an den Gottesdienst

ABBILDUNG 3: Gottesdiensterwartungen und ihre Erfüllung

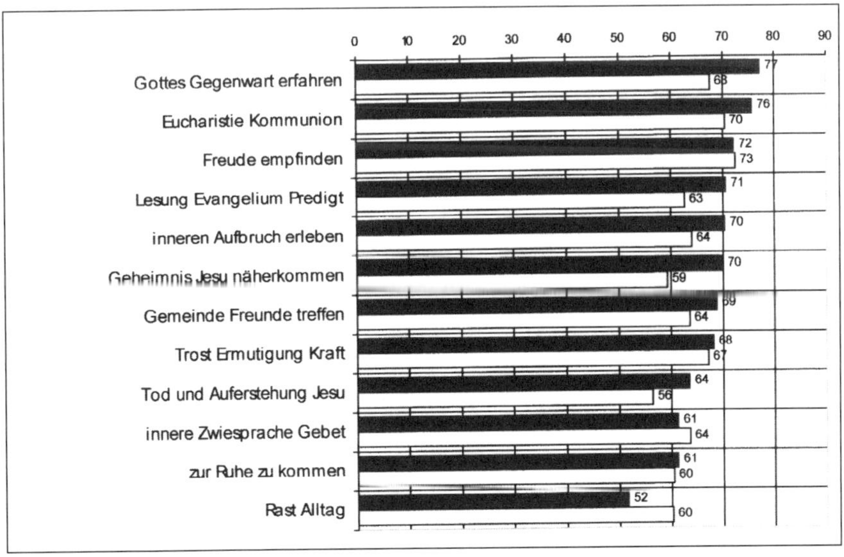

Die Erwartungen der Gottesdienstteilnehmenden sind breit und bunt. Gläubige (Gottes Gegenwart erleben, Auferstehung Jesu erfahrbar machen), „soziale“ Motive (Gemeinde, Freunde) und personbezogene Motive (Trost, Rast, den Alltag unterbrechen) schließen einander offensichtlich nicht aus, sondern verbinden sich miteinander, noch mehr, stärken einander.

Die Erwartungen werden weithin erfüllt, in wenigen Punkten sogar übertroffen (z. B. Rast, Alltag unterbrechen). Das erklärt auch, warum die Befragten im Gottesdienst anzutreffen sind, und das, obwohl zwei Drittel doch einen beträchtlichen Ärger über die Art des Priesters und die Qualität der Predigt verspüren.

Arten von Gottesdiensterwartungen

ABBILDUNG 4: Unterschiedliche Gottesdiensterwartungen

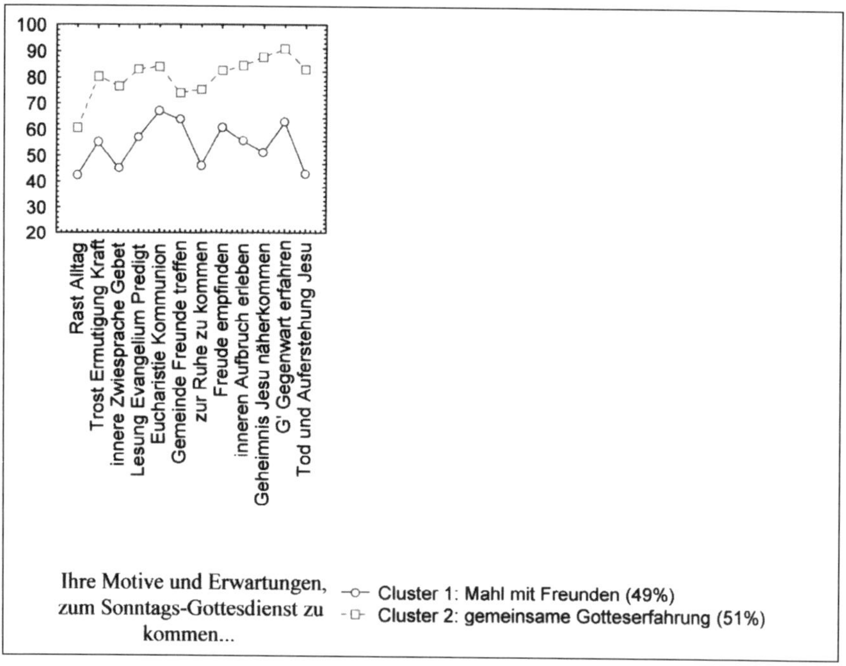

Wir können die befragte Gruppe wieder an Hand der Erwartungen in zwei Gruppen splitten. Dann erhält man eine Gruppe, bei der die Erwartungen insgesamt niedriger liegen als im Durchschnitt und wo vor allem ein Mahl mit Freunden gesucht wird (49 %). Eine ähnlich starke Gruppe (51 %) hat insgesamt überdurchschnittlich hohe Erwartungen, wobei an der Spitze „Gott erfahren“ steht. Aber auch die Gemeindeerfahrung wird gewünscht. Kurzum: Die gemeinsame gemeindliche Feier soll zum Ort einer gemeinsamen Gotteserfahrung werden.

Mit Vielfalt schöpferisch leben

Ein zweites zentrales Ergebnis neben dem Themenfeld „Irritationen und Gratifikationen“ ist die erstaunliche Vielfalt, die bei den Gottesdienstteilnehmenden in vielfacher Hinsicht anzutreffen ist. Im Folgenden werden drei solcher Buntheiten vorgestellt:

- dass es „Beteiligte“ und „Besucher“ gibt, die sich wiederum in kritische und unkritische und kritische Beteiligte sowie in häufige und seltene Besucher aufsplitten lassen;
- dass es sehr unterschiedliche Musikvorlieben gibt, was für die musikalische Gestaltung von Gottesdiensten von hohem Belang ist;
- dass vor allem das Gottesbild, das die Menschen in den Gottesdienst mitbringen, sehr unterschiedlich ist.

Beteiligte und Besucher

ABBILDUNG 5: Gruppen von „Commitment“

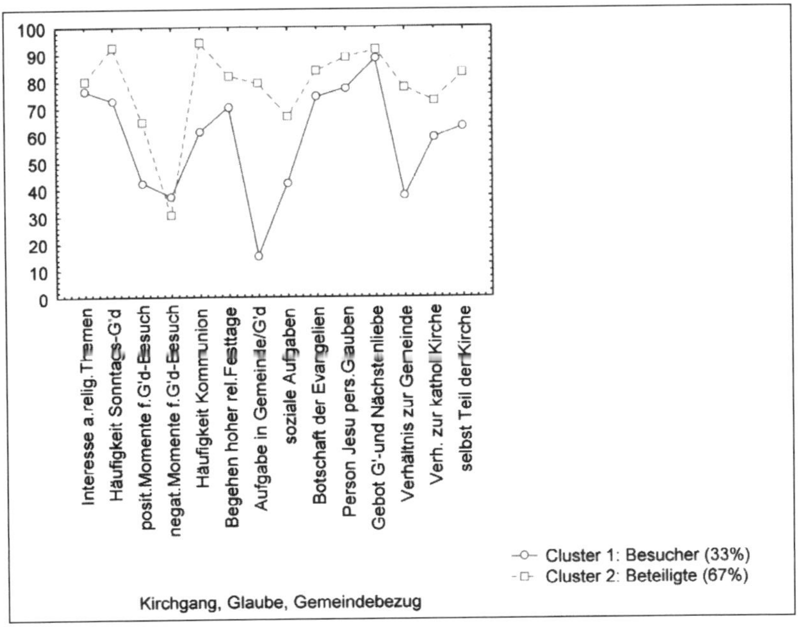

An Hand einer Reihe von Einzelinformationen wurden die Gottesdienstteilnehmenden in verwandte Gruppen aufgeteilt.

- Dabei ist die eine Gruppe jene der „Besucher" – ein Begriff, der liturgietheologisch nach dem Zweiten Vatikanischen Konzil an sich obsolet sein sollte, der aber der Haltung dieser Gruppe von Befragten sehr entspricht. Diese Personen kommen selten (8 %) oder häufiger (25 %) zur Kirche. Sie beteiligen sich nicht an gemeindlichen Aktivitäten über den Gottesdienst hinaus.
- Anders die Beteiligten. Sie haben ein hohes „Commitment" in ehrenamtlichen, sozialen Gemeindeaktivitäten. Unter ihnen können 30 % als kritisch und 37 % als unkritisch gelten.
- Keine Informationen besitzen wir über diejenigen, die nicht zum Gottesdienst kommen. Es wäre einer eigenen wichtigen Studie wert, warum diese wegbleiben, obgleich sie (zahlende) Kirchenmitglieder sind.

Vielfältige Musikvorlieben

Unterschiedlich sind die Musikvorlieben. In der Studie wurden acht Musikbeispiele vorgelegt. Die Befragten konnten darauf reagieren: *„Sie hören nun vier Ausschnitte geistlicher Musik, betätigen Sie den Reaktionsgeber, inwieweit Sie von der jeweiligen Musik angesprochen sind, von ‚gar nicht angesprochen' (unten) bis ‚sehr angesprochen' (oben), mit allen möglichen Einstellungen dazwischen."*

Vorgegeben waren unter anderen folgende Musikbeispiele:

- M1 Sanctus aus der Missa de angelis (Gregorianik)
- M2 Orgel/Choral O Haupt voll Blut und Wunden – aus der Johannes-Passion von Johann Sebastian Bach (1685–1750)
- M3 Kyrie aus der Nikolai-Messe von Joseph Haydn (1732–1809)
- M4 Wohin soll ich mich wenden aus der Deutschen Messe von Franz Schubert (1797–1828)
- M5 Ich will Dich lieben, meine Stärke (Angelus Silesius)
- M6 Der Chaos schuf zu Menschenland (Huub Osterhuis)
- M7 Bleibet hier und wachet mit mir (Taizé)
- M8 Jesus, Dein Licht

Ergänzt wurden diese Musikbeispiele durch allgemeinere Fragen:

- *Welche Rolle spielt die Musik im Gottesdienst für Sie?*
- *Wie finden Sie die Auswahl der Lieder im Gotteslob aus dem Mittelalter und der frühen Neuzeit?*

- *Wie finden Sie die modernen (kirchlichen) Lieder, die in den letzten 30, 40 Jahren entstanden sind?*
- *Wie finden Sie Jazz-Messen oder Spirituals (im Gottesdienst)?*
- *Wie schätzen Sie orthodoxe Gesänge?*
- *Wie ist es in Ihrer Gottesdienstgemeinde bestellt mit der Rolle der Musik, der Kantorinnen und Kantoren, der Auswahl der Lieder?*

Bei der Analyse zeigte sich, dass drei Gruppen in den Gottesdiensten sind: die „Offenen" (42 %), denen sowohl traditionelles wie zeitgenössisches Liedgut gefällt, dann die „Zeitgenössischen" (38 %) und die „Traditionellen" (20 %), die eine klare Vorliebe zu „ihrem Musikstil" haben.

ABBILDUNG 6:

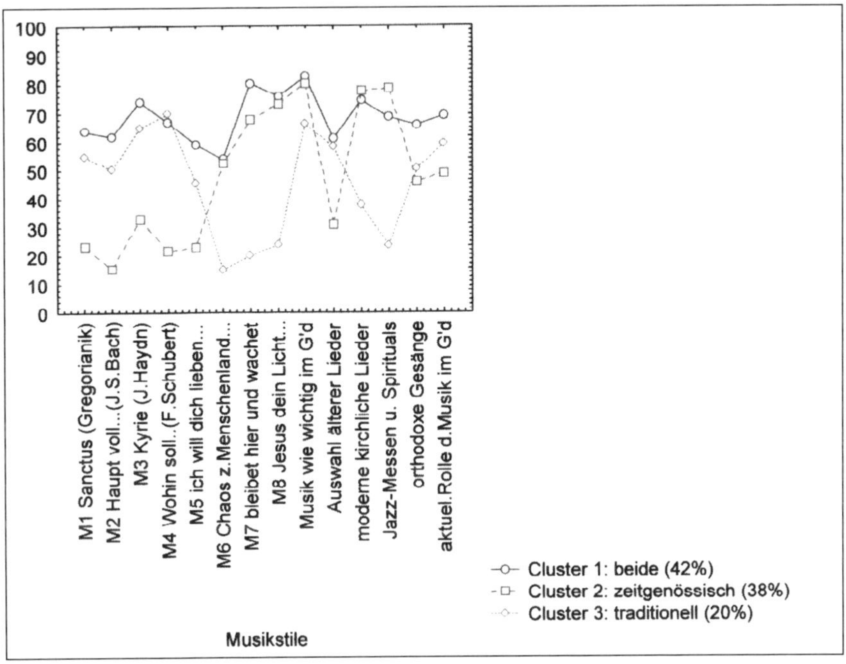

Beachtenswert ist die Verteilung dieser drei Gruppen auf die Besucher (selten/häufig) und die Beteiligten (kritisch/unkritisch): Je seltener jemand den Gottesdienst „besucht", desto mehr neigt sie/er zu traditionellem Liedgut. Es ist diese Beobachtung dann von Wichtigkeit, wenn bei seltenen Gelegenheiten (z. B. zu Gottesdiensten an den Lebenswenden, zu den jahreszeitlichen Festen wie Weihnachten, Ostern) viele seltene Besucher in der Kirche sind.

Die kritischen Beteiligten sind die am ehesten „Offenen“ und mögen beide Musikstile, den traditionellen ebenso wie den zeitgenössischen.

ABBILDUNG 7: Musikvorlieben von Besuchern und Beteiligten

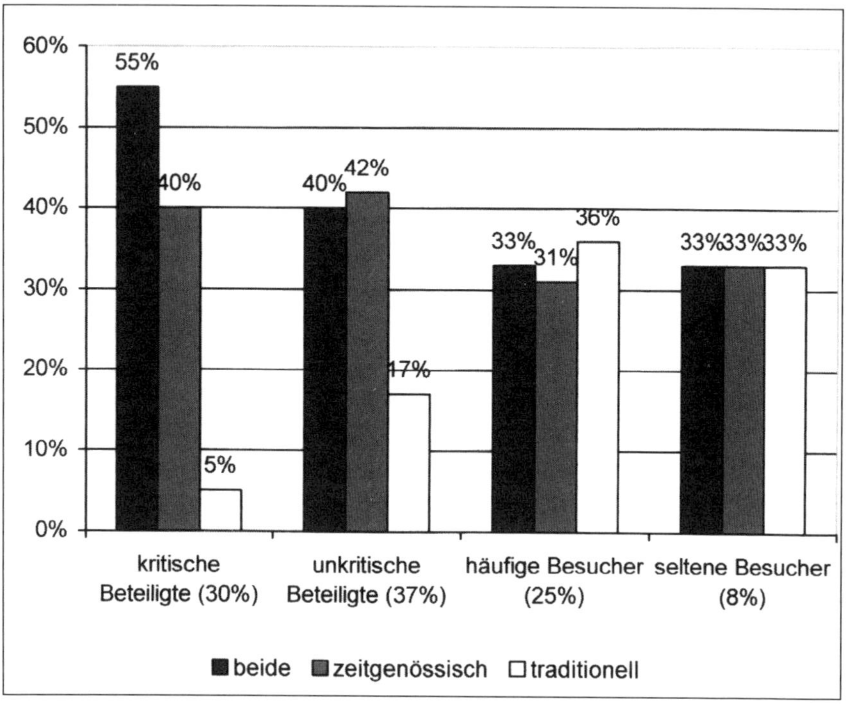

Vielfältige Gottesbilder

Deutliche Akzente finden wir auch bei den Gottesbildern, welche die Menschen in unseren Gottesdiensten in sich tragen.

- Die einen haben ein sehr reichhaltiges Gottesbild, mit vielen Merkmalen und Eigenschaft, die mit Gott in Verbindung gebracht werden. Darunter sind nicht nur die biblischen Leitmerkmale (wie Vater, der Barmherzige), sondern auch Merkmale aus heutiger theologischer Arbeit (Mutter). (57 %)
- Bei der anderen Gruppe finden wir ein eher reduziertes, genauer konzentriertes Gottesbild. Es ist Gott als der barmherzige Vater. (43 %)

ABBILDUNG 8: Gottesbilder

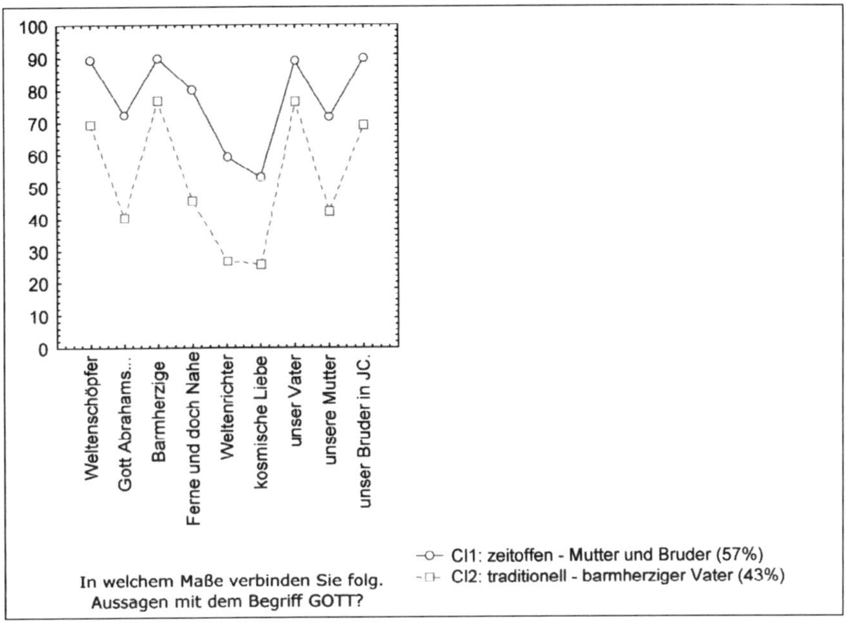

Gottesbilder nach Commitment

Je nach der Art des Commitments (Beteiligte, Besucher) variiert nun auch das Gottesbild. Kurz formuliert: Ein reichhaltiges, facettenreiches Gottesbild finden wir am ehesten bei den kritischen Beteiligten. Am „ärmsten" hingegen ist das Gottesbild bei den seltenen Besuchern.

Die Beteiligung am gemeindlichen Leben und dem Gottesdienst der Gemeinde ist offensichtlich der Grund für die Anreicherung des Gottesbildes von Menschen. Umgekehrt: Je seltener der Austausch mit einer christlichen Gemeinde ist, desto ärmer wird das Gottesbild. Nun sind aber immerhin nicht wenige unter den Gottesdienstteilnehmenden, die zu den Besuchern und hier wiederum zu den seltenen gehören.

Daraus ergibt sich die Notwendigkeit, das Gottesbild jener zu „evangelisieren", also aus dem Schatz biblischer Tradition anzureichern, die im Gottesdienst sind. Auch dies kann als gewichtiger Grund angesehen werden, sich auf die Kernthemen des christlichen Glaubens zu konzentrieren (also die Frage nach dem Gott für uns), als sich auf seichte moralisierende Lebensanleitung abdrängen zu lassen.

ABBILDUNG 9: Gottesbilder nach Commitment

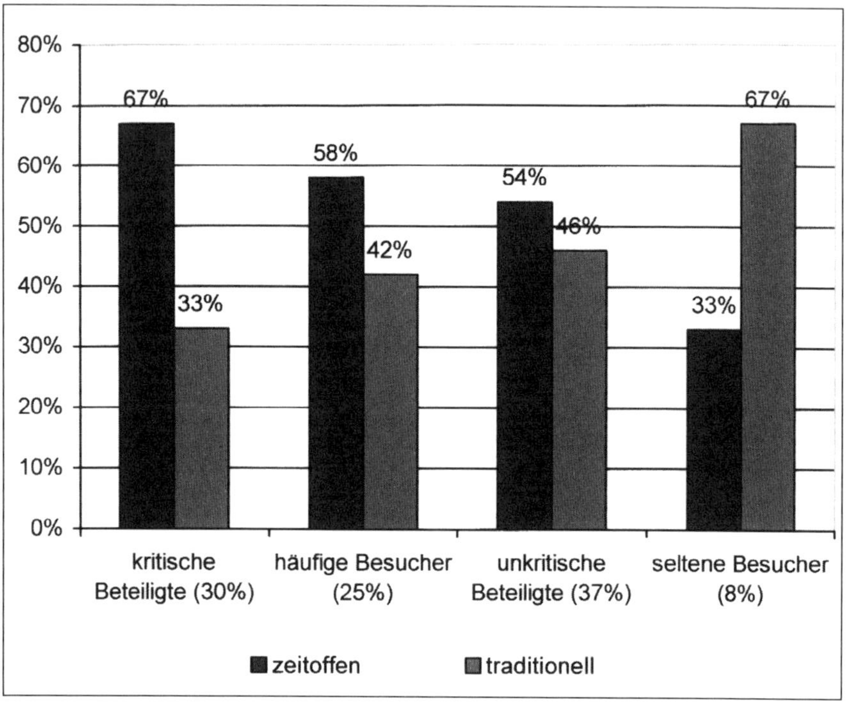

Liturgie feiern mit Vielfalt

Die vorfindbare Vielfalt stellt die für die Liturgie Verantwortlichen (Liturgieausschüsse, WortgottesdienstleiterInnen, Priester) vor gewaltige Herausforderungen. Wie kann mit dieser Vielfalt schöpferisch umgegangen werden? Welche Voraussetzung in der Persönlichkeit muss gegeben sein, damit Vielfalt nicht Angst macht und die Tendenz sich einschleicht, aus der bunten Vielfalt langweilige Einfalt zu machen? Wie viel Pluralitätstoleranz braucht ein Gottesdienst, der das Qualitätsmerkmal kirchlich (also öffentlich) und nicht sektoid (also kleingruppenegoistisch) verdient?

Für eine Stadtpastoral ergeben sich aus solchen Ergebnissen freilich noch andere Möglichkeiten. Es wäre ja denkbar, im Raum der Stadt Gottesdienstzentren mit unterschiedlichen Musikstilen zu fördern. Aber auch in ein und derselben Gemeinde ließe sich auf diese unterschiedlichen Musikvorlieben Rücksicht nehmen.

Die (allzu) menschliche Seite

Bei dem Thema Vielfalt sind wir schon unerwartet auf jene (allzu) menschliche Seite gestoßen, die mit dem kirchlichen Leben und damit mit dem Gottesdienst eng verwoben ist. Sosehr die Kirche ein heiliges göttliches Geheimnis ist, so ist die andere Seite das, was wir Menschen sind und was wir mitbringen.

Charaktertypen

So zeigt die Studie, dass sich Beteiligte und Besucher in einer erstaunlichen Weise auf unterschiedliche Charaktertypen aufteilen. Die Zurückhaltenden (sie nehmen die Dinge eher schwer, sind in ihrer Grundhaltung beharrend, sind verstandesbetont und nicht gern öffentlich aktiv) finden sich unter den Besuchern, das charakterliche „Gegenüber“ der Offenherzigen hingegen vorwiegend unter den Beteiligten. Der Zuweg zum Ausmaß an Beteiligung verläuft daher keineswegs allein über eine durchreflektierte Glaubensentscheidung.

ABBILDUNG 10: Commitment nach Persönlichkeitsmerkmalen

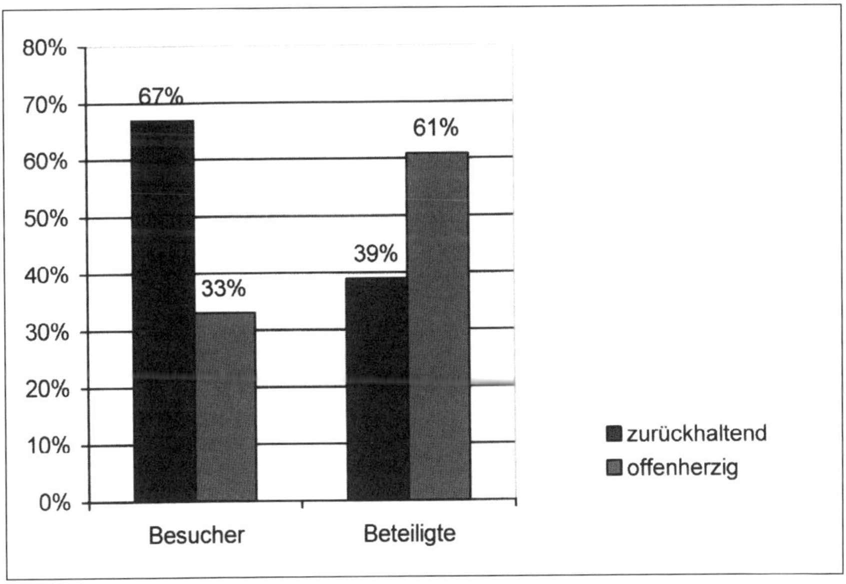

(Religiöse) Erlebnisse

Ähnlich ist das Ergebnis, wenn man Erlebnisse (religiöse wie profane) aus dem früheren Leben, aus der Kindheit berücksichtigt.

Wer eher optimistisch in die Zukunft blickt, als Kind religiöse Erlebnisse hatte, ist auch eher unter den Beteiligten. Wem dies nicht geschenkt war, tendiert dagegen eher zu den Besuchern.

ABBILDUNG 11: Frühere Erlebnisse

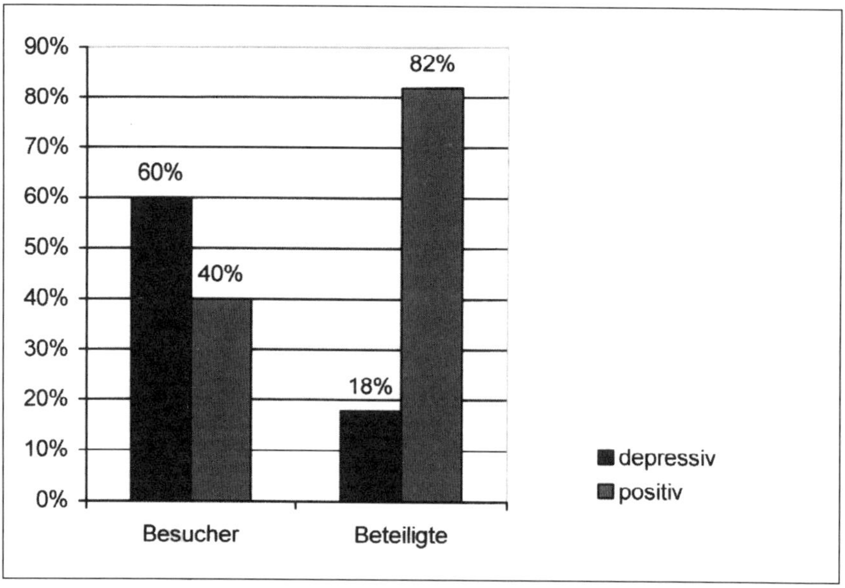

Fernstehende

Kirchen brauchen, wenn sie nicht einen Untergang verwalten, sondern durch eine tiefe Transformationskrise hindurch in eine neue Zukunft aufbrechen wollen, eine „missionarische Offensive". Solche kann nicht nur von den Hauptamtlichen allein getragen werden. Die Frage ist, inwieweit Gottesdienstteilnehmende selbst „missionarisch" sind und andere in den Gottesdienst mitnehmen.

An Hand der vorgelegten Fragen konnten „missionarische" und „abwartende" Gottesdienstteilnehmende unterschieden werden. Missionarisch sind mit 43 % weniger als abwartend (57 %).

Die missionarische Kraft ist unter den kritisch Beteiligten am größten, unter den seltenen Besuchern am geringsten.

ABBILDUNG 12: Abwartende und Missionarische nach Commitment

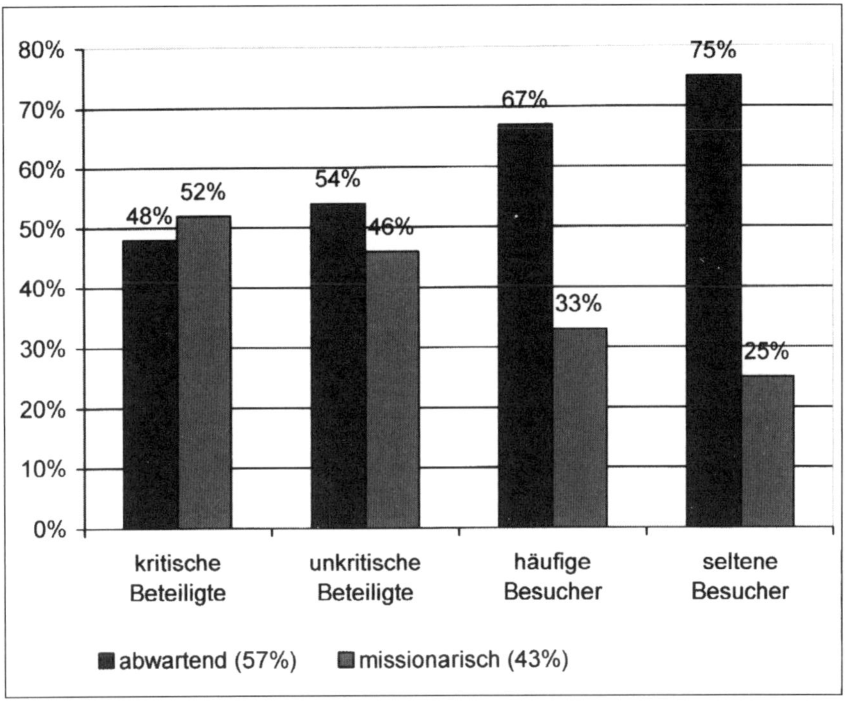

Wichtige Ergebnisse im Überblick

Wir können nunmehr einige markante Ergebnisse thesenhaft so zusammenfassen:

1. Nicht nur aus ekklesiologischen, sondern auch kulturellen Gründen gewinnt in einer Kultur, in der Spiritualität aus Säkularität wächst, die Qualität des Gottesdienstes eine wachsende Bedeutung. Kirchen könnten/sollten für spirituelle Wanderer und Suchende die erste und beste Adresse werden.
2. Eine beträchtliche Zahl von Menschen, die zum Gottesdienst kommen, fühlt sich vor allem über die Qualität der Predigt sowie über die Art des Priesters vorzustehen irritiert. Mitfeiernde, die nicht zusätzliche Gemeindebindungen haben, bleiben wegen solcher Irritationen

leicht dem Gottesdienst fern: Es gibt eine Gottesdienstvertreibung Gutwilliger durch fehlende Liturgiekompetenz.

3. Unter denen, die zum Gottesdienst kommen, sind (kritische/unkritische) „Beteiligte“ sowie häufige wie seltene „Besucher“.
4. Die Erwartungen an den Gottesdienst sind im Gottesdienstvolk sehr verschieden. Haben die einen die hohe Erwartung an eine gemeinsame Gotteserfahrung, sind andere mit einem Mahl mit Freunden zufrieden: wobei Gotteserfahrung und Mahl mit Freunden kein Widerspruch sein müssen. Es ist eine unverzichtbare liturgiepädagogische Aufgabe, an diesem Erwartungsgefüge behutsam zu arbeiten.
5. Die Musikwünsche driften weit auseinander. Traditionelle Musik erwarten am meisten Besucher (häufige wie seltene). Vor allem kritische Beteiligte lehnen traditionelle Musikstile ab.
6. Eine auffällige Verschiedenheit gibt es in den Gottesbildern, die in den Mitfeiernden vorhanden sind. Seltene Besucher haben ein sehr traditionell-einfaches Gottesbild. Eine Hauptaufgabe ist es, das Gottesbild der Mitfeiernden zu evangelisieren. Die Neigung zur seichten Lebensanleitung kann zurückgestellt werden.
7. Die Kunst, Liturgie angesichts solcher Vielfalt zu feiern, gehört zu den entscheidenden Aufgaben von Liturgieverantwortlichen (Liturgieausschüsse, WortgottesdienstleiterInnen, Priester).
8. Bei der Gestaltung von Liturgien spielen nicht nur theologische Momente eine zentrale Rolle, sondern wirken auch (allzu) menschliche Persönlichkeitsmerkmale mit.
9. Unter den Gottesdienstteilnehmenden ist eine neue „missionarische Bereitschaft“ zu wecken, sollen nicht die gottesdienstlichen Gemeinden überaltern und nach und nach aussterben. Die Bereitschaft zu einem solchen missionarisch-werbenden Tun ist insbesondere bei den kritischen Beteiligten vorhanden.

Literatur

WEIS, Hans-Willi, Exodus ins Ego. Therapie und Spiritualität im Selbstverwirklichungsmilieu, Zürich 1998.

NENNING, Günther, Gott ist verrückt. Die Zukunft der Religion, Düsseldorf 1997.

COX, Harvey Gallagher, The secular city: secularization and urbanization in theological perspective, London 1966.

ZULEHNER, Paul M., Megatrend Religion, in: Stimmen der Zeit 221 (2/2003) 87–96.

HUBER, Wolfgang, Kirche in der Zeitenwende: gesellschaftlicher Wandel und Erneuerung der Kirch, Gütersloh [3]1999.

ZULEHNER, Paul M./HENNERSPERGER, Anna, „Sie gehen und werden nicht matt" (Jes 40,31). Priester in heutiger Kultur, Ostfildern 2001.

ZULEHNER, Paul M., Priester im Modernisierungsstress, Ostfildern 2001.

ZULEHNER, Paul M./LOBINGER, Fritz, Um der Menschen und der Gemeinden willen. Plädoyer zur Entlastung der Priester, Ostfildern 2002.

HENNERSPERGER, Anna, Ein ein(z)iges Presbyterium. Zur Personalentwicklung von Priestern. Amtstheologische Reflexionen zur Studie Priester 2000, Ostfildern 2003.

HORX, Matthias, Megatrends der späten neunziger Jahre, Düsseldorf 1995.

ZULEHNER, Paul M. u. a., Kehrt die Religion wieder? Religion im Leben der Menschen 1970–2000, Ostfildern 2002.

BERANEK, Markus, „Gemeinde als Heil-Land". Erfahrungen heilsamer Gemeindepraxis im Rahmen der Studie „Gemeinde als Heil-Land" und theologisch-spirituelle Perspektiven, Dissertation, Wien 2002.

ZULEHNER, Paul M., Aufbrechen oder untergehen. So geht Kirchenentwicklung. Am Beispiel des Passauer Pastoralplanes, Ostfildern 2002.

Martin Klöckener

Die Zukunft der Liturgiereform – im Widerstreit von Konzilsauftrag, notwendiger Fortschreibung und „Reform der Reform"

Am 4. Dezember 2003 sind 40 Jahre vergangen, seit das Zweite Vatikanische Konzil, eines der bedeutendsten Konzilien der Kirchengeschichte, die Liturgiekonstitution „Sacrosanctum Concilium" als ihr erstes Dokument verabschiedete. Die überwältigende Mehrheit von 2147 Ja- bei 4 Nein-Stimmen[1] zeigt, wie einmütig sich die Konzilsväter nach sorgfältigen Vorarbeiten und intensiven Diskussionen in der Konzilsaula hinter den Beschluss stellten. Die Konstitution war Auftakt der umfassenden Erneuerung von Kirche und Liturgie, wie sie Papst Johannes XXIII. vorgeschwebt und wie sie Papst Paul VI., zuvor ein liturgisch hoch interessierter Bischof in seiner Diözese Mailand[2], sofort nach seinem Pontifikatsbeginn aufgegriffen hatte. Doch war diese Erneuerung nicht nur eine konziliare und päpstliche Angelegenheit, sondern wurde in weiten Teilen der Kirche dringend erwartet. Die Teilreformen unter Pius XII., besonders die Erneuerung der Heiligen Woche in den 50er Jahren, hatten Perspektiven eröffnet, wie eine erneuerte Liturgie aussehen könnte.[3]

1 Vgl. zum Werden der Konstitution und den verschiedenen Abstimmungen über die einzelnen Schemata die nach wie vor unentbehrlichen Kommentare von Emil Joseph LENGELING, Die Konstitution des Zweiten Vatikanischen Konzils über die heilige Liturgie: lateinisch-deutscher Text. Münster ²1965 (Reihe Lebendiger Gottesdienst 5/6) 52*–66* und 3f; Josef Andreas JUNGMANN, Einleitung und Kommentar [zur Konstitution über die heilige Liturgie], in: LThK.E 1. 1966, 13. Siehe auch das nützliche Heft zur Relecture der Liturgiekonstitution von Andreas REDTENBACHER, „Sacrosanctum Concilium". Die Liturgiekonstitution des Zweiten Vatikanischen Konzils – 40 Jahre danach. Trier u. a. 2003; siehe auch dieser Band S. 25–40 .

2 Vgl. etwa den auch ins Deutsche übersetzten Fastenhirtenbrief von 1958: Giovanni Battista MONTINI, Su l'educazione liturgica. Milano 1958; deutsche Ausgabe: Erziehung zur Liturgie. Fastenhirtenbrief 1958. Übers. und im Auftrag des Liturgischen Instituts hg. von Ferdinand KOLBE. Münster 1963. Zum Einfluss Pauls VI. auf die Liturgiereform u. a.: Le rôle de G. B. Montini – Paul VI dans la réforme liturgique. Journée d'études Louvain-la-Neuve, 17 octobre 1984. Brescia u. a. 1987 (Pubblicazioni dell'Istituto Paolo VI 5); Walter VON ARX, Der Anteil Papst Pauls VI. an der Liturgiereform des Zweiten Vatikanischen Konzils. St. Ottilien 1987 (Fuldaer Hochschulschriften 2).

3 Vgl. zusammenfassend Hansjörg AUF DER MAUR, Feiern im Rhythmus der Zeit I. Herrenfeste in Woche und Jahr. Regensburg 1983 (Gottesdienst der Kirche 5) 128–132.

Bereits im Januar 1964, nur sechs Wochen nach dem Konzilsbeschluss, wurden die ersten Schritte der Liturgiereform in die Wege geleitet[4], 25 Jahre später sollte Papst Johannes Paul II. sie „die sichtbarste Frucht des ganzen Konzilswerkes" nennen.[5] Aus dem Abstand von vier Jahrzehnten darf diese Erneuerung des Gottesdienstes im Vergleich zu ähnlichen Initiativen in der Geschichte als die größte und bedeutendste Liturgiereform der katholischen Kirche bezeichnet werden. Sie ist von klaren theologischen Prinzipien geleitet. Sie führte zu einer Neubesinnung auf das Wesen des Gottesdienstes und brachte eine erneuerte Gestalt der Liturgie mit sich. Viele Hoffnungen auf echte Erneuerung von Liturgie und christlichem Leben wurden erfüllt, manche mitunter allzu euphorischen Erwartungen freilich auch enttäuscht. Wie zu vermuten, blieb die Konstitution nicht immer ohne Widerspruch und ergaben sich bei der Durchführung gelegentlich Schwierigkeiten.[6]

Wenn wir heute auf die Liturgiereform und das daraus hervorgegangene liturgische Leben der Kirche schauen, dürfen wir – das sei ohne jedes Pathos gesagt – froh und dankbar sein über das, was mit großem Einsatz vieler Beteiligter erreicht wurde. Allerdings besteht kein Grund zur Selbstzufriedenheit, denn das gottesdienstliche Handeln in nachkonziliarer Zeit und sein gesamtes Umfeld werfen ebenfalls Fragen auf: Wie wird Liturgie konkret gefeiert und wie soll sie zukünftig gefeiert werden? Wie auf die schwer fassbaren gesellschaftlichen und kulturellen Einflüsse eingehen? Zielen die Vorgaben der kirchlichen Autoritäten in die richtige Richtung? Wie wird in der Praxis damit umgegangen? Was ist von der in manchen Kreisen von neuem kontrovers geführten Diskussion um die Liturgiereform bis hin zur vollständigen Infragestellung ihrer Grundlagen, Ziele und bisherigen Ergebnisse zu halten?

---

4 Vgl. die umfassende Dokumentation der Liturgiereform in dem Quellenwerk: Dokumente zur Erneuerung der Liturgie. Hg. von [Heinrich RENNINGS und] Martin KLÖCKENER. Bd. 1. Kevelaer – Freiburg, Schw. [2]2002; Bd. 2: ebd. 1997; Bd. 3: ebd. 2001 (fortan zitiert als: DEL mit Bandangabe und Randnummer). – Das hier relevante Dokument „Sacram Liturgiam" vom 25. 1. 1964 findet sich in DEL 1, 178–190.

5 Zitat aus dem Schlussbericht der Außerordentlichen Versammlung der Bischofssynode (7. 12. 1985) II, B, b, 1, aufgegriffen von Papst Johannes Paul II. in seinem Schreiben „Vicesimus quintus annus" zum 25. Jahrestag der Veröffentlichung der Liturgiekonstitution vom 4. 12. 1988, Nr. 12. Text in: DEL 3, 5790 und 6274.

6 Zur Durchführung und Aufnahme der Liturgiereform in zahlreichen Ländern vgl. besonders das Sammelwerk: Liturgiereformen. Historische Studien zu einem bleibenden Grundzug des christlichen Gottesdienstes (Festschrift Angelus A. Häußling). 1. Biblische Modelle und Liturgiereformen von der Frühzeit bis zur Aufklärung. – 2. Liturgiereformen seit der Mitte des 19. Jahrhunderts bis zur Gegenwart. Hg. von Martin KLÖCKENER/Benedikt KRANEMANN. Münster 2002 (LQF 88/1–s2), hier Bd. 2.

Fundament unserer Arbeit bleibt die Liturgiekonstitution, die trotz der seit 1963 eingetretenen, tief greifenden Wandlungen in Kirche und Theologie, Kultur und Gesellschaft maßgeblicher Bezugspunkt für das liturgische Leben der Gegenwart ist. So möchte ich in einem ersten Schritt die leitenden Intentionen dieser Konstitution in Erinnerung rufen. Anschließend wird nach der Rezeption und der notwendigen Fortschreibung des Konzilstextes gefragt. Nach einigen kursorischen Bemerkungen zu den von interessierten Kreisen lautstark zu vernehmenden Rufen nach einer „Reform der Reform" (Abschnitt 3) werden im vierten Abschnitt Perspektiven für die Liturgie der Zukunft aufgewiesen. Ein Schlussplädoyer (Abschnitt 5) rundet die Ausführungen ab.

1. Der Auftrag des Konzils

Die Anliegen der Liturgiekonstitution sind in den vergangenen Jahrzehnten in unterschiedlichsten Zusammenhängen dargelegt worden.[7] Ohne einfach zu repetieren, was man anderswo nachlesen kann, seien einige Akzente hervorgehoben, an die zu erinnern in der gegenwärtigen Situation von Kirche und Liturgie von besonderer Bedeutung ist.

7 Neben den in Anm. 1 genannten Kommentaren zur Liturgiekonstitution ist in deutscher Sprache noch zu nennen: Hermann SCHMIDT, Die Konstitution über die heilige Liturgie. Text, Vorgeschichte, Kommentar. Freiburg/Br. u. a. 1965 (Herderbücherei 218). Überblicke über die Durchführung der Reform bei Manlio SODI, Vent'anni di studi e commenti sulla „Sacrosanctum Concilium", in: Costituzione liturgica „Sacrosanctum Concilium". Studi. Hg.: Congregazione per il Culto Divino. Rom 1986 (BEL.S 38) 525–570; Martin KLÖCKENER, 25 Jahre Liturgiekonstitution und Liturgiereform. Ein Bericht über Veranstaltungen und Publikationen zu diesem Anlass, in: Gottesdienst – Kirche – Gesellschaft. Interdisziplinäre und ökumenische Standortbestimmungen nach 25 Jahren Liturgiereform. Hg. von Hansjakob BECKER/Bernd Jochen HILBERATH/Ulrich WILLERS. St. Ottilien 1991 (PiLi 5) 429–459; zuletzt Josip GREGUR, Die nachkonziliare Bewertung der Liturgiekonstitution „Sacrosanctum Concilium", in: Liturgiereformen (s. Anm. 6), 2, 751–784. Den umfassendsten und am besten informierten Bericht über die Reform insgesamt lieferte der Sekretär des „Consilium" und der späteren Gottesdienstkongregation, Annibale BUGNINI, La riforma liturgica. 1948–1975. Nuova edizione riveduta e arricchita di note e di supplementi per una lettura analitica. Rom 1997 (BEL.S 30); eine deutsche Ausgabe basiert auf der 1. Auflage aus dem Jahr 1983: A. BUGNINI, Die Liturgiereform. 1948–1975. Zeugnis und Testament. Deutsche Ausgabe hg. von Johannes Wagner unter Mitarb. von François Raas. Freiburg/Br. 1988. Wichtig außerdem: Liturgia opera divina e umana. Studi sulla riforma liturgica offerti a S. E. Mons. Annibale Bugnini in occasione del suo 70 compleanno. Hg. von Pierre JOUNEL/Reiner KACZYNSKI/Gottardo PASQUALETTI. Rom 1982 (BEL.S 26); Johannes WAGNER, Mein Weg zur Liturgiereform 1936–1986. Erinnerungen. Freiburg/Br. 1993. Viele weitere Titel ließen sich zitieren; vgl. dazu im Allgemeinen die Literaturberichte des ALw, besonders den jährlichen Bericht „Gottesdienst der Kirche".

1.1. Das Programm: Artikel 1 der Liturgiekonstitution

Das Konzil beginnt sein erstes Dokument mit dem programmatischen Satz: „Das Heilige Konzil hat sich zum Ziel gesetzt, das christliche Leben unter den Gläubigen mehr und mehr zu vertiefen, die dem Wechsel unterworfenen Einrichtungen den Notwendigkeiten unseres Zeitalters besser anzupassen, zu fördern, was immer zur Einheit aller, die an Christus glauben, beitragen kann, und zu stärken, was immer helfen kann, alle in den Schoß der Kirche zu rufen. Darum hält es das Konzil auch in besonderer Weise für seine Aufgabe, sich um Erneuerung und Pflege der Liturgie zu sorgen.“ (SC 1)

Liturgiereform wird also nicht für sich allein, in einer reinen Binnensicht betrachtet; Liturgiereform hat nicht um ihrer selbst willen zu geschehen. Eine Liturgiereform wird nicht deshalb angepackt, weil die vorausgegangenen Rubrikenreformen, zuletzt noch 1960[8], und die geringfügigen Revisionen der liturgischen Bücher[9] durch die Ritenkongregation von 1961 und 1962 nicht ausreichten. Die eigentliche Begründung der Liturgiereform – und das ist 40 Jahre später geradezu von brennender Aktualität – sind: die Vertiefung des christlichen Lebens unter den Gläubigen, die Anpassung an die veränderten Erfordernisse der Zeit, die Förderung der Einheit der Christen und das missionarische Wirken der Kirche in dieser Welt gemäß dem Auftrag des Evangeliums. Allen kurz greifenden Veränderungen, die sich nur mit liturgischen Riten und Texten befassen, ist von vornherein eine Abfuhr erteilt. Damit wertet das Konzil die Liturgie, ihre Strukturen, Ordnungen und Elemente nicht ab, sondern macht erst ihre volle Bedeutung klar: Um die großen übergeordneten Ziele im Leben der gesamten Kirche zu erreichen, sind Erneuerung und Pflege der Liturgie unerlässlich. Spätestens hier wird deutlich – und bei der Lektüre der Liturgiekonstitution zeigt sich diese Orientierung fast durchgängig –, dass Liturgie mehr ist als Rubrikenkunde, dass es nicht nur um Text, Ritus und Ritual an sich geht, sondern dass das gottesdienstliche Feiern der glaubenden und verkündigenden Kirche das Wesen des Volkes Gottes und den Kern seines Selbstverständnisses betrifft. Liturgie ist – so heißt es in Arti-

8 So besonders die letzte Rubrikenreform vom 25. 7. 1960, bekanntlich unter anderem aus dem Interesse heraus, eine weitergehende Reform der Liturgie zu verhindern; vgl. die Ausgabe: Rubricae Breviarii et Missalis Romani et documenta adnexa, cum indice analytico. Hg. von der Sacra Congregatio Rituum. Rom 1960.

9 Zu nennen sind hier insbesondere die Neuausgaben des Breviarium Romanum von 1961, des Missale Romanum von 1962 und des Pontificale Romanum von 1961/62.

kel 7 derselben Konstitution – „als Werk Christi, des Priesters, und seines Leibes, der die Kirche ist, in vorzüglichem Sinn heilige Handlung, deren Wirksamkeit kein anderes Tun der Kirche an Rang und Maß erreicht". Mit diesem Programm haben die Konzilsväter eine Vision formuliert, die der Kirche bleibend als Vermächtnis und Herausforderung aufgegeben ist.

Im Folgenden soll dieser Konzilsauftrag nach seinen vier Aussagen noch genauer beleuchtet werden.

1.2. „Das Heilige Konzil hat sich zum Ziel gesetzt, das christliche Leben unter den Gläubigen mehr und mehr zu vertiefen ..."

Die Konzilsväter beginnen ihre Darlegung über die Liturgie – das gilt es zu beachten – nicht etwa mit der Rede von der authentischen römischen Liturgie, „die aus der lebendigen und ältesten geistlichen Tradition der Kirche hervorgegangen ist"[10], nicht mit Ausführungen über die Kirche und ihre Institutionen, sondern sie gehen aus von den Gläubigen und ihrem christlichen Leben, von jenen also, die in ihrer Gesamtheit aufgrund der Taufe das Volk Gottes bilden und in deren Dienst alles Wirken der Kirche und ihrer Ämter steht. Um das christliche Leben dieser Gläubigen zu vertiefen, bedarf die Liturgie der Kirche der Reform. Die Liturgie hat, wenn sie Göttliches und Menschliches vereinigt (vgl. SC 2), Ort des großen Dialogs zwischen Gott und den Menschen ist (vgl. SC 7 u. ö.), an Gott und am Menschen Maß zu nehmen. Damit werden zentrale Anliegen der Liturgischen Bewegung aufgegriffen, deren führenden Vertretern es zuallererst darum ging, dass die Christen ihr Leben aus der Liturgie als der vorrangigen Quelle der Spiritualität gestalten.[11] Der Auftrag des Konzils an die Kirche ist damals wie heute in erster Linie theologisch-geistlicher

10 So die unter dem Datum vom 28. 3. 2001 veröffentlichte Instruktion der Kongregation für den Gottesdienst und die Sakramentenordnung, Der Gebrauch der Volkssprache bei der Herausgabe der Bücher der römischen Liturgie. Liturgiam authenticam. Fünfte Instruktion „zur ordnungsgemäßen Ausführung der Konstitution des Zweiten Vatikanischen Konzils über die heilige Liturgie" (zu Art. 36 der Konstitution). Lateinisch – deutsch. Bonn 2002 (VApS 154) Nr. 1, mit kaum zutreffender Berufung auf SC 1.

11 Das gilt sowohl für die monastischen Vertreter der Liturgischen Bewegung als auch für das Volksliturgische Apostolat des Klosterneuburger Chorherrn Pius Parsch und manche anderen. Vgl. knapp zur Liturgischen Bewegung: Martin KLÖCKENER, Die katholische Liturgische Bewegung in Europa. 10 Thesen und Auswahlbibliographie, in: Liturgie in Bewegung – Liturgie en mouvement. Beiträge zum Kolloquium „Gottesdienstliche Erneuerung in den Schweizer Kirchen im 20. Jahrhundert", 1.–3. März 1999 an der Universität Freiburg/Schw. – Actes du Colloque „Renouveau liturgique des Églises en Suisse au XXe siècle", 1–3 mars 1999, Université de Fribourg/Suisse. Hg. von Bruno BÜRKI und M. KLÖCKENER unter Mitarb. von Arnaud JOIN-LAMBERT. Freiburg/CH – Genève 2000, 25–32.

Art. Denn die angestrebte Vertiefung christlichen Lebens aller Gläubigen verlangt ein tragfähiges theologisches Fundament und wirklich gangbare Wege zu einer geistlichen Existenz aus der Liturgie. Diese theologisch-spirituelle Basis der Liturgie sei im Folgenden in knappen Thesen in Erinnerung gerufen; das soll dazu verhelfen, für die Gegenwart und für die Zukunft die richtigen Fragen zu stellen und Antworten zu suchen.[12]

1.2.1. Liturgie ist Handeln der Kirche, in dem die Wirklichkeit Gottes unter den Bedingungen von Raum und Zeit in der Welt des Menschen präsent wird (SC 2. 5–6. 33. 47–48. 102).

Nach dieser Umschreibung, die die ganze Liturgiekonstitution durchzieht, ist Liturgie nicht primär ein hierarchisch strukturiertes rituelles Geschehen, ein erbauliches und autoritätsstützendes Zeremonienwesen oder eine ritualisierte Selbstdarstellung einer menschlichen Gemeinschaft. Liturgie unterliegt weder allein der göttlichen Ordnung, noch ist sie rein menschliches Handeln. Vielmehr verbindet sie beides in einzigartiger Weise. Denn in den liturgischen Handlungen der Kirche bricht Gott in diese Welt ein, geht er auf den Menschen in der Geschichte zu und eröffnet ihm Gegenwart und Zukunft. Christliches Leben darf und muss immer mit diesem Wirken Gottes in Zeit und Geschichte rechnen, in besonderer, sakramentaler Verdichtung aber in der Liturgie.

Diese Zuwendung Gottes zu den Menschen, von der fast alle Seiten der Bibel erzählen, setzt sich in der Zeit der Kirche fort und geht aller menschlichen Tätigkeit voraus. Gemäß diesem liturgietheologischen Strukturprinzip macht die Liturgie in all ihren Formen und Elementen das Handeln Gottes je neu in dieser Zeit, in dieser Welt, an diesen Menschen transparent.

1.2.2. Liturgie ist Gedächtnisfeier des Heilshandelns Gottes an den Menschen, besonders im Pascha-Mysterium Jesu Christi (SC 5–7 u. ö.).

Was ist der Grund dieses Gedächtnisses? In Verkündigung, Dank und Lobpreis als zentralen liturgischen Akten wird Geschichte vergegenwärtigt, eine Ereignisgeschichte, die in der Bibel unter den Stichworten Schöpfung, Erlösung und Vollendung begegnet. Nach christlicher Überzeugung gipfelt

12 Die Thesen des folgenden Abschnitts 1.2. greifen zurück auf unseren Beitrag: M. KLÖCKENER, Die Vision einer lebendigen Liturgie, in: Gottes Volk feiert ... Anspruch und Wirklichkeit gegenwärtiger Liturgie. Hg. von M. KLÖCKENER/Eduard NAGEL/Hans-Gerd WIRTZ. Trier 2002, 9–36.

das Heilshandeln Gottes in Person und Wirken Jesu Christi auf. In Weiterentwicklung der Mysterientheologie Odo Casels (1886–1948) spricht das Konzil vom Pascha-Mysterium Jesu Christi, den zentralen Ereignissen seines Leidens und Sterbens, seiner Auferweckung und Erhöhung, die das eine Mysterium bilden. In der Liturgie gedenkt und vergegenwärtigt die Kirche als ganze und jede feiernde Gemeinde dieses Mysterium. Es entsteht nicht erst aus ihrer Feier heraus, vielmehr liegt es als historisch einmaliges, durch den Geist je neu in die Gegenwart gehobenes Handeln der jeweiligen Feier voraus.[13] Liturgie versteht sich – dezidiert seit dem Zweiten Vatikanischen Konzil – in ihren vielfältigen Formen und Gestalten und unter den sich wandelnden Bedingungen von Mensch und Gesellschaft, Zeit, Raum und Kultur als Feier dieses Heilsgeschehens Gottes in Jesus Christus. Ohne einseitig zu werden, richtet deshalb das Konzil die Theologie der Liturgie christologisch-soteriologisch aus. Sie blickt auf den österlichen Christus; von ihm her findet die Geschichte vom ersten schöpferischen Wort Gottes bis zum letzten Wort des Weltenrichters ihren Sinn. Der Begriff „Pascha-Mysterium“ wird gewissermaßen zu einer Kurzformel der Selbstmitteilung Gottes in der Geschichte des Heils.

Mögen solche Ausführungen auf den ersten Blick vielleicht recht abstrakt erscheinen und fern von gottesdienstlicher Wirklichkeit, so geht es dabei sehr wohl um konkret gelebte christliche Existenz in der Nachfolge Jesu Christi, die die Liturgie mitten in das Leben hineinstellt. Denn in einer solchen biblisch-liturgisch fundierten Spiritualität beruft sich christliches Leben nicht nur dem Namen nach auf Jesus den Christus, sondern sein Wort und seine Botschaft, die von ihm geschenkte Befreiung und das neue Leben, seine Verheißung auf Vollendung sind Maßstab menschlichen Daseins. Gerade die Liturgie soll die Gläubigen von diesem Christus und seinem Mysterium her leben lassen und sie stets neu zu dieser Mitte hinführen.

1.2.3. Liturgie ist Ort und Zeit der wirkenden Gegenwart Jesu Christi: in der Versammlung der Getauften, in ihrem Beten und Singen, im Vorsteher, der den Vorsitz Christi symbolisiert, im Wort der Heiligen Schrift, in der Eucharistie und in den anderen Sakramentenfeiern (SC 7).

---

13 Vgl. Angelus A. HÄUSSLING, „Pascha-Mysterium“. Kritisches zu einem Beitrag in der 3. Auflage des Lexikons für Theologie und Kirche, in: ALw 41. 1999, 157–165, hier 162f; Martin KLÖCKENER, Feier des Pascha-Mysteriums Jesu Christi, in: SKZ 171. 2003, 657–660.

In der Rede von der Gegenwart Jesu Christi wird abermals der enge Christusbezug allen liturgischen Handelns deutlich, gemäß seiner Verheißung in Mt 18,20 von seiner Präsenz unter denen, die in seinem Namen versammelt sind, oder in der Zusage von Mt 28,20, bei seinen Jüngern zu bleiben alle Tage bis zur Vollendung der Welt. Über diese biblischen Verheißungen hinaus tritt laut SC 7 die Gegenwart Christi in seinem Wort hinzu. Er selbst ist es, der „spricht, wenn die heiligen Schriften in der Kirche gelesen werden". Damit ist die biblische Verkündigung weit mehr als Vortrag eines heiligen Textes; Verkündigung ist qualitativ Handeln Christi selbst.[14]

Ähnlich fundamental sind die Aussagen bezüglich der Präsenz Christi in den Sakramentenfeiern. Ein Wort des Augustinus über die Taufe aufgreifend, fügt das Konzil seiner Erklärung hinzu, „dass, wenn immer einer tauft, Christus selber tauft".[15] Analog sind alle sakramentlichen Vollzüge der Kirche Handeln Christi selbst im Heiligen Geist.[16]

Christliches Leben – so die Überzeugung des Konzils – ist besonders vermittels der Teilnahme an der Liturgie unmittelbare Begegnung mit Christus; er ist Grund, Weg und Ziel christlicher Existenz.

1.2.4. Liturgie ist vorrangiger Ort des Geistwirkens in der Gemeinde (SC 6).

„All das aber geschieht in der Kraft des Heiligen Geistes". Dieser überaus wichtige Schlusssatz des Artikels 6 verdeutlicht: In der nachösterlichen Situation, in der die Gläubigen Christus nicht mehr von Angesicht zu Angesicht begegnen, werden kraft des Wirkens des Heiligen Geistes Nähe und Wirken Christi gegenwärtiggesetzt. Leben im Geist Gottes heißt auch: Erfahrung dieser Präsenz des Geistes in der Liturgie, ganz wie es die neutestamentlichen Gemeinden schildern; sie werden vom Geist ergriffen und singen Psalmen, Hymnen und Lieder, wie eben dieser Geist

14 Vgl. die für dieses Thema wichtige Publikation: Wie das Wort Gottes feiern? Der Wortgottesdienst als theologische Herausforderung. Hg. von Benedikt KRANEMANN/Thomas STERNBERG. Freiburg/Br. 2002 (QD 194).

15 Vgl. Io. eu. tr. 6,1,7: PL 35,1428; CChr.SL 36, 56.

16 Aus den verschiedenen Studien zur Gegenwart Jesu Christi in der Liturgie sei herausgehoben: Franziskus EISENBACH, Die Gegenwart Jesu Christi im Gottesdienst. Systematische Studien zur Liturgiekonstitution des II. Vatikanischen Konzils. Mainz 1982. Vgl. auch kürzlich den Hirtenbrief des Basler Bischofs Kurt KOCH, Die Gegenwart Jesu Christi feiern. Bischofswort zum 40-Jahr-Jubiläum der Liturgiekonstitution des II. Vaticanums. [Solothurn] 2003, bes. 9–12.

sie eingibt (vgl. Eph 5,19; Kol 3,16). Vertiefung des christlichen Lebens bedeutet: sich öffnen, sich bereithalten, damit der Geist Gottes sein Werk an den Menschen in Gemeinde und Kirche vollziehen kann.

1.2.5. Liturgie ist Quelle und Höhepunkt des ganzen Handelns der Kirche und des individuellen christlichen Lebens aller Getauften (SC 9–10).

Die bisherigen theologischen Qualifizierungen der Liturgie führen folgerichtig in der Liturgiekonstitution zu einer Aussage über den hohen Rang des Gottesdienstes im Leben der Kirche und in der individuellen christlichen Existenz. In SC 10 bezeichnet das Konzil die Liturgie als den Höhepunkt, „dem das Tun der Kirche zustrebt, und zugleich [als] die Quelle, aus der all ihre Kraft strömt".[17]

Gegen jede Form eines liturgischen „Triumphalismus" ist darauf zu achten, dass dabei die Liturgie nicht isoliert gesehen wird. Die Rede von „Höhepunkt und Quelle" setzt den Zusammenhang mit anderen Bereichen kirchlichen Wirkens und christlichen Glaubens voraus, nämlich Verkündigung und Diakonie. Alle drei Bereiche, getragen von der Koinonia, der Gemeinschaft des Volkes Gottes in Christus, bilden ein untrennbares, sich gegenseitig befruchtendes Beziehungsgeflecht, in dem die Liturgie für die Kirche wie für jeden einzelnen Christen als Quelle und Höhepunkt gilt.

1.2.6. Die Mitfeier aller Gläubigen ist konstitutiv für die Liturgie. Sie bringen sich selbst in der Liturgie dar, besonders in der Eucharistie (SC 7. 11. 26. 48; vgl. 14. 27–28).

Die erstrebte Vertiefung des christlichen Lebens verlangt die lebendige Teilhabe aller Glieder des Volkes Gottes an der Liturgie; diese ist gewissermaßen ein liturgiebegründendes Element. Insofern Liturgie den Charakter von Darbringung der Kirche und der einzelnen Mitfeiernden hat, ist die ganze Gemeinde Mitdarbringerin im eigentlichen Sinn in der ihr entsprechenden Form.[18] In diesem Punkt wird der Unterschied zur vor-

17 Vgl. auch die Konstitution über die Kirche „Lumen gentium", Art. 11, dort bezogen auf die Eucharistie. Der Titel des Pastoralschreibens der deutschen Bischöfe zum 40. Jahrestag der Liturgiekonstitution greift diese Wendung auf: Mitte und Höhepunkt des ganzen Lebens der Christlichen Gemeinde. Impulse für eine lebendige Feier der Liturgie. Bonn 2003 (Die deutschen Bischöfe 74).

18 Das gilt besonders für die Eucharistie, in der Menschen und Kirche sich selbst genauso wie die Früchte der Erde und der menschlichen Arbeit darbringen.

konziliaren Theologie der Liturgie vielleicht am offenkundigsten, galt doch jahrhundertelang einseitig der Klerus, vor allem der Priester, als derjenige, der die Liturgie vollzog. Das Verständnis der Gemeinde als Subjekt des Gottesdienstes findet in diesen Aussagen der Liturgiekonstitution (besonders Art. 14, 27 und 28) seine Grundlage.[19] Die Gläubigen sind nicht nur adstantes, sondern auch agentes. Dieses theologische Konzept verlangt nach Menschen, die willens und fähig sind, solch theologisch qualifiziertes Subjektsein und die daraus erwachsende Mitverantwortung zu übernehmen, die auch und besonders in der Liturgie ihr Engagement für Christus und das Evangelium leben.

1.2.7. Die „participatio actuosa" (die tätige, bewusste, innere und äußere, geistlich fruchtbringende ... Teilnahme aller Gläubigen) ist das ekklesiologisch begründete, leitende Kriterium gottesdienstlichen Handelns (SC 14; vgl. 11. 21. 27. 41. 48. 79 u. ö.).

Zur Vision von der Vertiefung des christlichen Lebens aus der Liturgie gehört die „participatio actuosa" aller Gläubigen als das leitende Kriterium gottesdienstlichen Handelns. Pius X. hatte diesen Begriff geprägt[20], die Liturgische Bewegung ihn weiterentwickelt und daraus theologische und praktische Konsequenzen gezogen. Die Liturgiekonstitution lässt es nicht beim Adjektiv „tätig", sondern charakterisiert diese Teilnahme ergänzend mit den Begriffen „voll, bewusst, geistlich fruchtbringend, innerlich und äußerlich, gemeinschaftlich".[21] Mit diesen Umschreibun-

---

19 Einen Versuch, diese Subjekthaftigkeit genauer zu differenzieren, legte vor: Kurt Koch, Die Gemeinde und ihr Gottesdienst, in: StZ 214. 1996, 75–89; dazu die weiterführende Rezension von Angelus A. Häussling, in: ALw 42. 2000, 148.

20 Vgl. sein Motuproprio „Tra le sollecitudini" über die Kirchenmusik (22. 11. 1903): „Da es Unser lebhaftester Wunsch ist, dass der wahrhaft christliche Geist in jeder Hinsicht aufblühe und bei allen Gläubigen erhalten bleibe, müssen wir zuallererst für die Heiligkeit und Würde des Gotteshauses sorgen; denn dort versammeln sich ja die Gläubigen, um diesen Geist aus seiner ersten und unentbehrlichen Quelle zu schöpfen: aus der tätigen Teilnahme an den hochheiligen Mysterien und am öffentlichen feierlichen Gebet der Kirche." Zitiert nach: Dokumente zur Kirchenmusik unter besonderer Berücksichtigung des deutschen Sprachgebietes. Hg. von Hans Bernhard Meyer – Rudolf Pacik. Regensburg 1981, 25.

21 Vgl. die Zusammenstellung und Interpretation dieser verschiedenen Attribute bei Franz Kohlschein, Bewusste, tätige und fruchtbringende Teilnahme, in: Lebt unser Gottesdienst? Die bleibende Aufgabe der Liturgiereform (FS Bruno Kleinheyer). Hg. von Theodor Maas-Ewerd. Regensburg 1988, 38–62; vgl. Bernd Jochen Hilberath, „Participatio actuosa". Zum ekklesiologischen Kontext eines pastoralliturgischen Programms, in: Gottesdienst – Kirche – Gesellschaft (s. Anm. 7, 319–338); Angelus A. Häussling, Der Geist der Liturgie. Zu Joseph Ratzingers gleichnamiger Publikation, in: ALw 43/44. 2001/02, 362–395, hier 378–386. Siehe auch den wichtigen Grundsatzbeitrag desselben Autors: Liturgiereform.

gen wird klar: Es geht um das Tätigsein in Form des sinngemäßen, bewussten, die Vorgänge verstehenden Mitvollziehens der liturgischen Handlung. Das ist ein hoher Anspruch, viel höher als früher das Hören einer Messe mit Andacht. Bei allen praktischen Fragen, die sich hier stellen können, ist die tätige Teilnahme ein unaufgebbares theologisches Prinzip.[22]

1.2.8. Das Wort Gottes soll vorrangige Quelle des Lebens für alle Christen sein; deswegen findet es in der Liturgie zu neuer Hochschätzung (SC 24. 35. 51).

Das grundsätzliche Fragen nach der Bedeutung der Heiligen Schrift im Leben der Kirche gehört zu den wichtigsten Vorgängen auf dem Zweiten Vatikanischen Konzil; in der Liturgiekonstitution bezog es sich auf den Gottesdienst; noch grundlegender wurde die Thematik in der Konstitution über die göttliche Offenbarung „Dei Verbum" angegangen.[23]

Mit der neuen Hochschätzung der Bibel überwinden die Konzilsväter bald 400 Jahre konfessionell kontroverser kirchlicher Praxis und theologischen Denkens.[24] Die Christen sollen nun wirklich ihren Glauben und ihr Selbstverständnis zu einem wesentlichen Teil aus der Heiligen Schrift als der ersten Quelle der Offenbarung gewinnen. Die Kirche als ganze ist gefordert, sich dieser Schrift zu unterstellen. Im Bemühen um die Wiederherstellung der vollen Einheit aller Christusgläubigen (vgl. SC 1)

Materialien zu einem neuen Thema der Liturgiewissenschaft, in: DERS., Christliche Identität aus der Liturgie. Theologische und historische Studien zum Gottesdienst der Kirche. Hg. von Martin KLÖCKENER/Benedikt KRANEMANN/Michael B. MERZ. Münster 1997 (LQF 79) 11–45 (zuerst: ALw 31. 1989, 1–32).

22 Vgl. auch unten Abschnitt 3.2.

23 Hervorragend ausgeführt wurde später die Theologie der Verkündigung des Wortes Gottes in der „Pastoralen Einführung in das Messlektionar" des Ordo Lectionum Missae in der 2. Auflage 1981. Deutscher Text in: DEL 2, 4055–4181. Vgl. auch das in Anm. 14 genannte Sammelwerk.

24 Wie an manchen anderen Stellen findet auch hier das Mühen der Liturgischen und der Biblischen Bewegung aus der ersten Hälfte des 20. Jahrhunderts Aufnahme in die Konzilstexte. Charakteristisch dafür waren unter anderem die Titel von Zeitschriften, die aus der Liturgischen Bewegung hervorgingen, wie etwa: „Bibel und Liturgie" (Klosterneuburg 1926ff); die zeitweise einen solchen Namen tragende „Liturgisch-biblische Monatsschrift der Schweiz" (vgl. dazu: Guido MUFF, Die „Liturgische Zeitschrift der Schweiz" [1933–1949]. Spiegelbild der liturgischen Bewegung der Schweiz, in: Liturgia et Unitas. Liturgiewissenschaftliche und ökumenische Studien zur Eucharistie und zum gottesdienstlichen Leben in der Schweiz. Études liturgiques et œcuméniques sur l'Eucharistie et la vie liturgique en Suisse. In honorem Bruno Bürki. Hg. von Martin KLÖCKENER/Arnaud JOIN-LAMBERT. Freiburg/CH – Genève 2001, 267–277.

sind die Konzilsaussagen aber auch von höchster ökumenischer Bedeutung, achten doch gerade die Kirchen der Reformation von jeher das Wort Gottes und seine Verkündigung besonders.[25]

1.2.9. Die Tagzeitenliturgie ist Feier der Gemeinde und soll regelmäßig begangen werden (SC 100).

„Bete mit der Kirche“, so hieß es in der Liturgischen Bewegung.[26] Die Feier der Komplet in Jugendkreisen und in Pfarreien die regelmäßige Vesper an Sonntagen oder wenigstens an Hochfesten sind daraus hervorgewachsen.[27]

Verhaltener als bei anderen Themen entwickelt das Konzil die Vision von der „betenden Kirche“, bezogen auf die Tagzeitenliturgie. Zu sehr war man noch in traditionellen Denkmustern des Brevierbetens verhaftet, als dass man schon ein tragfähiges Konzept für eine erneuerte Tagzeitenliturgie vorlegen konnte. Erst mit der Liturgia Horarum von 1971/1972 und ihrer „Institutio generalis Liturgiae Horarum“ (Allgemeine Einführung in das Stundengebet) (1971)[28] gelingt der Durchbruch. Dennoch gilt schon seit dem Konzil das Stundengebet nicht mehr quasi als Privatgebet des Priesters, das er im Auftrag der Kirche verrichtet, sondern es werden Wege zur Tagzeitenliturgie geöffnet, das heißt zum öffentlichen Gottesdienst der Gemeinde. Alle Christen mögen regelmäßig, vor allem an Sonn- und Festtagen daran teilnehmen. Hier ereignet sich betende Kirche; im täglichen Lobpreis Gottes, der die ganze Existenz doxologisch

25 Dazu jüngst Ralph KUNZ, „Christus ist gegenwärtig in seinem Wort“ (SC 7). Impulse für eine ökumenische Theologie der Liturgie, in: 40 Jahre Liturgiekonstitution des Zweiten Vatikanischen Konzils. Hg. von Martin KLÖCKENER/Benedikt KRANEMANN [im Druck, 2004].

26 Vgl. den Titel der umfangreichen Schrift von Joseph KRAMP, Bete mit der Kirche. Münster 1936.

27 Mehrere Untersuchungen liegen für die Komplet besonders in Jugendkreisen vor: Theodor MAAS-EWERD, Zur Bedeutung der Komplet in der Jugendseelsorge der dreißiger Jahre, in: Klerusblatt 68. 1988, 317–321; Andreas HEINZ, Die Komplet der Jugend in den vierziger Jahren, in: Sursum corda. Variationen zu einem liturgischen Motiv. Für Philipp Harnoncourt zum 60. Geburtstag. Hg. von Erich RENHART/Andreas SCHNIDER. Graz 1991, 185–194; DERS., Evangelisierung durch die Liturgie. Jugendgottesdienste in Trier zur Zeit des NS-Kirchenkampfes, in: Wege der Evangelisierung (FS Heinz Feilzer). Hg. von Andreas HEINZ/Wolfgang LENTZEN-DIES/Ernst SCHNECK. Trier 1993, 147–165, bes. 150–152. Seit Mitte der 20er Jahre des 20. Jahrhunderts wurden von verschiedenen Verantwortlichen, Privaten und kirchlichen Einrichtungen, in großer Zahl Volksausgaben für die Feier von Vesper und Komplet herausgebracht. Wir verweisen hierfür auf die Bibliothek des Deutschen Liturgischen Instituts, die unter anderem in diesem Bereich reiche Sammlungen zu bieten hat; vgl. den Katalog unter www.liturgie.de.

28 Text in: DEL 1, 2253–2537.

prägt, im solidarischen Mitbeten mit anderen, in Bitte und Fürbitte kommt der Mensch zu sich selbst, gewinnt sein Leben als Christ sein unverwechselbares Profil.

1.2.10. Der Sonntag ist als Urfeiertag der Christen wiederzugewinnen (SC 106).

Die Kategorien von Raum und Zeit formen, mehr als andere Faktoren, das menschliche Leben. Das haben die Konzilsväter nicht nur bei der Tagzeitenliturgie, sondern genauso im Blick auf die christliche Woche vor Augen gehabt. Sie geht vom Sonntag als dem Tag der Schöpfung, der Auferstehung und der Vollendung aus und führt im Rhythmus von acht Tagen wieder zu ihm zurück. Trotz mancher Teilreformen seit Pius X. war der volle Gehalt des Sonntags zur Zeit des Zweiten Vatikanischen Konzils noch durch das Rubrikenwerk verdeckt. Die Konzilsväter nun möchten diesen Tag als den Urfeiertag der Christen in seiner ursprünglichen Sinngebung wiederherstellen und berufen sich dazu vor allem auf die Auferstehung des Herrn. So sollte die Zeit, hier der Sonntag im Wochenrhythmus, christologisch gedeutet werden und als der wöchentliche Gedächtnistag des Pascha-Mysteriums das christliche Leben orientieren.[29]

1.2.11. Die große Vision der Konzilsväter ist letztlich, dass das ganze christliche Leben durch die Liturgie geprägt wird.

Damit knüpfen die Konzilsväter an die Vorreiter der Liturgischen Bewegung aus der ersten Hälfte des 20. Jahrhunderts an. Liturgie ist nicht etwas, das den Menschen nur äußerlich bindet, nicht nur Zeremonie und Ritus, nicht nur historisch gewachsener, unveränderlich gewordener Kult „ad maiorem Dei gloriam", zur größeren Ehre Gottes gehalten. Vielmehr soll Liturgie wirklich Mitte des Handelns der Kirche und jedes ihrer Glieder sein. Vertieftes christliches Leben ist ohne die regelmäßige und volle Teilnahme am Gottesdienst als dem lebendigen Austausch zwischen Gott und Mensch in der Gedächtnisfeier des Pascha-Mysteriums Jesu Christi nicht möglich. Liturgie ist Leben, Liturgie gestaltet Leben, Liturgie schenkt letztlich Leben in Christus. Das ist die Botschaft des Konzils, das ist das

---

29 Lehramtlich weiterentwickelt wird die Konzilstheologie zum Sonntag im Apostolischen Schreiben Papst Johannes Pauls II. „Dies Domini" vom 31. 5. 1998; deutsch in der Ausgabe Bonn 1998 (VApS 133).

Programm der Liturgiereform, wenn als Ziel gesetzt wird, „das christliche Leben unter den Gläubigen mehr und mehr zu vertiefen" (SC 1).

1.3. „... die dem Wechsel unterworfenen Einrichtungen den Notwendigkeiten unseres Zeitalters besser anzupassen ..."

Die Rede von der Anpassung der „dem Wechsel unterworfenen Einrichtungen" der Liturgie ist insofern hervorzuheben, als das Konzil damit die Gestalt des Gottesdienstes als etwas historisch Gewachsenes anerkennt. Studien zur Liturgiegeschichte, wie sie unter anderem Josef Andreas Jungmann mit seiner genetischen Methode betrieben hatte[30], führten zur Anerkenntnis, dass Liturgie eben nicht nur göttliche Einrichtung ist, die als solche menschlichem Zugriff entzogen sei, sondern Ergebnis geschichtlicher Prozesse, mit der Konsequenz, dass es auch Entwicklungen geben kann, die vom wahren Kern und Gehalt der Liturgie ablenken oder ihn sogar verfehlen. Konsequenz ist weiterhin, dass, abgesehen davon, dass die Neuheit des Christusereignisses prinzipiell unüberbietbar ist, die Liturgiereform wirklich Neues hervorbringen kann, um einer sinngerechten Anpassung an die Notwendigkeiten des jeweiligen Zeitalters willen, letztlich aus dem Grunde, dass das Pascha-Mysterium umso klarer unter den sich wandelnden Bedingungen gefeiert wird. Im Folgenden seien auswahlweise einige Aspekte von besonderer Tragweite herausgehoben.

1.3.1. Die Einführung der Volkssprachen in die Liturgie der katholischen Kirche ist eine notwendige Konsequenz der „participatio actuosa" (SC 36. 54. 63. 101. 113. 118).

Dieser Vorgang ist im Blick auf die Geschichte und manche Hochwertungen des Lateinischen als einer sakralen Sprache eine bedeutende Entscheidung; sie ist notwendige Folge des Bemühens um Verständlichkeit der Liturgie. Denn wenn das Volk Gottes aktiv handeln, voll und bewusst an der Liturgie teilhaben soll, muss man sich einer Sprache bedienen, die die Gläubigen ohne objektives Hindernis verstehen.

---

30 Vgl. zusammenfassend Benedikt KRANEMANN, Grenzgängerin zwischen den theologischen Disziplinen. Die Entwicklung der deutschsprachigen Liturgiewissenschaft im 19. und 20. Jahrhundert, in: TThZ 108. 1999, 253–272; DERS., Liturgiewissenschaft angesichts der „Zeitenwende". Die Entwicklung der theologischen Disziplin zwischen den beiden Vatikanischen Konzilien, in: Die katholisch-theologischen Disziplinen in Deutschland 1870–1962. Hg. von Hubert WOLF. Paderborn u. a. 1999, 351–375.

Das Konzil selbst hatte keine allgemeine Zulassung der Muttersprachen intendiert (vgl. SC 36); doch zeigte sich bei der Durchführung der Reform schnell, dass man nicht bestimmte Teile des Gottesdienstes in Latein lassen konnte. Man mag heute bedauern, dass das Latein fast ganz außer Übung gekommen ist und mancherorts nicht einmal die einfachsten Volksantworten mehr auf Latein gegeben werden können, was das Konzil nicht wollte. Andererseits ist die umfassende Einführung der Volkssprache eine ohne jeden Vorbehalt richtige Zeitanpassung gewesen.

1.3.2. Aus der „participatio actuosa" wächst das Prinzip der Rollenverteilung hervor, das heißt die Vielfalt liturgischer Dienste gemäß dem Stand und den Aufgaben der einzelnen Christen in Kirche und Gemeinde (SC 27–29).

Bei dieser Rollenverteilung geht es nicht um ein formales, äußeres Handeln, nicht um Aktivität, um „die Leute" ein wenig besser in das Geschehen einzubinden und ihnen ein wenig mehr Identität in dem Ganzen zu verschaffen. Vielmehr steht dahinter die Erkenntnis: Wenn das Volk Gottes als Gemeinde Jesu Christi unter dem Antrieb des Geistes gemeinsam Liturgie feiert, dann hat diese Gemeinsamkeit in der Symbolik der Feier und ihrer Träger zum Ausdruck zu kommen. Gleichzeitig erweist sich darin die Kirche als eine differenzierte Gemeinschaft auf sakramentaler Grundlage. Alle Dienste sind Ausdruck der gemeinsamen Teilhabe am gemeinsamen Priestertum und gründen in Taufe und Firmung. Dann erst folgt die berechtigte und notwendige Differenzierung aufgrund von Ordination und zum Teil von Beauftragungen. Die Vision einer vielfältigen, lebendigen Kirche und von einer reichen, von breiten Schichten getragenen Liturgie ist eine der wertvollsten und zeitgemäßesten Errungenschaften des Konzils.

1.3.3. Die Inkulturation der Liturgie ist in einer Kirche, die zunehmend über die römisch-lateinische Welt hinausreicht, eine vorrangige Maßnahme zur Anpassung an die Erfordernisse der Zeit (SC 37–40).

Die Konzilsväter, die während der Sessionen in Rom die Universalkirchlichkeit wie nie zuvor erlebten, haben der Inkulturation, damals noch unter dem Begriff „Adaptation" (Anpassung), in der Liturgiekonstitution immerhin vier von 130 Artikeln gewidmet. Das Evangelium soll den Menschen in anderen Ländern und Kulturen nicht nur verkündet, und Gottesdienst soll nicht nur nach römisch-katholischer Art gefeiert werden. Vielmehr sollen Verkündigung und Liturgie fest in diese Kulturen eingewurzelt werden, und zwar unter Beachtung der jeweiligen historischen, gesellschaftlichen, religiösen und mentalitätsmäßigen Voraussetzungen, damit die Botschaft Jesu Christi die Herzen der Menschen erreicht. Religiöse Ereignisse, Riten und Phänomene, die diesen Kulturen eigen sind, sind so weit wie möglich fruchtbar in christliches Leben und liturgisches Feiern zu integrieren.

Bei diesen Bestimmungen hatten die Konzilsväter vor allem die Kirche in den Ländern der so genannten Dritten Welt im Blick; doch sind zahlreiche Grundsätze der Inkulturation auch im europäisch-nordatlantischen Raum von Bedeutung, wenngleich der Apostolische Stuhl das heute nicht zugestehen will.[31] Inkulturation – auch das sagen die Konzilsväter – kann nur in einem aufrichtigen Dialog zwischen Teilkirchen und Universalkirche gelingen.

1.3.4. Eine zeitgemäße Reform der Liturgie verlangt die Erneuerung der liturgischen Bücher einschließlich der Übertragung in die Muttersprachen, der Anpassung durch die Bischofskonferenzen und der Neuschöpfung von Riten und Texten (SC 25. 31 u. ö.)

Wer die Liturgie reformieren will, muss die primären Quellen des gottesdienstlichen Handelns, die liturgischen Bücher, an die sich wandelnden Erfordernisse der Zeit anpassen. Denn in ihnen ist vorrangig die authentische Form der Liturgie der Kirche niedergelegt; auf sie hat sich zu beziehen, wer die Liturgie der Kirche feiern und studieren will. Trotz des Gewichts der Tradition, die in diesen Büchern kodifiziert und damit für die Feier in der Gegenwart und für die Weitergabe an spätere Generationen aufgezeichnet ist, sind solche Ausgaben immer zeitbedingt.

Die Reform der Bücher verlangte zum einen die Erneuerung der lateinischen Vorlagen mit Geltung für die Universalkirche. Gleichzeitig aber – und das war ein Vorgang, für den man auf keine vergleichbaren Erfahrungen zurückgreifen konnte – bedurfte es der Übertragung der lateinischen Ausgaben in die Muttersprachen. Dabei galt in den ersten drei Jahrzehnten der Liturgiereform als Ziel eine getreue sinngemäße Wiedergabe des Inhalts mit den Möglichkeiten der jeweiligen Muttersprache. Ebenso waren

---

31 In der Instruktion der Kongregation für den Gottesdienst und die Sakramentenordnung „Varietates legitimae" über die Römische Liturgie und die Inkulturation vom 25. 1. 1994, Art. 6–7, wird diese Eingrenzung vorgenommen; vgl. die Ausgabe Bonn 1994 (VApS 114).

bei der Reform der Bücher oft weiterreichende Anpassungen angezeigt, um z. B. bestimmte Auswahlmöglichkeiten an Texten und Riten mit Rücksicht auf eine bestimmte Sprache oder religiöse Überlieferung zu erweitern, um einzelne Elemente besser der betreffenden Kultur und Mentalität anzupassen oder weil die Maßgaben der Inkulturation solches verlangten.[32]

1.3.5. Die Anpassung an die Erfordernisse der Zeit bedingt einen veränderten Umgang mit den Kulturgütern von Musik und Kunst (SC 112–129).

Das Konzil fordert in diesen Bereichen ausdrücklich das Gespräch mit der Gegenwart. Wenngleich es stark die Bedeutung des aus der Vergangenheit überkommenen Erbes betont, so öffnet es doch dem Wandel und damit zeitgemäßen Einflüssen die Tür. Besonders das Kriterium der recht verstandenen tätigen Teilnahme trägt einen Aspekt in die Entwicklung hinein, der zuvor nicht in derselben Weise Maßstab künstlerischen Schaffens war (vgl. SC 112–121).

1.4. „... zu fördern, was immer zur Einheit aller, die an Christus glauben, beitragen kann ...“

Die Väter des Zweiten Vatikanischen Konzils hatten die Vision, dass die christlichen Kirchen mehr und mehr aufeinander zu lebten, damit dem

32 Vgl. die Darstellungen von Martin KLÖCKENER, Die liturgischen Bücher im deutschen Sprachgebiet. Verzeichnis für die pastoralliturgische Arbeit, die liturgische Bildung und das liturgiewissenschaftliche Studium (Stand 1. 10. 1995). Trier 1995 (Pastoralliturg. Hilfen 9) 6–20; Reiner KACZYNSKI, Anmerkungen zu den nachkonziliaren liturgischen Büchern, in: Liturgiereformen (s. Anm. 6) 2, 1003–1016; in diachroner Perspektive Martin KLÖCKENER/ Benedikt KRANEMANN, Liturgiereform – Grundzug des christlichen Gottesdienstes. Systematische Auswertung, in: Liturgiereformen (s. Anm. 6), 2, 1083–1108, bes. 1088–1090. – Von diesem Verständnis von „Übersetzung“ im Sinne von „Übertragung“, wie es in der Übersetzerinstruktion „Comme le prévoit“ vom 25. 1. 1969 (DEL 1, 1200–1242) dargelegt wurde, hat sich der Apostolische Stuhl mit der Instruktion „Liturgiam authenticam“ über den Gebrauch der Volkssprachen bei der Herausgabe der Bücher der römischen Liturgie (s. Anm. 10) distanziert, was in der Entwicklung des liturgischen Lebens im Geist des Zweiten Vatikanischen Konzils sowie in ekklesiologischer Hinsicht (Verhältnis Universalkirche – Teilkirchen) einen schwerwiegenden Rückschritt bedeutet. Auf die Problematik dieser Instruktion weist nachdrücklich Reiner KACZYNSKI, Angriff auf die Liturgiekonstitution? Anmerkungen zu einer neuen Übersetzer-Instruktion, in: StZ 219. 2001, 651–668 hin; Replik von Joseph KARD. RATZINGER, Um die Erneuerung der Liturgie. Antwort auf Reiner Kaczynski, ebd. 837–843. Vgl. auch Winfried HAUNERLAND, Authentische Liturgie. Der Gottesdienst der Kirche zwischen Universalität und Individualität, in: LJ 52. 2002, 135–157. Zum Umfeld der Instruktion s. die kritische Stimme Rembert WEAKLAND, Liturgie zwischen Erneuerung und Restauration, in: StZ 220. 2002, 475–487; auch in HlD 56. 2002, 83–93.

Auftrag Jesu Christi entsprechend eines Tages die volle Einheit aller Christusgläubigen wiederhergestellt werde. Zwar wird dieses Anliegen in der Liturgiekonstitution nur in Artikel 1 thematisiert, doch liegt ihr schon der Geist zugrunde, der besonders im Ökumenismusdekret „Unitatis redintegratio“ zum Tragen kommen sollte.

Von hoher ökumenischer Relevanz sind in der Liturgiekonstitution vor allem:

- die theologische Darstellung der Liturgie als Dialog zwischen Gott und Mensch, in dem das vorgängige Handeln Gott zukommt und Gottesdienst nicht in erster Linie kultisches Handeln des Menschen und Opferhandlung zur Ehre Gottes ist; diese Position öffnete Wege zu einem neuen Gespräch zwischen Katholiken und den Kirchen der Reformation, in deren theologischer Überzeugung der Glaube nicht Verdienst, sondern zuerst Geschenk Gottes ist;
- die neue Hochschätzung des Wortes Gottes allgemein und speziell die Bedeutung der Schriftlesung in der Liturgie;
- die grundsätzlich angezielte Einfachheit und Transparenz der Riten; dies erleichterte gerade gegenüber den Kirchen der Reformation, die weniger das zeichenhaft-symbolische und rituell-zeremonielle Moment der Liturgie pflegen, die Akzeptanz des gottesdienstlichen Handelns der Katholiken;
- die Orientierung der Liturgiekonstitution und der Reform an Maßgaben, die aus der Zeit vor den reformatorischen Auseinandersetzungen stammten; besonders die altkirchliche Praxis und altkirchliche Quellen dienten als Bezugspunkt. Dies erleichterte eine Bewegung der christlichen Kirchen aufeinander zu;
- die Annäherung an einzelne Aussagen ökumenischer Konsensgespräche.[33]

1.5. „... und zu stärken, was immer helfen kann, alle in den Schoß der Kirche zu rufen.“

Manche Aussagen der Liturgiekonstitution und bestimmte liturgische Entwicklungen sind nur adäquat zu verstehen, wenn man die so genann-

33 Mehrere Aussagen der Liturgiekonstitution sind ähnlich formuliert wie Äußerungen des offiziellen Berichts der Theologischen Kommission für Glaube und Kirchenverfassung („Faith and Order“) aus dem Jahr 1951 sowie ein Bericht derselben Kommission aus dem Jahre 1963. Das zeigte, dass eine ökumenische Konvergenz bezüglich der Liturgie sich bereits anbahnte. Vgl. LENGELING, Konstitution (s. Anm. 1), 100f.

ten Missionsländer im Hintergrund sieht. Kirche sollte sich, nicht zuletzt im Bereich der Liturgie, als missionarisch erweisen.[34]

Neben dem für die Sache grundlegenden Artikel 9 der Konstitution schlägt sich die missionarische Sicht der Liturgie am deutlichsten in der Weisung nieder, dass der Katechumenat für erwachsene und jugendliche Taufbewerber wiederhergestellt werde.[35] Unter Berücksichtigung der heutigen Bedingungen und mit gewissen Anpassungen an die Verhältnisse schien das altkirchliche Modell in angepasster Form auch für die Gegenwart geeignet. Ziel war ein echtes Hineinwachsen in die Gemeinde und in die Kirche, ein intensives Kennenlernen christlichen Lebens, christlicher Wertmaßstäbe usw. mit der vollen Eingliederung in der Osternacht durch Taufe, Firmung und Eucharistie. Erfahrungen lagen aus den Missionen vor, in Europa nur aus Frankreich.

Mit all diesen Weisungen zielt das Konzil nicht nur auf neue Riten, sondern letztlich auf eine neue Kirche. Weit entfernt vom Bild einer alternden Institution in einer mitunter orientierungslos scheinenden Kultur und Gesellschaft haben die Konzilsväter die Vision von einer Kirche, die ausstrahlt, die begeistert, deren Glieder auf allen Ebenen so überzeugt und überzeugend ihr Christsein leben, dass Kirche im besten Sinn missionarische Kräfte entfaltet.

2. Rezeption und Fortschreibung der Liturgiekonstitution in nachkonziliarer Zeit

Was ist in der Folgezeit aus diesem Auftrag und Programm des Konzils geworden? Es braucht hier keine Chronik der Reform vorgelegt zu werden. Eine solche findet sich am kompetentesten in dem voluminösen Rechenschaftsbericht von Annibale Bugnini[36] und zahlreichen anderen

---

34 So stand auch einer der bedeutenden internationalen liturgischen Kongresse der 50er Jahre, jener von Nijmegen 1959, unter dem Thema „Mission und Liturgie". Vgl. den Kongressband: Mission und Liturgie. Der Kongreß von Nimwegen 1959. Hg. von Johannes HOFINGER. Mainz 1960. Dazu auch: Siegfried SCHMITT, Die internationalen liturgischen Studientreffen 1951–1960. Zur Vorgeschichte der Liturgiekonstitution. Trier 1992 (TThS 53) 267–290. Die Tagung war federführend von Lucas Brinkhoff OFM, dem damaligen Leiter des Liturgischen Instituts für die Niederlande und späteren langjährigen Bibliothekar am Deutschen Liturgischen Institut, vorbereitet worden. Vgl. zu ihm und seinem Wirken Martin KLÖCKENER, Lucas Brinkhoff OFM (1919–2003) zum Gedächtnis. Anlässlich des Todes eines bedeutenden Zeugen der liturgischen Erneuerung, in: LJ 53. 2003, 69–75, hier 70f.

35 Vgl. dazu SC 64–66; ausführlicher dann im Konzilsdekret über die Missionstätigkeit der Kirche „Ad gentes", Art. 13–14; vgl. auch unten Abschnitt 5.

36 Vgl. BUGNINI, Liturgiereform (s. Anm. 7).

Untersuchungen.[37] In Bezug auf die Erzdiözese Wien hat sie Rudolf Schwarzenberger heute morgen geliefert. Einige Grundlinien und Tendenzen, die man bei einer genaueren diachronen Beobachtung erheben kann, seien im Folgenden dargelegt.

2.1. Die gewachsene liturgiehistorische und -theologische Basis der Liturgiekonstitution

Wie die Erfahrungen von Liturgiereformen aus der älteren und jüngeren Geschichte zeigen, ist prinzipielle Voraussetzung für das Gelingen der Rezeption die hohe Qualität des Reformwerkes selbst.[38] Eine solche Qualität weist die Liturgiereform des Zweiten Vatikanischen Konzils zweifellos auf; so konnte sie zu einem herausragenden Ereignis in der Kirchengeschichte werden.

Das liegt nicht zuletzt in ihrer ausgezeichneten Vorbereitung begründet. Denn seit Beginn des 20. Jahrhunderts waren intensive Studien zur Geschichte und Theologie der Liturgie betrieben worden und hatte es fruchtbare Impulse aus Pfarreien, Diözesen und Orden gegeben. Unter Papst Pius X. hatten Teilreformen stattgefunden, und Pius XII. war es, der erstmals eine Generalreform der Liturgie ins Auge gefasst, Vorarbeiten in Auftrag gegeben und vor allem mit der Reform der Osterfeier bedeutende Schritte angepackt hatte.[39] Die dort angewandten Prinzipien flossen direkt in die Konzilsvorbereitungen und teilweise in die Liturgiekonstitution ein. Diese Impulse aus dem kirchlichen Leben und aus der Theologie hatten die Dringlichkeit einer umfassenden Erneuerung der Liturgie verdeutlicht, aber auch schon eine so solide Basis gelegt, dass man das Schema über die Liturgie auf dem Konzil als Erstes beraten und verabschieden konnte.

2.2. Notwendige Fortschreibungen

Bei einer Relecture der Liturgiekonstitution fällt auf, dass in den Reformanordnungen manche Formulierungen sehr präzise, andere hingegen

37 Eine interessante Detailstudie zur Umsetzung in der Erzdiözese Wien liefert Rudolf SCHWARZENBERGER in diesem Band. Für einige weitere Diözesen liegen aus jüngster Zeit ähnliche Untersuchungen vor.

38 Vgl. die synthetische Darstellung von KLÖCKENER/KRANEMANN, Liturgiereform (s. Anm. 32), 2, 1083–1108, bes. 1100–1104.

39 Vgl. im 2. Band des Werkes Liturgiereformen (s. Anm. 6) jene Beiträge, die sich mit der Epoche bis zum Zweiten Vatikanischen Konzil befassen.

relativ offen gehalten sind. Das war wenigstens teilweise Folge davon, dass man nicht bei allen Themen auf gleich intensive Studien aufbauen konnte. Deshalb mussten die zuständigen Bischöfe, Koordinatoren und Experten bei der Liturgiereform im Rahmen des Grundauftrags eine gewisse Eigendynamik entfalten.

Bald schon entstanden ebenfalls Fragen, die das Konzil nicht hatte vorhersehen können und die eine echte Fortschreibung der Konstitution erforderten. Ein Musterbeispiel ist die Verwendung der Volkssprache. Getreu der Konstitution wurde ab 1964 schrittweise die Muttersprache für einzelne Elemente in den liturgischen Feiern zugelassen. Doch zeigten die Erfahrungen aus der liturgischen Praxis, dass man diese Reserven aufgeben musste. In mehreren Etappen wurde deshalb die Erlaubnis zur Verwendung der Muttersprache ausgedehnt, bis sie 1967 für alle gottesdienstlichen Texte und Gesänge galt.[40] Andere Beispiele finden sich bei den sakramentlichen Feiern, zu denen das Konzil sich in den meisten Fällen nur sehr allgemein äußerte (SC Kap. 3, Art. 59–78) und wo deshalb weitreichender Entscheidungs- und Handlungsbedarf der zuständigen Kommissionen bestand. Betreffs der Heiligenverehrung und des Kalenders wird lediglich theologisch der Vorrang des Christus-Mysteriums im Kirchenjahr vor den Heiligenfeiern begründet (vgl. SC 102–105. 108), aber nicht gesagt, nach welchen sonstigen Prinzipien die Kalenderreform durchzuführen war oder wie etwa das Verhältnis von Universalkalender und Regionalkalender aussehen sollte. Bei den liturgischen Büchern fehlt jede Aussage über die Einteilung in die klassischen Buchtypen von Missale, Offizium, Pontifikale und Rituale und die Schaffung von Rollenbüchern; das Caeremoniale Episcoporum und Martyrologium Romanum werden mit keinem einzigen Wort erwähnt. Weitere Beispiele ließen sich anführen, die verdeutlichen, dass die Liturgiekonstitution nicht auf alle denkbaren Themen und Maßnahmen einer Liturgiereform einging, ja gar nicht eingehen konnte, sondern dass die Arbeit von den Reformgremien auf der Grundlage und im Geist der Konstitution zu erfüllen war. Das vom „Consilium ad exsequendam Constitutionem de sacra Liturgia", dem Rat zur Ausführung der Konstitution über die heilige Liturgie[41], ent-

40 Vgl. die einzelnen Schritte in zahlreichen Dokumenten des Apostolischen Stuhls, wie sie in dem Quellenwerk DEL versammelt sind.

41 Gegründet von Papst Paul VI. durch das Motuproprio „Sacram Liturgiam" vom 25. 1. 1964; vgl. die entsprechende Anordnung in DEL 1, 179. Vgl. auch Bugnini, Liturgiereform (s. Anm. 7), bes. 92–113. Einen detaillierten, überaus informativen Bericht legte vor: Piero Marini, Le premesse della grande riforma liturgica (Ottobre-Dicembre 1963), in: Costituzione liturgica „Sacrosanctum Concilium" (s. Anm. 7) 69–101; Ders., La nascita del „Con-

wickelte Arbeitsprogramm und methodische Vorgehen, die Beteiligung von Bischöfen aus der Weltkirche und die internationale Zusammensetzung von Expertenkommissionen waren ohne Vorbild. Was in wenigen Jahren geleistet wurde, kann kaum überschätzt werden. Bei alledem lagen die vorangetriebenen Entwicklungen auf der vom Konzil vorgegebenen Linie; es gibt keine seriösen Anhaltspunkte, dass die Reformverantwortlichen bei ihrer notwendigen Fortschreibung der Konstitution gegen die Intentionen des Konzils verstoßen hätten.

2.3. Von der freudigen Ermutigung der Reform zur ängstlichen Sorge um die liturgische Disziplin

Schnell entstanden allerdings auch Auseinandersetzungen um den rechten Kurs, innerhalb der Kurie und in der Öffentlichkeit, zum Teil mit verleumderischen Anklagen gegen die Reformverantwortlichen.[42] Schon die Schaffung des „Consilium" durch Paul VI. war ja Ausdruck dessen, dass die bald 400 Jahre alte und in bestimmten Denkschemata verhaftete Ritenkongregation als Reformorgan nicht brauchbar schien. Die mehrfache Umorganisation des für die Liturgiereform zuständigen Dikasteriums ab 1969, die Heinrich Rennings zu der Bemerkung veranlasste, die Liturgie sei in der römischen Kurie bald nach dem Konzil auf „Herbergssuche" geraten[43], hatte nicht nur effektivere Strukturen zum Ziel, sondern drückte vor allem sich wandelnde kirchen- und liturgie-

---

silium ad exsequendam Constitutionem de Sacra Liturgia", Gennaio–Marzo 1964, in: EL 106. 1992, 289–318; DERS., Il primo periodo di attività del „Consilium". Prospettive e difficultà, Marzo–Giugno 1964, in: EL 107. 1993, 401–439; DERS., L'istruzione „Inter Oecumenici", una svolta decisiva, Luglio–Ottobre 1964, in: EL 108. 1994, 205–231; DERS., Il „Consilium" in piena attività in un clima favorevole, Ottobre 1964 – Marzo 1965, in: EL 109. 1995, 97–158; DERS., Attività complessiva dei gruppi di studio del „Consilium ad exsequendam Constitutionem de Sacra Liturgia", Gennaio 1964 – Marzo 1965, in: EL 112. 1998, 289–309; DERS., Il „Consilium ad exsequendam Constitutionem de Sacra Liturgia", Gennaio 1964–Marzo 1965. Considerazioni generali, in: EL 113. 1999, 3–30. Zu späteren Restrukturierungen der Kurie, der Auflösung des „Consilium" und seiner Überführung in die Gottesdienstkongregation im Jahre 1969 vgl. Heinrich RENNINGS, Fünfundzwanzig Jahre „Herbergssuche" der Liturgie in der römischen Kurie, in: DERS., Gottesdienst im Geist des Konzils. Pastoralliturgische Beiträge zur Liturgiereform. In Verb. mit dem Deutschen Liturgischen Institut hg. von Martin KLÖCKENER. Freiburg/Br. 1995 (Pastoralliturg. Reihe in Verb. mit der Zeitschrift „Gottesdienst") 110–124 (zuerst in: LJ 39. 1989, 37–48).

42 Neben anderen berichtet BUGNINI, Liturgiereform (s. Anm. 7) an verschiedenen Stellen seines Rechenschaftsberichts aus erster Hand darüber. Ein besonders polemisches Werk war das rasch in mehreren Auflagen erschienene Buch: Tito CASINI, La tunica stracciata. Lettera di un cattolico sulla „Riforma liturgica". Florenz bzw. Rom 1967; zu seiner Wirkung vgl. BUGNINI, Liturgiereform, bes. 184–186.

43 Vgl. oben Anm. 41.

politische Strömungen aus. Wenn man die drei ersten Instruktionen zur Ausführung der Liturgiekonstitution aus den Jahren 1964, 1967 und 1970 liest[44], so fällt spätestens in der dritten Instruktion der gewandelte Ton auf, der von der Ermutigung zur Reform im konziliaren Geist mehr und mehr zur Mahnung vor zu viel Erneuerung in Eigenverantwortung von Seelsorgern übergeht, in deren Augen die Reform nicht schnell genug oder zu wenig weit ging oder die die herkömmlichen Autoritätsstrukturen in liturgischen Belangen nicht mehr ohne weiteres anerkannten.[45]

Das Studium der Dokumente des Apostolischen Stuhls zur Erneuerung der Liturgie lässt nach dem Tod Pauls VI. und ab dem Pontifikatswechsel zu Johannes Paul II. (1978) zunehmend zurückhaltendere Positionen erkennen. Dabei ist nicht immer eindeutig, was auf den Papst selbst zurückgeht und was von interessierten kurialen Kreisen stammt. Zwar wurde die Reform an sich nie in Frage gestellt, doch wurden stärker Themen mit restaurativen Ansätzen aufgeworfen, so schon in der Instruktion „Inaestimabile donum“ vom 3. April 1980 mit dem unnützen, damals viel Unruhe verursachenden Verbot von Ministrantinnen.[46] Ebenso zeigt der neue Kurs gegenüber traditionalistischen Gruppen, vor allem die bedingte Zulassung der tridentinischen Messe im Jahre 1984[47], dass neben die weitere Durchführung des Konzilsauftrags der Rückgriff auf vorkonziliare liturgische Positionen trat.

Das Bemühen um eine stärkere Konsolidierung der liturgischen Situation äußert sich auch im Apostolischen Schreiben Papst Johannes Pauls II. zum 25-jährigen Jubiläum der Liturgiekonstitution im Jahre 1988.[48]

---

44 Vgl. die Dokumente „Inter Oecumenici“ vom 26. 9. 1964, in: DEL 1, 199–297; „Tres abhinc annos“ vom 4. 5. 1967 (ebd. 808–837); „Liturgicae instaurationes“ vom 5. 9. 1970 (ebd. 2171–2186).

45 Vgl. Heinrich RENNINGS, Eine „Dritte Instruktion“ zur Liturgiereform, in: DERS., Gottesdienst im Geist des Konzils (s. Anm. 41), 68–74. Allerdings finden sich solche Mahnungen seitens des Papstes und der Dikasterien des Apostolischen Stuhls auch schon früher; vgl. dazu Martin KLÖCKENER, Freiheit und Ordnung im Gottesdienst – Ein altes Problem mit neuer Brisanz, in: FZPhTh 43. 1996, 388–419, hier 394–397 (mit zahlreichen Belegen); exemplarisch für die Schweiz dargelegt in: DERS., Erwartungsvoller Aufbruch. Die Anfänge der Liturgiereform des Zweiten Vatikanischen Konzils im Spiegel der „Schweizerischen Kirchenzeitung“, in: Liturgia et Unitas (s. Anm. 24), 319–354, bes. 334–339.

46 Vgl. Kongregation für die Sakramente und den Gottesdienst (Sektion für den Gottesdienst), Instruktion über einige Normen zur Feier und Verehrung des Geheimnisses der heiligsten Eucharistie „Inaestimabile donum“, Nr. 18, in: DEL 2, 3979.

47 Text in: DEL 3, 5685–5686; mit Verzeichnis der reichen deutschsprachigen Literatur zur Sache.

48 Text in: DEL 3, 6263–6285, mit Verzeichnis der deutschsprachigen Literatur.

Darin wird die Reform als abgeschlossen erklärt; Mahnungen vor liturgischem Wildwuchs erhalten recht starkes Gewicht. Die formulierten Schwerpunkte zukünftiger Arbeit bedeuteten doch eine Rückkehr zu klassischen Themen. Wichtige neue Herausforderungen hingegen, die sich aus der Situation des christlichen Glaubens in der Gesellschaft und deren Konsequenzen für die Liturgie ergaben, fanden bereits vor 15 Jahren wenig Beachtung.

Das Interesse an disziplinärer Regelung in liturgischen Belangen hat im letzten Jahrzehnt massiv zugenommen.[49] Bei aller Notwendigkeit und Berechtigung der Korrektur in verschiedenen Bereichen ist dies auch Indiz dafür, dass konstruktive Zukunftsperspektiven, Visionen, wie sie das Zweite Vatikanische Konzil hatte, abhanden gekommen sind. Besonders gekämpft wird derzeit um das Verhältnis von Universalkirche und Teilkirchen bzw. Ortskirchen, wobei der Apostolische Stuhl – man muss es nüchtern und ohne jede Polemik feststellen – immer stärker in die Rechte der Bischofskonferenzen eingreift.[50] Die Instruktion „Liturgiam authenticam" über den „Gebrauch der Volkssprache bei der Herausgabe der Bücher der römischen Liturgie" (2001) ist dabei der vorläufige Höhepunkt. Hier bräuchte es klare Worte der Bischofskonferenzen, die ihre Rechte einfordern und ihre Zuständigkeiten vertreten.

Zum Zeitpunkt der Abfassung dieses Beitrags wird darüber hinaus das in „Ecclesia de Eucharistia" (Nr. 52) von Papst Johannes Paul II.[51] angekündigte römische Disziplinarschreiben zur Liturgie erwartet. Der

---

49 Vor allem Instruktionen mit disziplinärem Charakter überwiegen seitdem. Vgl. etwa die Instruktion zu einigen Fragen über die Mitarbeit der Laien am Dienst der Priester vom 15. 8. 1997, deutsch in: VApS 129; SKZ 165. 1997, 761–770; Und dennoch ... Die römische Instruktion über die Mitarbeit der Laien am Dienst der Priester. Klarstellungen – Kritik – Ermutigungen. Hg. von Peter Hünermann. Freiburg/Br. u. a. 1998, 152–183; im selben Band mehrere Kommentare. Sodann ist auf „Liturgiam authenticam" zu verweisen (s. Anm. 10). Auch die neueste Ausgabe der „Institutio generalis Missalis Romani" (2000) der Editio typica tertia des Missale Romanum (2002) geht in diese Richtung; dazu die umfassende Dokumentation von Manlio Sodi – Alessandro Toniolo, Praenotanda Missalis Romani. Textus – Concordantia – Appendices. Editio typica tertia. Città del Vaticano 2003 (Monumenta studia instrumenta liturgica 24), u. a. mit einem aufschlussreichen Verzeichnis der Änderungen in der Ausgabe von 2002 im Vergleich zur Ausgabe aus dem Jahr 2000 (ebd. 767–791). Vgl. auch den nützlichen beschreibenden, allerdings unkritischen Beitrag Johannes Nebel, Die editio typica tertia des Missale Romanum. Eine Untersuchung über die Veränderungen, in: EcclOr 19. 2002, 265–314.

50 Die Zuweisung der Verantwortlichkeiten im Bereich der Liturgie, das Zusammenspiel von Universalkirche und Teilkirchen gerade bei der Herausgabe der liturgischen Bücher, wird zunehmend auf den Kopf gestellt.

51 Vgl. Enzyklika „Ecclesia de Eucharistia" über die Eucharistie in ihrer Beziehung zur Kirche. Bonn 2003 (VApS 159).

Anfang Oktober 2003 vorzeitig an die Öffentlichkeit gelangte Entwurf hat Kopfschütteln und scharfe Interventionen von verschiedensten Kreisen ausgelöst. Was am Ende in diesem Dokument stehen wird, ist abzuwarten.

Das alles führt bedauerlicherweise zu einer wachsenden Diskrepanz zwischen dem Apostolischen Stuhl und den Teilkirchen und nicht zuletzt zwischen der „Amtskirche" und jenen, die in der Pastoral Verantwortung für die Liturgie tragen. Eine große Ernüchterung ist bei Priestern, Diakonen, Laien im pastoralen Dienst und Gläubigen eingetreten, die fern ist von der hoffnungsfrohen Stimmung der Konzilszeit. Die Liturgie ist nicht allein davon betroffen, aber in ihr wird dies besonders deutlich. Solches war nicht Absicht des Konzils.

2.4. Defizite in der Rezeption der Konzilsbeschlüsse und fragwürdige Fortschreibungen in der liturgischen Praxis

Der kritische Blick auf das kirchliche Leitungsamt ist zu ergänzen durch eine nicht minder kritische Sichtung des liturgischen Lebens und der Rezeption der Liturgiereform in Pfarreien und Kommunitäten. In den allermeisten Fällen wurden die konziliaren Weisungen positiv aufgenommen und oft als Befreiung aus einem zuvor engen Korsett von Rubriken erlebt. Aufs Gesamt gesehen ist eine ausgesprochen erfreuliche Situation der Liturgie entstanden, und in zahlreichen Gemeinden wird heute gut, theologisch verantwortet, gestalterisch durchdacht und menschengerecht Gottesdienst gefeiert.

Es mehren sich aber auch Stimmen, die auf Versäumnisse in der liturgischen Arbeit, auf Missverständnisse und Unwissenheit bei Verantwortlichen und Mitfeiernden hinweisen. Ein unzureichendes oder mitunter völlig fehlendes theologisches Konzept von Liturgie wird beklagt, gestalterische Niveaulosigkeit in Wort und Gesang, Gesten und Haltungen. Immer häufiger wird die individuelle Beliebigkeit von Vorstehern und anderen Mitverantwortlichen thematisiert, ein Mangel an Kultur im christlichen Gottesdienst, eine neue, unreflektierte Routine und manches mehr.

In der Tat hat die befreiende Liturgiereform gelegentlich einen Pendelausschlag zur anderen Seite und übertriebene Entwicklungen nach sich gezogen, die nicht den Intentionen der Konzilsväter entsprachen, was bei einem so weitreichenden Vorgang nicht verwundert. Der angemessene Umgang mit der veränderten liturgischen Disziplin, die nicht mehr in erster Linie auf Rubrikentreue Wert legte, sondern sachgerechtes Handeln innerhalb eines vorgegebenen Rahmens verlangte, musste erst erlernt werden und muss es – mitunter mühsam – heute noch. Andere fragliche Entwicklungen und Entgleisungen haben zu tun mit Gedankenlosigkeit, fehlender Vertrautheit mit der Liturgie und nicht selten auch mit einem Mangel an kulturellem Niveau. Das ist nicht dem Programm der Liturgiereform anzulasten, wenngleich sich diese Dinge oft im Zuge ihrer Durchführung entwickelten. Mir scheint, dass – abgesehen von persönlichen Unzulänglichkeiten, mit denen immer zu rechnen ist – die Ursache solcher defizitärer Entwicklungen in einer nicht ausreichenden Vermittlung der Reformziele und -maßnahmen und noch mehr im völligen Ausfall einer angeleiteten Reflexion des liturgischen Handelns in der Praxis gelegen hat.

In diesem Zusammenhang ist auch zu fragen, welche der liturgischen Konzilsanliegen – und hier beziehe ich mich vorwiegend auf die Diözesen und Pfarreien im deutschen Sprachgebiet – nicht oder nur unzureichend umgesetzt wurden und weiterhin der Verwirklichung harren. Ich möchte, in der Reihenfolge der Artikel der Liturgiekonstitution, dies stichpunktartig vornehmen; auf ausgewählte Aspekte wird später nochmals eingegangen.

- Zu wenig wurde die Liturgie in ihrem theologischen Fundament erfasst und vertieft. In den Diskussionen und Publikationen um die Liturgiereform spielen die für das Konzil zentralen liturgietheologischen Fragen aufs Gesamt gesehen eine zu geringe Rolle; sie dürften sich bei manchen liturgischen Verantwortungsträgern kaum festgesetzt haben und zu leitenden Kriterien für das eigene Handeln geworden sein.
- Zu wenig ist in der bisherigen Konzilsrezeption daran gearbeitet worden, dass die Liturgie zur geistlichen Lebensmitte der Menschen wird.
- Gut rezipiert wurde im Allgemeinen die Beachtung des lehrhaften Charakters der Liturgie. Doch wurde sie im selben Atemzug häufig zu einer verlängerten Form der Katechese. Der nötige Dialog zwischen Katecheten und Liturgen krankt. Die Praxis zeitigt oft eine einseitige Verkatechetisierung der Liturgie ohne Rücksicht auf die Erfordernisse, die sich aus ihrem Selbstverständnis und ihrem Feiercharakter ergeben. Das Problem begegnet besonders in Gottesdiensten mit jungen Menschen, aber auch in anderen Zusammenhängen.
- Die innere Verzahnung der kirchlichen Grundfunktionen Diakonie,

Verkündigung und Liturgie, unter denen die Liturgie in konziliarer Diktion der Höhepunkt (vgl. SC 10) ist, ist nach wie vor zu wenig organisch. Das zeigt in markanter Weise das Allgemeine Gebet, die Fürbitten, die oft von einer kaum zu überbietenden Lebensferne geprägt sind.

- Liturgische Bildung (vgl. SC 14–19. 29) wird immer wieder gefordert und findet auch statt, aber in der Regel ist sie zu wenig koordiniert, sind die Zielsetzungen zu unklar und wird zu stark auf die Vermittlung von „Rezepten" für die Gottesdienstvorbereitung hingearbeitet. Dazu kommt, dass wichtige Aufgaben wie zum Beispiel die mystagogische Predigt über die Liturgie selbst, über ihre Texte und Gesänge, Strukturen und Riten, wie das Konzil sie gefordert hatte (vgl. SC 35. 52), fast völlig ausfallen. Außerdem wird im Allgemeinen zu wenig investiert, um die Liturgie selbst durch ihre überzeugende Feier zur erstrangigen Form liturgischer Bildung werden zu lassen. Die liturgischen Dienste sind mitunter schlecht auf ihre Tätigkeit vorbereitet; oft erfahren sie keine Begleitung.
- Statt die Andachten, denen das Konzil in SC 13 durchaus Bedeutung beimisst, weiterzuentwickeln, sind sie bedauerlicherweise weithin verschwunden.[52]
- Die tätige Teilnahme als leitendes Kriterium der Liturgiereform (SC 14 u. ö.) ist insgesamt erfreulich umgesetzt worden. Dass die Konzilsväter komplementär zur äußeren auch die innere Teilnahme aller Gläubigen wünschen, ist dabei gelegentlich ins Hintertreffen geraten. Es dürfte Einigkeit darüber bestehen, dass Teilnahme nicht mit Aktionismus zu verwechseln ist, wie es Kritiker der Liturgiereform vorwerfen. Ein neues Problem bezüglich der Teilnahme stellt die wachsende Entfremdung mancher nur partiell oder selten an der Liturgie Teilnehmenden dar. Sie verbindet sich nicht nur bei Trauungen und Begräbnissen oder an Weihnachten, sondern beispielsweise auch in Familien- und Kindergottesdiensten mit einer ausgeprägten Konsumhaltung bei Gläubigen, die nicht zum Kern der Gemeinde gehören; das erschwert eine wirklich gemeinschaftliche Feier sehr.
- Ein spezifisches Problem des deutschen Sprachgebietes ist, dass die Verkündigung der Schriftlesungen nicht in der intendierten Vollständigkeit geschieht, „auf dass den Gläubigen der Tisch des Gotteswortes reicher bereitet werde", wie das Konzil sagt (SC 51; vgl. SC 24. 35).

52 Vgl. dazu unten im Abschnitt 4.3.3.

Die vorherrschende Praxis, in der Eucharistiefeier an Sonntagen und Feiertagen nur zwei statt drei Lesungen zu verkünden, verfehlt ein wichtiges Anliegen des Konzils und bricht überdies die innere Struktur der Leseordnung auseinander. Die pastoralen Argumente, die zur Rechtfertigung dieser reduzierten Schriftlesung vorgebracht werden, sind ernsthaft zu überdenken.[53]

- Das Konzil hatte die Revision aller liturgischen Bücher angeordnet (vgl. SC 25) und dabei angenommen, dass sie selbstverständlich von allen dazu Verpflichteten gebraucht werden. In dieser Hinsicht haben sich bei manchen Seelsorgern meist aus pastoralen Motiven andere Vorgehensweisen entwickelt, die nicht immer mit den Konzilsweisungen vereinbar sein dürften.[54]
- Im deutschen Sprachgebiet oft wenig gelungen ist die Einführung und Pflege des Psalmengesangs in der Eucharistiefeier (vgl. SC 30), besonders als Verkündigungselement nach der ersten Lesung. Angesichts der defizitären Entwicklung der Tagzeitenliturgie hat sich auch durch diese Gottesdienstform der Psalmengesang kaum einbürgern können, was ein Verlust für die Verkündigung, das gemeinschaftliche und private Gebet und allgemein für das geistliche Leben ist.
- Mitunter wird in der Praxis zu wenig sensibel mit einem sachgerechten Vollzug der reichen liturgischen Symbolik umgegangen, die die nachkonziliare Liturgie in sich birgt (vgl. SC 33).
- Das Allgemeine Gebet (Fürbitten), eines der wichtigsten Elemente heutiger Liturgie (vgl. SC 53), bedarf vielfach einer besseren Pflege, was die Beachtung seiner Funktion, die angemessene Auswahl der Intentionen und die adäquate sprachliche Gestalt betrifft.
- Die Kommunion aus derselben Eucharistiefeier und somit die Vermeidung der Tabernakelkommunion als Regelfall (vgl. SC 55) ist fast gar nicht verwirklicht worden. Viele Verantwortliche haben keinerlei Sensibilität für diese Problematik entwickelt. Die Kommunion unter beiden Gestalten, vom Konzil vorsichtig für Einzelfälle eröffnet (SC 55), gemäß der Editio typica tertia des Missale Romanum (2002) im Prinzip regelmäßig möglich, ist noch wenig verbreitet. Eine gute Kommunionpraxis ist sowohl eucharistietheologisch als auch ökumenisch von großer Bedeutung.

53 Das Katholische Gesangbuch für die deutschsprachige Schweiz (1998) geht in seiner Beschreibung der Messe selbstverständlich von drei Lesungen an Sonntagen und Feiertagen aus (Nr. 31). Die Wirklichkeit ist freilich auch dort überwiegend anders.

54 Dazu unten die Abschnitte 4.2.1. und 4.2.2.

- Die Konzelebration wurde im Allgemeinen gut aufgenommen (SC 57–58). Im Blick auf bestimmte Situationen, besonders die Versammlung großer Priestergruppen, ist aber theologisch und gestalterisch erneut darüber zu reflektieren.
- Die Einführung des Katechumenats (SC 64) ist nur teilweise gelungen. Der missionarische Charakter von Kirche, den das Konzil so betonte und dessen Akzentuierung in der heutigen Situation äußerst hilfreich sein könnte, ist in diesem Zusammenhang weiterzuentwickeln.
- Das Stundengebet oder besser die Tagzeitenliturgie hat sich bei manchen Priestern und Diakonen nicht als die regelmäßige Gebetsform herausgebildet, aus der sie zu einem bedeutenden Teil ihr geistliches Leben nähren (vgl. SC 85. 87). Fast gar nicht gelungen ist es, Pastoralassistenten und -assistentinnen mit in die Tagzeitenliturgie einzubinden, wie es ihrem geistlichen Dienst in der Kirche entsprechen würde. Wo dies geschieht, geht es in der Regel auf die private Initiative der Betreffenden zurück.
- Ebenfalls kaum rezipiert wurde, dass die Tagzeitenliturgie öffentlicher Gottesdienst der Gemeinde ist, und zwar möglichst täglich, wenigstens aber an Sonntagen (vgl. SC 90. 99. 100).
- Zwar wurde das liturgische Jahr klar vom Pascha-Mysterium her neu konzipiert und auch die Osterfeier als die zentrale liturgische Zeiteinheit gut bewusst gemacht (vgl. SC 102), doch sind neue pastorale Aktionen und Motive aufgekommen, die dieses liturgietheologische Konzept in unguter Weise zurückdrängen. Fragwürdig ist allerdings ebenso die von höchster kirchlicher Stelle veranlasste Einführung des „Sonntags der Barmherzigkeit Gottes“ am 2. Sonntag der Osterzeit.[55]
- Von dieser mitunter liturgiefremden Neuakzentuierung besonders betroffen ist durch die Fastenaktionen der kirchlichen Werke die österliche Bußzeit. Ihr primärer Charakter der Vorbereitung auf die Osterfeier einschließlich Buße und Taufvorbereitung (vgl. SC 109–110) muss hier und da wiedergewonnen werden.
- Der Sonntag als primärer Versammlungstag der Christen, als wöchentliche Feier des Pascha-Mysteriums (vgl. SC 106) ist durch gesellschaftliche Wandlungen in Bedrängnis geraten. Aber auch pastorale Initiativen und kirchliche Arbeitsstellen selbst stellen mit den „Themensonntagen“ eine wichtige Errungenschaft des Konzils in Frage.

55 Auf persönliche Weisung des Papstes mit Dekret vom 5. 5. 2000 geschehen. Vgl. ALw 45. 2003, 86f.

- Die Gesangsformen und der Gebrauch von Instrumenten in der Liturgie werden regional und diözesan unterschiedlich stark gepflegt (vgl. SC 114. 116. 118. 120). Die vom Konzil eröffneten Möglichkeiten werden nicht überall in der wünschenswerten Form ausgeschöpft.
- Schließlich ist ein neuer Dialog zwischen Liturgie und Kunst (vgl. SC 122–129) ein offenes Desiderat. Diese Aufgabe wird nur in Einzelfällen, meist von künstlerisch interessierten und engagierten Pfarrern oder Gemeindemitgliedern, gesehen. Insgesamt ist die Kirche und sind die Pfarreien für das Kunstschaffen der Gegenwart keine führenden Partner mehr.

Diese kursorische Durchsicht der Liturgiekonstitution zeigt, wie sehr die umfassende Rezeption des Konzils auch nach 40 Jahren eine Anforderung für Gemeinden und Kommunitäten und für all jene bleibt, die in ihnen für den Gottesdienst Verantwortung tragen.

3. Die Rufe nach einer „Reform der Reform"

Schon während des Konzils und in der ersten Nachkonzilsphase entbrannten Diskussionen etwa über die schrittweise Aufgabe des Lateins als liturgischer Sprache und der damit gegebenen kulturellen Welt. Es entstanden Enttäuschungen über die vom Konzil angewiesene „edle Schönheit" und Schlichtheit (vgl. SC 124) der liturgischen Formen und Elemente, wovon alle Bereiche des Gottesdienstes berührt wurden, wobei gelegentlich aber auch vor Ort in einer Art von Bildersturm überzogen wurde. Hinter vielen Entscheidungen wurde ein Verrat an der Tradition gesehen. Die Neuheit schuf Verunsicherungen und brachte für manche Menschen einen Verlust ihrer geistigen und geistlichen Heimat mit sich. Beklagt wurde im Zuge der Strömungen eines neuen Rationalismus der späten 60er und 70er Jahre das Schwinden des „sakralen Charakters" der Liturgie, was immer man auch darunter verstehen mag. Allerdings wurde die Liturgie vielfach auch nur zum „Schlachtfeld" um Akzeptanz oder Ablehnung des Konzils, von dessen Ekklesiologie und anderen bedeutenden Themen.

Der Ruf nach einer „Reform der Reform" in dem Sinne, dass man zur vorkonziliaren Liturgiegestalt zurückkehren solle, wurde überwiegend von kirchlichen Randgruppen, die sich als Dauerkritiker der Liturgiereform profilierten, erhoben; im Allgemeinen wurde dem wenig Beachtung geschenkt. Meistens ging es auch nur um die Gestalt der Eucharistiefeier, nicht um die Liturgie in ihrer ganzen Vielfalt.

Geradezu zu einer „Mobilmachung" mit einer Anzeigenkampagne in internationalen Tageszeitungen führten Mitte der 90er Jahre die von den Bischöfen des deutschen Sprachgebietes in Auftrag gegebenen und zwischenzeitlich gutgeheißenen Revisionsarbeiten am deutschen Messbuch.[56] Bestimmte Kreise befürchteten einen völligen Bruch mit der liturgischen Tradition der Kirche und ihrer Glaubensüberlieferung. Viele Vorwürfe gingen von verzerrten Darstellungen des Projekts aus, waren unsachlich und polemisch.[57]

Nachdem sich Kardinal Ratzinger in der Vergangenheit häufiger kritisch zur Liturgiereform und zur liturgischen Situation der Kirche geäußert hat, ist sein Werk „Der Geist der Liturgie" (2000) zum Exponenten dieser Kritik avanciert.[58] Natürlich stimmen viele darin niedergelegte Beobachtungen über Defizite in der Liturgie der Gegenwart; es ist unbestrittten, dass Verbesserungen anzustreben sind. Es ist aber auch festzuhalten, dass die nachkonziliare Liturgie nicht mit Fehlformen des liturgischen Handelns identifiziert werden darf. Ebenso wenig ist es berechtigt, deshalb die Liturgiekonstitution und damit das Konzil in seinen Aussagen zur Liturgie fast völlig zu negieren oder – teils direkt, teils indirekt – bestimmte Defizite in der nachkonziliaren Erneuerung, die in der Regel

---

56 Vgl. den Zwischenbericht: Studien und Entwürfe zur Messfeier. Hg. von Eduard NAGEL u. a. Freiburg/Br. 1995 (Texte der Studienkommission für die Messliturgie und das Messbuch der Internationalen Arbeitsgemeinschaft der Liturgischen Kommissionen im deutschen Sprachgebiet 1). Zahlreiche Beiträge der Festschrift für Hans Bernhard Meyer stehen ebenfalls in Verbindung mit dieser Studienkommission: Bewahren und Erneuern. Studien zur Messliturgie. Hg. von Reinhard MESSNER/Eduard NAGEL/Rudolf PACIK. Innsbruck 1995 (ITS 42). Darüber hinaus legten zahlreiche Mitglieder der Studienkommission in Fachzeitschriften Studien und Berichte über die Grundlagen und Entwicklungen der Arbeit vor.

57 Ein österreichischer Priesterkreis beteiligte sich ebenfalls daran: Die heilige Liturgie. Referate der „Internationalen Theologischen Sommerakademie 1997" des Linzer Priesterkreises in Aigen/M. Hg. von Franz BREID. Steyr 1997.

58 Vgl. Joseph RATZINGER, Der Geist der Liturgie. Eine Einführung. Freiburg/Br. 2000, seitdem mehrere Neuauflagen und Übersetzungen. Kritisch dazu: Albert GERHARDS, in: HerKorr 54. 2000, 263–268; Klemens RICHTER, in: ThRv 96. 2000, 324–326; Pierre-Marie GY, L'Esprit de la liturgie du Cardinal Ratzinger est-il fidèle au Concile ou en réaction contre?, in: MD 229. 2002, 171–178, auch deutsch erschienen: Ist „Der Geist der Liturgie" Kardinal Ratzingers dem Konzil treu?, in: LJ 52. 2002, 59–65. Replik von J. RATZINGER: L'Esprit de la liturgie ou la fidélité au Concile. Réponse au père Gy, in: MD 230. 2002, 114–120, mit einer zu beachtenden redaktionellen Vorbemerkung 113f, deutsch: „Der Geist der Liturgie" oder: Die Treue zum Konzil. Antwort an Pater Gy, in: LJ 52. 2002, 111–115. Ferner: Arno SCHILSON, Der Geist der Liturgie – von Guardini bis Ratzinger, in: Gottes Volk feiert ... (s. Anm. 12), 92–117, bes. ab 109. Die ausführlichste Auseinandersetzung mit dem Werk führte A. HÄUSSLING, Der Geist der Liturgie (s. Anm. 21).

nicht monokausal sind, dem Konzil selbst und seinem Programm anzulasten. Auch verbirgt sich hinter vielen Aussagen die Theorie eines Kulturverfalls; Liturgiekritik gerät zur Kulturkritik mit der Konsequenz einer Distanzierung der Kirche von dieser Kultur, was sich gerade im Bereich der Liturgie im Rückgriff auf altüberlieferte Ausdrucksformen und Aussagen auswirkt.

Einen anders gearteten, in der Öffentlichkeit ebenfalls viel beachteten Ruf nach einer Abkehr von der Liturgiereform hat jüngst der Literat Martin Mosebach mit seinem Buch „Häresie der Formlosigkeit“ vorgetragen.[59] Selbst wenn dieses Buch aufmerken lässt, sind die darin geforderten Konsequenzen einfach falsch. Der Weg kann nicht zu einer tridentinischen Messgestalt zurückführen. Auch wird eine Welt herbeibeschworen, die so nie existiert hat, weil eine bestimmte liturgische Form immer in ihrem zeitgenössischen Kontext zu sehen ist. Manche Aussagen Mosebachs, gerade zur Geschichte, stimmen nicht oder sind so einseitig, dass sie der Korrektheit entbehren.

Was das Konzil anerkannte, nämlich die Geschichtlichkeit der Liturgie, wird von vielen Interessierten, die eine Reform der Liturgiereform fordern, unzulässigerweise ausgeblendet. Schon gar nicht sind diese Forderungen adäquate Antworten auf die veränderte Situation der Kirche in der Gesellschaft, auf aktuelle Zeitströmungen wie die fortschreitende Säkularisierung, Pluralisierung und Individualisierung der Lebensräume und so weiter, mit denen sich die Kirche um des Evangeliums willen auseinander setzen muss. Die Einheit und Interdependenz des gesamten kirchlichen Wirkens fordert zwangsläufig Konsequenzen für die Liturgie angesichts solcher gesellschaftlicher Entwicklungen.

Die Kritiken an der bestehenden Liturgie, aus unterschiedlicher Feder und mit unterschiedlicher Kompetenz vorgetragen, sind durchaus ernst zu nehmende Appelle zu einer Qualitätsverbesserung des landläufigen gottesdienstlichen Lebens. Eine Lösung der Gegenwartsprobleme bietet der Rückgriff auf alte Formen freilich nicht.

---

59 Vgl. Martin MOSEBACH, Häresie der Formlosigkeit. Die römische Liturgie und ihr Feind. Wien u. a. 2002, inzwischen in 3., erw. Aufl. 2003. Auch hierzu gibt es von kompetenter Seite kritische Auseinandersetzungen, zuletzt in: Konturen. Rothenfelser Burgbrief 02/2003 mit Beiträgen von Joachim HAKE, Thomas STERNBERG, Gunda BRÜSKE, Alex STOCK, Marianne REGNIER, Benedikt KRANEMANN und Corona BAMBERG. In den beiden letzten Nummern von HerKorr 57. 2003 wurde eine diesbezügliche Kontroverse zwischen Andreas Odenthal und Martin Mosebach publiziert.

4. Die Zukunft der Liturgiereform des Zweiten Vatikanischen Konzils

4.1. Die konziliare Liturgiereform: ein abgeschlossenes Unternehmen?

Wie lässt sich 40 Jahre nach „Sacrosanctum Concilium" die Zukunft der Liturgiereform beschreiben? Können wir überhaupt noch von der Zukunft der Liturgiereform sprechen? Ist diese nach vier Jahrzehnten nicht längst beendet?

Papst Johannes Paul II. äußerte sich in seinem Apostolischen Schreiben zum 25. Jahrestag der Liturgiekonstitution 1988 folgendermaßen dazu: „Wenn auch die Liturgiereform, die das II. Vatikanische Konzil beschlossen hat, nunmehr als verwirklicht angesehen werden kann, verlangt die Liturgiepastoral jedoch ein ständiges Bemühen, um aus dem Reichtum der Liturgie immer voller jene Lebenskraft zu schöpfen, die von Christus auf die Glieder seines Leibes überströmt, der die Kirche ist."[60] Die Rede ist hier von der erreichten Verwirklichung der Liturgiereform, während die Erschließung der Liturgie – wir könnten auch den alten und wieder modern gewordenen Begriff der Mystagogie einsetzen – bleibende Aufgabe sei. Und wenige Abschnitte weiter heißt es, man könne „nicht fortfahren, von Veränderung zu sprechen wie zur Zeit der Veröffentlichung" der Liturgiekonstitution, sondern müsse „auf eine immer intensivere Vertiefung der Liturgie der Kirche hinweisen, die nach den heutigen Büchern gefeiert und vor allem als ein geistliches Geschehen gelebt wird." (Nr. 14)[61] Welches Konzept von Reform verbirgt sich dahinter?

Offenbar versteht Papst Johannes Paul II. die Liturgiereform vor allem als einen Prozess der Veränderung durch die Erneuerung der liturgischen Bücher. Unter dieser Rücksicht wird man weitgehend zustimmen können, denn 1988 war die vom Konzil angeordnete Revision fast aller lateinischen Ausgaben fertig gestellt. Seitdem sind nur noch das Hochgebet für

60 Vgl. Johannes Paul II., Apostolisches Schreiben „Vicesimus quintus annus", Nr. 10, zitiert nach DEL 3, 6272. Allerdings steht Nr. 14 desselben Dokuments dazu im Widerspruch, wenn in Bezug auf die „Zukunft der Erneuerung" gesagt wird, dass die Verwirklichung der Liturgiereform noch aussteht: „Die in diesem Dokument dargelegten Prinzipien sind auch für die Zukunft der Liturgie richtungsweisend, auf dass die Liturgiereform immer mehr verstanden und verwirklicht wird." Der folgende Absatz hebt dann diese Aussage gleichsam wieder auf.

61 DEL 3, 6276.

Messen für besondere Anliegen (1991), der Exorzismus als Bestandteil des Rituale Romanum (1999) und das Martyrologium Romanum (2001) erschienen. Von einigen liturgischen Büchern kamen allerdings seit 1988 zum Teil erheblich veränderte Zweitauflagen heraus (z. B. De ordinatione, 1990; Ordo celebrandi matrimonium, 1991). Zuletzt weist die überarbeitete Fassung der „Institutio generalis" des Römischen Messbuchs (2000) weiter reichende Veränderungen und Ergänzungen auf, die dem Dokument in mancher Hinsicht einen neuen Charakter geben. Die Editio typica tertia des Missale Romanum (2002) schließlich beinhaltet zwar abgesehen von der „Institutio generalis" keine allzu gravierenden substantiellen Neuerungen, verkörpert aber mit ihrer äußeren Gestalt einen neuen Anspruch lateinischer liturgischer Bücher.

Forschungen über das Phänomen „Liturgiereform" quer durch die Geschichte haben gezeigt, dass es etwa zwei Generationen dauert, bis dass die wesentlichen Ziele einer Liturgiereform verwirklicht sind. Die liturgischen Bücher und die ihnen korrespondierende Rechtsprechung lassen sich meistens relativ schnell und angesichts des Neuheitseffekts, den eine Reform zu Beginn hat, auch mit großem Eifer revidieren. Bis dass aber eine Reform nach ihrer inhaltlichen Seite allgemein verstanden und umgesetzt ist, braucht es viele Jahrzehnte.[62] Insofern war es 1988 sicher zu früh, von der erreichten Verwirklichung der Liturgiereform des Zweiten Vatikanischen Konzils zu sprechen. Und auch heute trifft diese Feststellung noch nicht zu. Denn abgesehen vom längst eingeführten Gebrauch der nachkonziliaren liturgischen Bücher: Stehen wir nicht noch mitten im Prozess der Umsetzung der Konzilsbeschlüsse? Die Liturgie heute bedarf intensiver Bemühungen um Vertiefung, um eine neue Verankerung im Bewusstsein, in Glaubenssinn und Glaubenspraxis. Im Blick auf die in SC 1 formulierten übergeordneten Ziele der Liturgiereform ist die inhaltliche Vertiefung aber nicht ein getrennter Vorgang, sondern selbst Bestandteil der konziliaren Erneuerung des Gottesdienstes.

Diese Erkenntnis scheint mir gerade angesichts neuerer Entwicklungen von erheblicher Bedeutung: Wenn die Kirche sich noch im selben Reformvorgang befindet, bleiben die Grundlagen und Kriterien des Konzils zur Erneuerung der Liturgie gültig. Natürlich übersteigen die Entwicklungen der letzten vier Jahrzehnte in Kirche, Theologie, Kultur und Gesellschaft die für das Konzil erkennbaren Perspektiven, werfen per-

62 Vgl. Pierre-Marie GY, Les réformes liturgiques et la sociologie historique de la liturgie, in: Liturgiereformen (s. Anm. 6/, 262–271; Martin KLÖCKENER/Benedikt KRANEMANN, Liturgiereform (s. Anm. 32), bes. 1099f.

manent Fragen auf und verlangen neue Antworten. Aber das ändert nichts daran, dass die Prinzipien der Liturgiekonstitution in Kraft bleiben; sie können nicht einfachhin durch andere kirchliche Vorgaben ersetzt werden. Liturgiereform als geistlicher Prozess harrt heute der Fortführung und Vollendung, soweit es letztere überhaupt je geben kann.

4.2. Liturgie in bleibender Bewegung?

Mit dieser Titelfrage ist die in die Mitte des liturgischen Lebens treffende Spannung angesprochen, der das liturgische Handeln heute und in Zukunft weitaus stärker als in der Vergangenheit ausgesetzt ist. Es geht um die Auseinandersetzung um den konziliaren Auftrag, das kirchliche und liturgische Leben an die Notwendigkeiten der Zeit anzupassen (vgl. SC 1. 21). Worin besteht diese Spannung genauer?

4.2.1. Konsolidierung der Liturgie und situationsbedingte Anpassungen

Auf der einen Seite braucht die Liturgie eine Konsolidierung der Feiergestalt auf der Basis der revidierten liturgischen Ordnungen. Allzu tief greifende Änderungen von Woche zu Woche oder Jahr zu Jahr sind kein Weg, um das liturgische Verstehen und den Mitvollzug aller Gläubigen zu erreichen. Dasselbe gilt für mancherorts zu beobachtende liturgische Ordnungen ad personam. Abgesehen von ekklesiologischen Fragen, die eine solche Praxis aufwirft, und völlig zu schweigen von liturgierechtlichen Aspekten entsteht dadurch eine zu große Dominanz des Vorstehers und eine Abhängigkeit der Gemeinde von ihm. Die recht verstandene tätige, bewusste und volle Teilnahme aller an der Liturgie verlangt zumindest in den Grundstrukturen Stabilität.[63] Manchen liturgischen „Praktikern" ist das in den letzten Jahren von ganz anderer Seite vor Augen geführt worden, nämlich durch das boomende Interesse an Ritualen als Lebenshilfe. Bei aller Notwendigkeit an Konsolidierung stellt sich aber doch die Frage, ob man zukünftig über einen längeren Zeitraum hinweg einfach auf Veränderungen – und ich verstehe darunter nicht beliebige aus der Situation herauswachsende Variationen, sondern wirkliche Fortschreibungen – verzichten kann.

---

63 Vgl. M. Klöckener, Freiheit und Ordnung (s. Anm. 45), 392–394.

Die Position des Apostolischen Stuhls dazu scheint derzeit eindeutig: Liturgiereform darf nicht zu einem permanenten Vorgang in der Kirche werden; vielmehr ist nun bei dem nach dem Konzil Erreichten zu verbleiben und ist dieses in Theorie und Feierpraxis zu vertiefen. Vor diesem Hintergrund ist es allerdings bemerkenswert, dass der Apostolische Stuhl selbst in den drei genannten Fällen der liturgischen Ordnungen für die Weihen und für die Trauung sowie beim Messbuch eine echte Notwendigkeit abermaliger Veränderungen sah.[64] Bleiben die Fortschreibungen bei Weihen und Trauung auf der Linie der konziliaren Reform, so wurden beim Messbuch neue Kriterien wirksam, die nicht immer ohne weiteres mit der ersten Phase der Konzilsumsetzung in Einklang sind.

Wenn es um diese Spannung zwischen Freiheit und Bindung, Fortschreibung und Konsolidierung geht, ist zu bedenken, dass die liturgischen Bücher zwar die Primärquellen des gottesdienstlichen Handelns sind, dass sie aber nicht die Liturgie an sich darstellen. Liturgie ist mehr als Text. Liturgisches Handeln – das erfahren gerade jene, die in der Pastoral tätig sind – wird durch zahlreiche Faktoren mitgeprägt, die nicht in einem Buch zu fassen sind. Das, was darin als Norm angegeben ist, muss erst in die liturgische Feier umgesetzt werden, und zwar unter Berücksichtigung der Feiergemeinde und ihrer Dienste, der Tage, Zeiten und Feste, des liturgischen Raumes, des kulturellen und gesellschaftlichen Umfeldes und so weiter.[65] Dabei sind – mit der nötigen fachlichen und menschlichen Kompetenz – die vielen bestehenden Möglichkeiten legitimer Anpassung sachgerecht und menschengerecht auszuschöpfen.

Es gibt freilich auch Situationen, in denen die gebotenen Möglichkeiten nicht ausreichen. Ein Beispiel dafür stellt die Studienausgabe für die Begräbnisfeier in der Erzdiözese Wien dar, die 1999 gewissermaßen als eine Form von Selbsthilfe geschaffen wurde[66], weil das amtliche liturgi-

64 S. oben Abschnitt 4.1.

65 Vgl. dazu etwa – neben vielen anderen – Albert GERHARDS, Liturgie feiern mit Menschen von heute. Perspektiven der Liturgieerneuerung im deutschen Sprachgebiet, in: IIID 49. 1995, 217–226.

66 Vgl. Studienausgabe für die Begräbnisfeier in der Erzdiözese Wien mit besonderer Berücksichtigung der Gegebenheiten in der Großstadt veröffentlicht. Hg. von der Erzdiözese Wien. Wien (Pastoralamt) 1999; vgl. die, weil dem Anspruch an nachkonziliare Bücher in einigen Punkten widersprechend und liturgierechtliche Fragen aufwerfend, teilweise kritische Rezension von Franz Karl PRASSL/Martin KLÖCKENER, in: ALw 42. 2000, 110–112. Der Inhalt des Buches ist im Wesentlichen wieder eingegangen in: Karl WAGNER, Die Feier der Beerdigung. Studienausgabe für die Begräbnisfeier mit besonderer Berücksichtigung der Gegebenheiten in der Großstadt. Freiburg/Br. 2001.

sche Buch „Die kirchliche Begräbnisfeier"[67] für das deutsche Sprachgebiet offenbar nicht mehr den tatsächlichen Anforderungen genügte. Unbeschadet des Inhalts ist freilich zu konstatieren, dass die Wiener Studienausgabe mit ihrem Anspruch, an die Stelle der authentischen liturgischen Ausgabe zu treten, sich gegen das liturgische Recht der Kirche stellt. In konkreten Situationen pastoralliturgischen Handelns entstehen oft weitere Notwendigkeiten von Anpassungen, die selbständige Entscheidungen brauchen. Das ist ein normaler Vorgang; denn weder ein universalkirchliches liturgisches Buch noch eine Ausgabe für das gesamte deutsche Sprachgebiet kann und braucht alle denkbaren Varianten und Erfordernisse vorherzusehen. Für solche Fällen reicht es, Grundlinien aufzuweisen, an denen sich der Einzelne orientieren kann.

Solch liturgisches Handeln stellt aber hohe Anforderungen an alle Beteiligten. Das betrifft sowohl den Vorsteherdienst und andere besondere Dienste als auch die mitfeiernde Gemeinde. Was dies bedeutet, sei knapp am Beispiel des Vorstehers skizziert: Von ihm sind eine kompetente Beherrschung dieses Dienstes durch Kenntnis der Liturgie, ihrer Grundlagen und Gesetzmäßigkeiten genauso wie kommunikative Fähigkeiten mit der Bereitschaft zur Integration und der Pflege freier mündlicher Ausdrucksweisen verlangt, die Fähigkeit, Inhalte und Bedeutung der Feier zu vermitteln, sowie eine vertiefte Spiritualität der Leitung.[68] Hier eröffnet sich für die Ausbildung, Weiterbildung und Begleitung der liturgisch und pastoral Verantwortlichen ein weites Aufgabenfeld. Ebenso zeigt sich darin, wie richtig die Konzilsväter die Erfordernisse der Reform einschätzten (vgl. SC 14–19), dass revidierte liturgische Bücher noch keinen erneuerten Gottesdienst der Kirche schaffen, sondern dass es dazu der Änderung der inneren Einstellungen und immer wieder der liturgischen Bildung bedarf.

4.2.2. Laufende Fortschreibung der liturgischen Bücher

Das Desiderat fortwährender Vertiefung des liturgischen Handelns schließt nicht aus, dass ein echter Bedarf an Veränderung erwächst und zum Teil jetzt schon wieder besteht. So weiß etwa die Generation der

---

67 Vgl. Die kirchliche Begräbnisfeier in den katholischen Bistümern des deutschen Sprachgebietes. Hg. im Auftrag der Bischofskonferenzen Deutschlands, Österreichs und der Schweiz und des Bischofs von Luxemburg. Einsiedeln u. a. 1973, letzter Nachdruck 2000.

68 Gut dargestellt sind die Anforderungen an den liturgischen Leitungsdienst (über den Priester hinaus) bei Heinrich RENNINGS, Der Priester als Vorsteher der Eucharistiefeier, in: DERS., Gottesdienst im Geist des Konzils (s. Anm. 41), 138–142.

heutigen Theologiestudierenden nur aus der Vorlesung oder aus der Literatur, dass wir es derzeit mit einer „erneuerten“ Liturgie zu tun haben; viele dieser Altersgruppe Zugehörige empfinden die Liturgie als sehr alt – und das nicht immer zu Unrecht. Wenn die „tätige Teilnahme der ganzen Gemeinde“ als Leitmotiv gottesdienstlichen Feierns gültig bleiben soll, können die liturgischen Bücher nicht unveränderliche „Codices“ sein, die auf viele Jahrzehnte oder sogar für noch längere Zeiträume festgeschrieben sind. Wie die Kirche als ganze und wie ihre Liturgie als eine Feier der Glaubenden in ihren sich wandelnden Lebensverhältnissen haben sie sich für neue Entwicklungen zu öffnen. Das meint nicht eine vorschnelle Anpassung an jeden „Zeitgeist“, verlangt aber das Aufgreifen und die Integration berechtigter Wandlungen in Spiritualität, Kultur und Mentalität. Mit dem Übergang zu einer muttersprachlichen Liturgie erhebt sich dieses Desiderat noch dringender als in der Zeit der lateinischen Liturgiesprache und einer stabilen und innerkirchlich kaum hinterfragten Autorität kirchlicher Vorgaben.[69]

Im deutschen Sprachgebiet kann man diesbezüglich auf eine nützliche Erfahrung zurückgreifen: In den letzten rund 150 Jahren wurden die volkssprachlichen Gesangbücher in Abständen von meistens 20 bis 30 Jahren überarbeitet.[70] Nur geringfügig längere Zeiträume lassen sich für bischöflich approbierte Diözesanritualien erheben.[71] Die Erfahrungen nach dem Konzil zeigen, dass man sich auf periodische Revisionen der liturgischen Bücher in solchen Abständen einstellen muss. Dabei ist nicht immer alles neu zu schaffen – das wäre im Blick auf die Einbindung in die Gesamtkirche, aus Treue zur Tradition und im Sinne der Kontinuität

---

69 Vgl. dazu ausführlich unsere Ausführungen in: Martin KLÖCKENER, Freiheit und Ordnung (s. Anm. 45), 412–419; DERS., Zeitgemäßes Beten. Messorationen als Zeugnisse einer sich wandelnden Kultur und Spiritualität, in: Bewahren und Erneuern (s. Anm. 56), 114–142, hier 138–142.

70 Vgl. Kurt KÜPPERS, Diözesan-Gesang- und Gebetbücher des deutschen Sprachgebietes im 19. und 20. Jahrhundert. Geschichte, Bibliographie. Münster 1987 (LQF 69). Nützlich, wenn auch nicht mit liturgiewissenschaftlichem Fragehorizont erarbeitet: Hermann SCHÜLING, Katalog einer Sammlung von Gesang- und Gebetbüchern. Gießen 1992 (Berichte u. Arbeiten aus der Universitätsbibliothek u. dem Universitätsarchiv Gießen 44).

71 Vgl. die Bibliographie von Manfred PROBST, die dies gut erkennen lässt: Bibliographie der katholischen Ritualiendrucke des deutschen Sprachbereichs. Diözesane und private Ausgaben. Münster 1993 (LQF 74); ergänzend: Martin KLÖCKENER, Die Ritualiensammlung in der Bibliothek des Deutschen Liturgischen Instituts. Anlässlich der Ritualienbibliographie von Manfred Probst, in: LJ 44. 1994, 33–61. Eine Untersuchung für die Schweizer Diözesen hat diese Periodizität von Reformen diözesaner liturgischer Bücher in der Neuzeit gut belegt: DERS., Die Reform der Schweizer katholischen diözesanen und interdiözesanen Ritualien im 20. Jahrhundert, in: Liturgie in Bewegung (s. Anm. 11), 222–255.

liturgischer Texte und Formen nicht zu rechtfertigen und vom Arbeitsaufwand her gar nicht zu leisten –, aber eine regelmäßige kritische Durchsicht nach einer Generation ist eine Aufgabe, um die die Kirche nicht umhinkommt. Abgesehen von einer enormen Beschleunigung der gegenwärtigen Gesellschaft selbst, auf die die Kirche Antwort zu geben hat, unterliegt eine Liturgie in den Volkssprachen einem schnelleren Wandel der Frömmigkeit und ihrer Formen, der Kulturen, in Sprache und Zeichenwelt. Niemand würde doch heute ein Gebetbuch aus dem 19. oder der ersten Hälfte des 20. Jahrhunderts zur maßgeblichen Quelle seiner Spiritualität und Frömmigkeit machen. Das Ziel der Instruktion „Liturgiam authenticam", eine neue sakrale Sprache in den Volkssprachen entstehen zu lassen[72], lässt in diesem Zusammenhang nicht nur eine fragwürdige Diskrepanz zu kulturellen Entwicklungen erkennen, sondern verfehlt auch wesentliche Anliegen des Zweiten Vatikanischen Konzils.

4.2.3. Wie mit der Spannung von liturgischer Freiheit und Ordnung in der Zukunft umgehen?

Ein Blick auf die gegenwärtige pastoralliturgische Situation zeigt freilich auch, dass – mit gewissen regionalen Unterschieden – in nicht wenigen Pfarreien trotz aller Bemühungen um die Liturgie und trotz der vielen Anpassungsmöglichkeiten die liturgischen Bücher in eine „Krise" geraten sind. Es gibt Gemeinden, in denen die kirchenamtlichen Ausgaben nicht die vorrangigen Grundlagen und Hilfsmittel für die liturgischen Feiern sind, sondern wo sie durch alternative Gottesdienstmodelle oder durch eigene Gestaltungsweisen von liturgischen Vorstehern und Mitarbeitern verdrängt werden. Man erhofft sich dadurch eine größere Zeitnähe des Gottesdienstes und eine bessere Verständlichkeit, sowohl bei den liturgischen Texten als auch in den rituellen Vollzügen. Auch bestehen in manchen Kreisen generelle Reserven gegen kirchliche Vorgaben, wie sie die liturgischen Bücher darstellen. Wenn in solchen Fällen Veränderung geschieht, so hat sie ihren Grund – positiv gewertet – meistens in einem „pastoralen" Interesse.[73] Doch hat dies auch seine Kehrseite.

Ohne bestreiten zu wollen, dass die aktuellen liturgischen Bücher Schwächen in sich bergen und teilweise dringend der Revision bedür-

---

72 Vgl. „Liturgiam authenticam" (s. Anm. 10), Nr. 27 und 47.

73 Vgl. zu dieser Problematik unsere Ausführungen in: Die liturgischen Bücher im deutschen Sprachgebiet (s. Anm. 32), 18–20; DERS., Freiheit und Ordnung (s. Anm. 45), 392–397.

fen[74], ist eine zu weitgehende Loslösung von ihnen in der Praxis kritisch zu beurteilen. Denn sie dienen ja nicht einfach der kirchlichen Stabsdisziplinierung und sind beliebig durch ähnliche Schriften zu ersetzen, vielmehr haben sie als autorisierte Hilfsmittel identitätsstiftende Wirkung. Sie sind eine notwendige Hilfe für den Vorsteher; sie sichern die Einbindung in den größeren kirchlichen Kontext und überschreiten damit den Blick allein auf die eigene Pfarrei oder Gemeinschaft. Sie stellen den für kirchliches Leben unerlässlichen Traditionszusammenhang her und gewährleisten theologische Ausgewogenheit der liturgischen Feiern, Texte und Riten und – auch das ein Punkt, den man nicht übersehen sollte – die Rechtgläubigkeit. Die Benutzung und Wiederholung der in ihnen grundgelegten Ordnung schafft bei den Gläubigen eine Vertrautheit, die deren Mündigkeit entspricht und für eine Vertiefung des Geschehens unentbehrlich ist. Sie drücken eine gewisse Objektivität aus, die die Liturgie der Kirche als Handeln einer orts- und zeitübergreifenden Gemeinschaft braucht, und verhindern einen unangemessenen Subjektivismus. Schließlich haben sie teilweise Zeichencharakter.[75]

Im Blick auf die in der Pastoral Tätigen besteht eine Aufgabe für die Zukunft darin, die vorgesehenen Auswahl- und Anpassungsmöglichkeiten besser auszuschöpfen. Diese schaffen ein großes Maß an Freiräumen zur sinnvollen Variation und Aktualisierung, weitaus mehr, als man es landläufig erlebt. Gespräche mit Seelsorgern und Mitarbeit in der liturgischen Weiterbildung belegen die Erfahrung, dass vielen liturgisch Verantwortlichen der Reichtum an legitimen Gestaltungsmöglichkeiten kaum bekannt ist.

Was die kirchlichen Autoritäten betrifft, so müssen sie das Faktum akzeptieren, dass Liturgie unter den gegebenen Bedingungen in Bewegung bleiben wird, und haben konstruktiv damit umzugehen. Den von manchen erhofften Zeitpunkt, an dem einmal alles endgültig geregelt ist, wird es nicht geben. Wir werden auf Erden nicht die himmlische Liturgie schaffen können (vgl. SC 8). Das aufrichtige innerkirchliche Gespräch, der so wichtige ehrliche Austausch zwischen Laien, Seelsorgern und Bischöfen ist eine der Schienen, auf denen die Erfordernisse der Liturgie in

74 Vgl. etwa die seit mehreren Jahren laufenden, von kirchenamtlicher Seite derzeit aber blockierten Projekte der im Jahre 2003 aus fragwürdigen Gründen aufgehobenen Internationalen Arbeitsgemeinschaft der Liturgischen Kommissionen im deutschen Sprachgebiet (IAG) zur Neuausgabe der Feier der Kindertaufe, der Feier der Buße und der Kirchlichen Begräbnisfeier.

75 Vgl. hierzu unsere beiden vorgenannten Publikationen, bes. Freiheit und Ordnung (s. Anm. 45), 407–411.

bewegter Zeit zu transportieren sind, will die Kirche dem Auftrag Jesu Christi treu bleiben. Ohne in eine permanente Neuerungssucht zu verfallen, brauchen wir doch die aus dem wachen Hören hervorwachsende Bereitschaft der zuständigen Autoritäten, in Verpflichtung zur Liturgiekonstitution des Zweiten Vatikanischen Konzils die Reform fortzuschreiben. Wir alle müssen erst noch lernen, dass Liturgiereform ein fortwährender Auftrag der Kirche ist. Es versteht sich von selbst, dass solche Entwicklungen nicht alle universalkirchlich geregelt werden können. So gilt es von neuem Ernst zu machen mit der konziliaren Ekklesiologie, die in den Teilkirchen eine vollgültige Verwirklichung von Kirche sieht.[76] Das schließt legitimerweise eine eigenständig geprägte Liturgie der Teilkirchen ein. Das hohe und nicht zur Disposition stehende Gut der Einheit der Kirche verlangt ja keineswegs eine strikte Einheitlichkeit in den liturgischen Feierformen und Elementen. Auch wenn dies derzeit nicht der kirchenamtlichen Sicht entspricht, muss die Liturgie der Zukunft der Mentalität, den Kulturen und dem Denken der einzelnen Länder, Regionen und Gemeinschaften Rechnung tragen und Texte, Gesänge, Zeichen und Handlungen integrieren, die den betreffenden Kulturen und geistlichen Traditionen der Völker entstammen.

4.3. Vertiefung des christlichen Lebens der Gläubigen durch die Liturgie und die Glaubensnot der Gegenwart

Konnte man Anfang der 60er Jahre des 20. Jahrhunderts im Abendland und im nordamerikanischen Raum davon ausgehen, dass die meisten Menschen in Verbindung mit der Kirche standen, ja zu einem großen Teil praktizierende Gläubige waren, so hat sich die Situation heute grundlegend verändert. Christlicher Glaube und christliche Lebenspraxis sind stark zurückgegangen. Die Zahl der Mitfeiernden der Sonntagsgottesdienste ist dafür nicht das einzige Kriterium, aber ein statistisch gut fassbarer Indikator. Religionssoziologische Untersuchungen konstatieren ein weiterhin vorhandenes Interesse an religiösen Fragen, doch entwickelt sich solche zeitgenössische Religiosität ohne kirchliche Bindung und wird zu einem offenen, inhaltlich wenig gefüllten Begriff. Dem Bemühen des Konzils um die Vertiefung des Lebens der Gläubigen stehen 40 Jah-

76 Vgl. dazu das Kirchenbild des Zweiten Vatikanischen Konzils, wie es in der Liturgiekonstitution grundgelegt ist, später in „Lumen gentium“ und „Christus Dominus“ entfaltet wird.

re später ein enormer Glaubensschwund und nicht selten eine tiefe Glaubensnot gegenüber. Die gesellschaftliche Akzeptanz christlich-religiösen Verhaltens kann nicht mehr ohne weiteres vorausgesetzt werden. Die Glaubensweitergabe von Generation zu Generation, ein unerlässlicher Faktor allen religiösen und liturgischen Lernens und Lebens, ist vielfach abgebrochen. Die verschiedenen Pfeiler, die noch vor ein bis zwei Generationen das christliche Leben fast selbstverständlich trugen und sich gegenseitig stützten, nämlich Familie, Schule und Kirche, bilden nicht mehr das Gerüst, auf dem religiöse Erziehung aufbauen kann. Nach wie vor bestehende Erwartungen an die Kirche und ihre Liturgie sind oft diffus, paaren sich mit der Scheu vor jeder Verbindlichkeit oder messen allen Einsatz am individuellen Nutzen.

Dieser Prozess neuzeitlicher Säkularisierung hat nicht erst mit dem Zweiten Vatikanischen Konzil oder mit den gesellschaftlichen Umbrüchen der 68er Jahre eingesetzt; seine Wurzeln reichen weiter zurück.[77] Dennoch waren und sind viele in der Kirche nicht darauf vorbereitet; permanent werden Fragen aufgeworfen, die verunsichern oder das eigene Handeln lähmen. Statt das christliche Leben mit Hilfe der Liturgie vertiefen zu helfen, wie es sich das Konzil vorstellt, sind jene, die heute für die Liturgie Verantwortung tragen und dies mit wachen Sinnen tun, mit der Frage nach dem christlichen Glauben an sich konfrontiert. Wie damit umgehen, ohne unterzugehen? Patentrezepte gibt es nicht; wir können nur Richtungen angeben und auf die Hilfe des Geistes Gottes hoffen.

4.3.1. Die glaubensstärkende Kraft der Liturgie

Das Konzil sprach in der Liturgiekonstitution treffend von der glaubensstärkenden Kraft der Liturgie selbst: „Daher wird nicht bloß beim Lesen dessen, ‚was zu unserer Belehrung geschrieben ist‘ (Röm 15,4), sondern auch wenn die Kirche betet, singt oder handelt, der Glaube der Teilnehmer genährt und ihr Herz zu Gott hin erweckt, auf dass sie ihm geistlichen Dienst leisten und seine Gnade reichlicher empfangen“ (SC 33). Diese der Liturgie innewohnende glaubensstärkende Kraft ist zu entfalten, und zwar:

- durch eine angemessene Verkündigung der Heiligen Schrift und ihre gehaltvolle Auslegung, die vom Wesentlichen des Glaubens spricht und sich nicht in schlichte Lebensrezepte verliert;

---

77 Vgl. etwa Urs ALTERMATT, Von der Volksreligion zur Massenreligiosität, in: Liturgie in Bewegung (s. Anm. 11), 33–51.

- durch die Pflege und Entwicklung der der Liturgie eigenen Symbolik, die auf ihre Weise Glaubensinhalte transportiert;
- durch den Gesang, der nicht zuletzt als Volksgesang im deutschen Sprachgebiet einen besonderen geistlichen Reichtum darstellt;
- durch eine Art der liturgischen Feier, die im besten Sinne die Herzen der Menschen erhebt, sie froh stimmt und gern wiederkommen lässt. Liturgie muss einladen, sie darf nicht abschrecken oder zur allsonntäglichen Prüfung der noch vorhandenen Kirchentreue werden, die nur hartgesottene oder naive Christen durchstehen.

4.3.2. Liturgie als „Forderung"

Das Pendant zur glaubensstärkenden Kraft ist, dass Liturgie auch fordern darf und fordern muss, ohne zu überfordern. Es ist kein Weg in die Zukunft, sich im liturgischen Handeln – wie oft zu beobachten – aus vermeintlicher Rücksicht auf den „kleinsten gemeinsamen Nenner" zu einigen. Das nimmt der Liturgie ihre Kraft und lässt sie manchmal geradezu fade werden. Ohne in den Verdacht des Elitären zu geraten, hat Liturgie Ansprüche an die Mitfeiernden zu stellen, ihnen selbst etwas zuzumuten – und nicht nur wiederzukäuen, was ohnehin jeder schon weiß.[78]

4.3.3. Vielfalt der Gottesdienstformen

Die Spannung zwischen Glaubensfeier und Ausdruck der Glaubensnot[79] verlangt die Vielfalt von Gottesdienstformen. Die erfreuliche Hochschätzung und Vorrangstellung der Eucharistiefeier der ganzen Gemeinde sei mit nichts in Frage gestellt. Aber ergänzend zu ihr sind gottesdienstliche Räume mit weniger anspruchsvollen Einstiegen zu bieten. Solche Differenzierung des liturgischen Feierns scheint in besonderer Weise geboten aus der Sensibilität für die unterschiedlichen Glaubens- und Lebenssituationen der Menschen heraus, auch für jene, die sich nur zögernd oder gar nicht zum christlichen Glauben und zur Kirche bekennen und doch den Kontakt zu ihr und ihrer Botschaft suchen. Die in der katholischen Kirche mancherorts fortbestehende „eucharistische Monokultur" und die ir-

---

78 In Bezug auf die liturgische Sprache hat dies gut dargelegt: Gunda BRÜSKE, Plädoyer für liturgische Sprachkompetenz. Thesen zur Sprachlichkeit der Liturgie, in: ALw 42. 2000, 317–343.

79 Huub Oosterhuis hat diese Spannung treffend in seinem Lied „Ich steh vor dir mit leeren Händen, Herr" aufgegriffen; vgl. Gotteslob 621; Katholisches Gesangbuch (Schweiz) 544.

rige Alternative „Eucharistiefeier versus verschlossener Kirche“ sind zu überwinden. Die Tatsache, dass das Volk Gottes an vielen Orten schon jetzt und in zunehmendem Maße keine tägliche Gebets- und Feierordnung mehr kennt, ist nicht zukunftsfähig. Wie können solche Feierformen aussehen?

Flächendeckende Tagzeitenliturgie

Ein vorrangiges Anliegen ist die flächendeckende Einführung einer gemeindegerechten Tagzeitenliturgie, die, zumindest für Kerngruppen, einen geistlichen Tagesrhythmus formen kann. Außerdem kann so in der sich verschärfenden Situation, dass kein Priester für alle Gottesdienstorte zur Verfügung steht, der tägliche Gottesdienst in Verantwortung der Laien aufrechterhalten werden.[80] Dabei ist in erster Linie an Vesper und Komplet zu denken. Vielfach werden, gerade zu Anfang, reduzierte Formen erforderlich sein, auch mit Beachtung ritueller Elemente (z. B. Luzernar etc.). Vereinfachte Formen, wie sie als „Frühschichten“ oder „Spätschichten“ vor allem aus Jugendkreisen bekannt sind, können auch für Menschen in schwierigeren Glaubenssituationen akzeptable Zugänge zum gemeinschaftlichen und dann hoffentlich wieder zum privaten Gebet schaffen. Diese Form des täglichen Gottesdienstes kann, wie positive Erfahrungen zeigen, für breitere Kreise eine Hilfe zum Beten und zur Teilnahme am gottesdienstlichen Leben der Gemeinde werden.[81] Die Verbindung anthropologisch-kosmischer Gegebenheiten mit liturgischer Feier, wie sie gerade den Hauptgebetszeiten am Morgen und Abend eigen ist, öffnen Wege, auf die sich viele Menschen ohne Furcht vor Vereinnahmung einlassen können.[82]

---

80 Vgl. das schon 20 Jahre alte Plädoyer für den täglichen Gemeindegottesdienst von Franz KOHLSCHEIN, Den täglichen Gottesdienst der Gemeinden retten. Plädoyer für die Tagzeitenliturgie in den Pfarrkirchen, in: LJ 34. 1984, 195–234.

81 Vgl. eines der gern zitierten, vorbildlichen Beispiele in Bad Tölz, dargestellt von Rupert BERGER, Eine Gemeinde betet das Abendlob, in: Lebendiges Stundengebet. Vertiefung und Hilfe (FS Lucas Brinkhoff). Hg. von Martin KLÖCKENER/Heinrich RENNINGS. Freiburg/Br. 1989 (Pastoralliturg. Reihe in Verb. mit der Zs. „Gottesdienst“) 495–505.

82 Gute und brauchbare Wege einer solchen Tagzeitenliturgie mit der Gemeinde beschreibt Paul RINGSEISEN, Morgen- und Abendlob mit der Gemeinde. Geistliche Erschließung, Erfahrungen und Modelle. Mit einem Beitrag von Martin KLÖCKENER. Neuausgabe. Freiburg/Br. u. a. 2002. Die geistlich tief gehenden und für die Liturgiepastoral wertvollen Ausführungen von P. RINGSEISEN wollen und können helfen, dieses Defizit zu überwinden. – Dazu ergänzend die Feierbücher: Morgenlob – Abendlob. Mit der Gemeinde feiern. Erarb. von Paul RINGSEISEN u. a. Bisher 2 von 3 geplanten Bänden. Planegg 2000, jeweils als Dienstebuch und Gemeindebuch. Bemerkenswert ist, dass im Zuge der Einführung des neuen Reformierten Gesangbuchs in der Deutschschweiz (1998) dieser Gottesdienstform auch in der evangelischen

Andachten

Eine weitere Aufgabe besteht darin, die klassischen „Andachten", denen gerade im deutschen Sprachgebiet große Bedeutung zukam, wiederaufzugreifen. Die meisten von ihnen sind – in der Regel im ersten nachkonziliaren Jahrzehnt – ersatzlos verschwunden, obwohl das nicht mit der Liturgiereform intendiert war. Eine theologische Bereinigung des Andachtswesens an sich wäre nicht weiter schlimm, wenn überlebte Frömmigkeitsformen durch neue ersetzt worden wären. Doch ist es meistens bei der Abschaffung geblieben und sind kaum vergleichbare Gottesdienstformen neu entstanden. So hat sich in verschiedenen Bereichen ein geistliches und emotionales Vakuum gebildet. Denn Andachten schufen niederschwelligere Angebote, die die Lebenswirklichkeit der Menschen und bestimmte Frömmigkeitsformen gut integrierten. Es empfiehlt sich, auf manches von den herkömmlichen Andachtsformen zurückzugreifen, eine vorgängige Revision theologischer Aussagen und sprachlicher Ausdrucksformen vorausgesetzt. Wenn man diese Aufgabe und Chance sieht, können Andachten als offenere Formen des Gottesdienstes, verbunden mit bestimmten geistlichen Orientierungen, eine wichtige Hilfe zum Leben aus dem Glauben sein und immer wieder auch Menschen auf der Suche Türen öffnen.

Gruppenspezifische Gottesdienste

Zu einem vielfältigeren und differenzierteren liturgischen Leben gehören gruppenspezifische Gottesdienste. Wenn sie als Gebets- und Meditationsgottesdienste, Wortgottesdienste, ggf. auch Eucharistiefeiern mit ho-

---

Kirche große Beachtung geschenkt wurde; vgl. besonders: Innehalten im Tageskreis. Erarb. durch Hans-Jürg STEFAN u. a. Gossau/Schweiz u. a. 2001 (Werkhefte zum Gesangbuch. Arbeitshilfen zum katholischen, reformierten und christkatholischen Gesangbuch der Schweiz 4). – Zwei wichtige Kolloquien im Jahre 2002 (Freiburg/Schweiz und Salzburg) befassten sich mit der Tagzeitenliturgie in den Gemeinden, was nicht zuletzt auf die Aktualität der Fragestellung hinweist. Die Salzburger Vorträge sind inzwischen publiziert in HlD 57 (2003) Heft 1. Die Vorträge des Kolloquiums an der Universität Fribourg erscheinen in dem Tagungsband Tagzeitenliturgie. Erfahrungen und Perspektiven in ökumenischer Sicht / Liturgie des Heures. Expériences et perspectives oecuméniques. Hg. von Martin KLÖCKENER/Bruno BÜRKI. Fribourg 2004; vgl. einstweilen zu diesem Kolloquium: Martin CONRAD, Tagzeitenliturgie, in: SKZ 171. 2003, 32–34; Arnaud JOIN-LAMBERT, Colloque „Prière humaine – l'Église en prière. La liturgie des Heures dans les Églises en Suisse au XXe siècle". Fribourg (Suisse), les 30 septembre, 1er et 2 octobre 2002, in: MD 233. 2003, 165–169; Andrea KROGMANN, Menschen und Kirche im Gebet – Utopie oder Zukunft christlicher Existenz? Ein Tagungsbericht, in: LJ 53. 2003, 134–137; Alexander SABERSCHINSKY, Liturgie der Gemeinde. Wissenschaftliches Kolloquium über die Tagzeitenliturgie, in: Gd 37. 2003, 1–3; Josef-Anton WILLA, Die Erneuerung des gemeinschaftlichen Betens als pastorale Notwendigkeit und ökumenisches Anliegen. Ein liturgiewissenschaftliches Kolloquium zur Tagzeitenliturgie an der Universität Freiburg (Schweiz), in: HlD 57. 2003, 86–88.

mogeneren Gruppen gefeiert werden, lassen sich die Lebenswelten und persönlichen Situationen der Mitfeiernden besser berücksichtigen. Solche Gruppengottesdienste können sich an alle Altersgruppen und sozialen Schichten der Gemeinden wenden, sind aber gerade für jüngere Menschen, denen die volle Integration in gemeindliches und gottesdienstliches Leben schwerer fällt, wichtig. Ebenfalls hat ihre Bedeutung in Kreisen von Frauen zugenommen, die ihrer Lebenssituation und Frömmigkeit im Gottesdienst besonderen Ausdruck verleihen möchten. Die genannte Tagzeitenliturgie erweist sich dabei, besonders für Jugendliche und junge Erwachsene, als eine offenere und besser zugängliche Gottesdienstform als manche anderen Liturgiefeiern.[83] Eine Grenze aller gruppenspezifischen Gottesdienste liegt darin, dass bewusst bleiben muss und gerade an Sonntagen zu pflegen ist, dass die gottesdienstliche Versammlung der gesamten Gemeinde Vorrang vor partikulären Feiern hat und letztere mit den ersteren in Verbindung stehen.

Es sei nicht übergangen, dass die Ausweitung gruppenspezifischer Gottesdienste vielerorts mit dem Problem konfrontiert wird, dass zu wenig Seelsorgspersonal vorhanden ist, das eine solche Spezifizierung leisten kann. Hier sind pfarreiübergreifende Initiativen zu prüfen, auch inwieweit geeignete Laien nach einer entsprechenden Schulung den Vorsteherdienst übernehmen können.

„Ritendiakonie" für Nicht-Christen

Schließlich seien bei dem Plädoyer für eine größere Gottesdienstvielfalt offenere Feierformen empfohlen, zu denen auch der Kirche entfremdete oder ungläubige Menschen Zugang finden können.[84] Der Begriff der „Ritendiakonie" trifft auf solche Feierformen in besonderer Weise zu. Kirchenmusikalische Andachten zielen in diese Richtung. Andere Projekte sind aus den neuen Bundesländern Deutschlands und aus sonstigen

---

83 Vgl. hierzu Martin KLÖCKENER, Chancen in der Jugendliturgie, in: LS 42. 1991, 196–200, wo verschiedene Modelle für die Tagzeitenliturgie mit Jugendlichen vorgestellt werden. Zu Ansätzen der Feier der Tagzeitenliturgie mit Jugendlichen vgl. auch Eduard NAGEL, Neue, jugendgemäße Formen von Stundengebet, in: Lebendiges Stundengebet (s. Anm. 81), 506–524. Allgemein zur besonderen Problematik des Gottesdienstes mit Jugendlichen und Lösungsansätzen vgl. Martin KLÖCKENER, Die entfremdete Beziehung zwischen Jugendlichen und Liturgie, in: LJ 39. 1989, 228–252; DERS., Auch morgen mit Jugendlichen Liturgie feiern. Orientierungspunkte für den Gottesdienst mit jungen Menschen, in: TThZ 99. 1990, 296–313.

84 Grundlegende Reflexionen und Modelle bietet der Band: Gott feiern in nachchristlicher Gesellschaft. Die missionarische Dimension der Liturgie. Hg. von Benedikt KRANEMANN/Klemens RICHTER/Franz-Peter TEBARTZ-VAN ELST. Stuttgart 2000.

Großstadtkirchen bekannt. Die Dompfarrei in Erfurt hat mit mehreren Initiativen dieser Art, angefangen von einem Weihnachtslob am Heiligen Abend bis hin zu einer Art Segnung von Paaren am Valentinstag, von sich reden gemacht.[85] Allerdings können solche Feiern trotz aller notwendigen Öffnung über den engeren Kreis der Gemeinden hinaus auf alle Menschen unserer Zeit hin nicht an die Stelle der zentralen Gottesdienste der Getauften und im Glauben Lebenden treten.

Wenn wir von der Zukunft der Liturgiereform sprechen, so ist die größere Vielfalt und stärkere Differenzierung der Gottesdienste, gerade wegen der veränderten Glaubenssituationen und mitunter anzutreffenden Glaubensnot, erforderlich. Der vorrangige Auftrag des Konzils zur Vertiefung des christlichen Lebens kann hierin ein Stück weit seine Erfüllung finden. Auch wenn nicht alle Initiativen sofort in gleicher Weise gelingen und manches vermutlich nach einiger Zeit wieder aufgegeben werden muss, gebietet das Ziel es, im Vertrauen auf die Führung des Geistes Gottes solche Wege zu beschreiten.

5. Liturgie der Zukunft: ein Plädoyer zum Schluss

Die Liturgie hat Zukunft – davon bin ich überzeugt. Sie verlangt auch heute in einer Phase der Ermüdung des kirchlichen Lebens einen hohen Einsatz. Dabei bleibt die Kirche auf die Grundsätze des Zweiten Vatikanischen Konzils und seiner Liturgiereform verpflichtet. Ein vordringlicher Bedarf besteht an Vermittlung theologischer und geistlicher Grundlagen der Liturgie, die das liturgische Feiern stützen und sich positiv auf die Gestalt des Gottesdienstes auswirken wird. Nicht kleinteiliger Aktionismus, sondern die Konzentration auf das Wesentliche ist das Gebot der Stunde.

Die Liturgie der Zukunft muss missionarisch bestimmt sein. Die Erfahrungen mit dem Katechumenat in Frankreich oder in den USA zeigen,

---

85 Vgl. die Berichte des Erfurter Dompfarrers Reinhard HAUKE: Das „Nächtliche Weihnachtslob“ im Erfurter Dom, in: Heute Gott feiern. Liturgiefähigkeit des Menschen und Menschenfähigkeit der Liturgie. Hg. von Benedikt KRANEMANN/Eduard NAGEL/Elmar NÜBOLD. Freiburg/Br. u. a. 1999 (Pastoralliturg. Reihe in Verb. mit der Zs. „Gottesdienst“) 214–218, auch abgedruckt in: Auf der Suche nach dem Menschen von heute. Vorüberlegungen für alternative Seelsorge und Feierformen. Hg. von Karl SCHLEMMER. St. Ottilien 1999 (Andechser Reihe 3) 156–160; DERS., Feier zur Lebenswende – eine christliche Hilfe zur Sinnfindung für Ungetaufte, in: Liturgia semper reformanda (FS Karl Schlemmer). Hg. von Anselm BILGRI/Bernhard KIRCHGESSNER. Freiburg/Br. u. a. 1997, 86–103; unter demselben Titel in dem vorgenannten Band Auf der Suche sowie in dem Sammelband Die missionarische Dimension der Liturgie (s. Anm. 84), 32–48.

dass es dabei nicht nur um die Vermittlung von Glaubensinhalten und christlichen Lebensformen an die kleine Zahl von Bekehrungswilligen geht. Vielmehr verändert sich dadurch das ganze pastorale Klima. Nicht mehr das sorgenvolle „noch“ in der matten, von Selbstzweifeln zernagten und sich immer wieder in unnötige Konflikte verstrickenden Kirche und Gemeinde steht im Mittelpunkt des pastoralen Denkens und Agierens, sondern auf diese Weise kann eine neue Zukunftsgewandtheit wachsen, weil konkret erfahren wird, dass die Verkündigung und die Feier des Evangeliums auch in dieser Zeit und in dieser Welt ihren konstruktiven Platz haben, für den glaubwürdige Zeugen einstehen müssen.[86]

Die Liturgie der Zukunft muss wie die Kirche insgesamt mit dem Pluralismus zu leben lernen, dessen Komplexität in der Gesellschaft, aber auch in der Kirche kaum mehr einfache Antworten erlaubt. Solcher Pluralismus, verbunden mit der Vielfalt von Glaubenssituationen, verlangt auch in der Liturgie Phantasie aus dem Glauben, wohlgemerkt keine kurzlebigen Events und Entertainment, jedoch Bereitschaft zu bisher wenig ausgeschöpften Formen gottesdienstlichen Lebens.

Die Liturgie der Kirche hat sich, wie sie es in der Vergangenheit auf unterschiedliche Weise immer getan hat, an der Gegenwartskultur und ihren Milieus zu messen und sich mit ihnen auseinander zu setzen. Das betrifft Sprache und Musik, Architektur, Gewand und Gerät und anderes mehr. Eine in diesem Sinn verstandene Inkulturation ist eine Aufgabe nicht nur für die Kirche auf anderen Kontinenten, sondern auch für unsere europäische Lebenswelt. Dass das nicht leicht ist und die Gefahr von Irrtum und Scheitern in sich bergen kann, ist bekannt. Aber der Preis ist um der übergeordneten Ziele willen zu zahlen. Versuche einer neuen Festschreibung der Liturgie auf eine bestimmte Form und Epoche sind

---

86 Grundlage ist der Ordo initiationis christianae adultorum (1972) bzw. seine muttersprachlichen Fassungen, für das deutsche Sprachgebiet zur Zeit die Studienausgabe: Die Feier der Eingliederung Erwachsener in die Kirche nach dem neuen Rituale Romanum. Hg. von den Liturgischen Instituten Salzburg, Trier und Zürich. 2., durchges. u. nach CIC 1983 korr. Aufl. Freiburg/Br. 1991 (Pastoralliturg. Reihe in Verb. mit der Zs. „Gottesdienst“); dazu die um katechetische Elemente angereicherte Ausgabe: Erwachsene fragen nach der Taufe. Eine katechetisch-liturgische Handreichung zur Gestaltung des Katechumenats. Erarb. im Auftrag des Deutschen Liturgischen Instituts und der Zentralstelle Pastoral der Deutschen Bischofskonferenz, hg. von Ernst WERNER. Völlig überarb. Neuausgabe. München 2000. Eine für das deutsche Sprachgebiet angepasste Fassung des Kap. I aus dem OICA liegt vor in: Die Feier der Eingliederung Erwachsener in die Kirche. Grundform. Hg. von den Liturgischen Instituten Deutschlands, Österreichs und der Schweiz. [Erarb. im Auftrag der Internationalen Arbeitsgemeinschaft der Liturgischen Kommissionen im deutschen Sprachgebiet (IAG)]. Manuskriptausgabe zur Erprobung. Trier 2001. – Der Katechumenat spielt in den USA eine bedeutende Rolle, in Europa am längsten und am ausgeprägtesten in Frankreich.

bei aller Verlockung, die ein solch einheitliches und geschlossenes System ausstrahlen kann, kein Weg in die Zukunft. Damit plädiere ich nicht für Beliebigkeit in Glaube und Liturgie, aber für ein waches Hören und eine Bereitschaft zum Gespräch und zu Antworten, selbst wenn sie manchmal nur ein Stammeln sind.

Im selben Kontext verlangt die Liturgie der Zukunft den aufrichtigen Dialog zwischen Universalkirche und Teilkirchen. Das Zueinander dieser kirchlichen Ebenen ist neu zu finden. Den universalkirchlichen Einrichtungen müsste viel stärker die Funktion der Koordination, des Austausches und der Ermutigung zukommen, statt einer kleinlichen Kontrolle jedes Verses einer übersetzten Oration, über die man sich in den betreffenden Bischofskonferenzen mit großer Kompetenz Gedanken gemacht hat.[87]

„Es besteht aber keine Hoffnung" auf die Verwirklichung der großen Ziele der Liturgiekonstitution, so sagten die Konzilsväter vor 40 Jahren, „wenn nicht zuerst die Seelsorger vom Geist und von der Kraft der Liturgie tief durchdrungen sind" (SC 14). Die Liturgie der Zukunft verlangt eine bessere Begleitung derer, die in der Pastoral Gottesdienst verantworten und feiern. Eine vertiefte Vertrautheit und eine neue Sensibilität für die Liturgie sind zu entwickeln. Dazu bedürfen sie einer entsprechenden Spiritualität aus der Liturgie, der Unterstützung durch die Bereitstellung sachgerechter Kriterien zur Beurteilung des eigenen gottesdienstlichen Handelns sowie des Angebotes von liturgischer Evaluation und Supervision als einer aufbauenden Beratung und nicht als Kontrolle. In dieser Hinsicht sind vor allem die Diözesen gefordert.

Diese Bildung der Seelsorger braucht parallel die liturgische Bildung der Gläubigen: durch die Art der liturgischen Feier selbst, durch die mystagogische Erschließung in der Predigt, durch die Einführung in die Liturgie in der Katechese sowie durch andere koordinierte Kurs- und Bildungsangebote. Das mag sich für manche wie ein „alter Hut" anhören, ist es aber nicht, wenn Liturgie wirklich in ihrem Wert und in ihrer ganzen Sprengkraft wahrgenommen wird.

Vieles von dem Genannten existiert erfreulicherweise bereits. Neues muss aber wachsen; das braucht geduldiges Reifen. Im Blick auf solche Ziele vermag die Liturgiereform des Zweiten Vatikanischen Konzils auch der Kirche der Gegenwart im Vertrauen auf das belebende und erfrischende Wirken des Geistes Gottes Zukunftsvisionen zu vermitteln, von denen die Konzilsväter vor 40 Jahren getragen waren.

---

87 Vgl. in diesem Sinn auch WEAKLAND (s. Anm. 32).

Hans-Jürgen Feulner

40 Jahre Liturgiekonstitution – was braucht die Liturgie heute und morgen?

Zusammenfassende Anmerkungen zur Studientagung

Das Zweite Vatikanische Konzil hat in seiner Liturgiekonstitution „Sacrosanctum Concilium“[1] die Liturgie mit Recht als „Höhepunkt, dem das Tun der Kirche zustrebt“ und zugleich als „Quelle, aus der all ihre Kraft strömt“ (SC 10) bezeichnet. 40 Jahre danach war es nun wieder an der Zeit, selbstkritisch zu fragen, ob und inwieweit die gegenwärtige Situation des gottesdienstlichen Lebens im deutschsprachigen Raum diesem hohen Anspruch der Konzilsaussage entspricht und was an unerledigten Aufgaben noch ansteht.[2]

1 Lat. Text der Konstitution: AAS 56 (1964) 97–134 / EDIL I, 2–27; dt. Übers.: DEL I, 40–76. – Die erste Fassung der deutschen Übersetzung wurde „im Auftrag der deutschen, österreichischen und schweizerischen Bischöfe von den Liturgischen Kommissionen der Bischofskonferenzen Deutschlands, Österreichs und der Schweiz“ herausgegeben (vgl. J. WAGNER, in: LThK Konzil I, 10). Eine verbesserte Fassung wurde veröffentlicht in: LThK Konzil I, 15–109.

2 Bestandsaufnahmen auf liturgiewissenschaftlicher und kirchenamtlicher Ebene erfolgten in der Zwischenzeit immer wieder. – S. dazu u. a. M. SODI, Vent'anni di studi e commenti sulla „Sacrosanctum Concilium“, in: Congregazione per il Culto Divino (Hg.), Costituzione liturgica „Sacrosanctum Concilium“. Studi (BEL. S. 38), Rom 1986, 525–570; DERS., La „sacrosanctum Concilium“ e i suoi commenti dal 1964 ad oggi, in: Not. 19 (1983) 571–607; R. KACZYNSKI, Zwanzig Jahre Liturgiekonstitution, in: Not. 19 (1983) 764–780; DERS., Zwanzig Jahre Liturgiereform. Rückschau und Ausblick, in: MThZ 36 (1985) 52–66; B. KLEINHEYER, „Sacrosanctum Concilium 1986„. Eine Relecture der Liturgiekonstitution, in: LJ 38 (1988) 4–29; A. A. HÄUSSLING, Nachkonziliare Paradigmenwechsel und das Schicksal der Liturgiereform, in: ThG 32 (1989) 243–254; M. KLÖCKENER, 25 Jahre Liturgiekonstitution und Liturgiereform. Ein Bericht über Veranstaltungen und Publikationen zu diesem Anlass, in: Gottesdienst – Kirche – Gesellschaft. Interdisziplinäre und ökumenische Standortbestimmungen nach 25 Jahren Liturgiereform, hg. v. H. BECKER/B. J. HILBERATH/U. WILLERS (PiLi 3), St. Ottilien 1991, 429–459, bes. 430–436; K. RICHTER, Liturgiereform als Mitte einer Erneuerung der Kirche, in: Das Konzil war erst der Anfang. Bedeutung des II. Vaticanums für Theologie und Kirche, hg. v. K. RICHTER, Mainz 1991, 53–74; DERS., Die Signalfunktion der Liturgiekonstitution, in: MThZ 54 (2003) 98–113. – Vgl. auch das umfangreiche Doppelheft 3–4 von „Heiliger Dienst“ (57 [2003]) mit Beiträgen von Kardinal Franz KÖNIG, Andreas REDTENBACHER, Bischof Egon KAPELLARI, Klemens RICHTER, Philipp HARNONCOURT, Reinhold MALCHEREK, Arnold ANGENENDT, Benedikt KRANEMANN, Andreas HEINZ, Rudolf PACIK, Abt Georg HOLZHERR, Werner HORN, Albert GERHARDS, Bischof Kurt KOCH, Metropolit Michael STAIKOS und Christian GRETHLEIN.

1. Zur Liturgiekonstitution „Sacrosanctum Concilium“

Am 4. Dezember 2003 waren genau 40 Jahre vergangen, seit das Zweite Vatikanische Konzil die Liturgiekonstitution „Sacrosanctum Concilium“ als sein erstes Dokument verabschiedete.[3] Die überwältigende Mehrheit von 2147 Ja- bei nur 4 Nein-Stimmen zeigt, wie einmütig sich die Konzilsväter nach längeren Vorarbeiten und intensiven Diskussionen in der Konzilsaula hinter diesen Beschluss stellten. Obgleich die Liturgie, entsprechend dem Grundsatz *lex orandi – lex credendi*[4], ein wichtiger Gegenstand schon der frühesten Konzilien und Synoden war, hatte es dazu in der gesamten Kirchengeschichte noch nie ein so umfassendes Dokument gegeben. Mit seinen 130 Artikeln in sieben Kapiteln sowie einem Anhang muss dieses Dokument – übrigens genau 400 Jahre nach der Schlusssitzung des Trienter Konzils (4. Dezember 1563) promulgiert – als Beginn einer neuen Epoche in der Geschichte der Liturgie betrachtet werden. Die Liturgiekonstitution war jedoch lediglich der Auftakt einer umfassenden Reform von Kirche und Liturgie im 20. Jahrhundert. Bereits im Januar 1964, nur sechs Wochen nach der feierlichen Promulgation der Konstitution, wurden die ersten Schritte der Liturgiereform in die Wege geleitet.[5]

---

3 Zur Geschichte von „Sacrosanctum Concilium“ vgl. aus der Fülle der Literatur: Hj. AUF DER MAUR, Liturgiereform im Geiste der kirchlichen Tradition. Zum Grundanliegen der Liturgiekonstitution, in: Aufbruch des Zweiten Vatikanischen Konzils heute, hg. v. J. KREMER, Innsbruck – Wien 1993, 46–72; M. PAIANO, „Sacrosanctum Concilium“. Der schwierige Weg zur Liturgiekonstitution des II. Vaticanums, in: HlD 53 (1999) 82–94, 154–167. – Vgl. auch J. GREGUR, Die nachkonziliare Bewertung der Liturgiekonstitution „Sacrosanctum Concilium“, in: Liturgiereformen. Historische Studien zu einem bleibenden Grundzug des christlichen Gottesdienstes, Bd. II, hg. v. M. KLÖCKENER/B. KRANEMANN (LQF 88), Münster 2002, 751–784; K. RICHTER, Zur Konstitution Sacrosanctum Concilium des Zweiten Vatikanischen Konzils vom 4. Dezember 1963, in: ThRv 99 (2003) 353–368.

4 Der Satz findet sich in: De gratia Dei indiculus 8 (PL 51, 209f) und wird dem um 455 gestorbenen Augustinusschüler Tiro Prosper von Aquitanien zugeschrieben. – Vgl. dazu K. LEHMANN, Gottesdienst als Ausdruck des Glaubens, in: LJ 30 (1980) 197–214; G. WAINWRIGHT, Der Gottesdienst als „Locus Theologicus“, in: KuD 28 (1982) 248–258; W. DÜRIG, Zur Interpretation des Axioms „Legem credendi lex statuat supplicandi“, in: A. ZIEGENAUS/F. COURTH/Ph. SCHÄFER (Hgg.), Veritati Catholicae [FS L. Scheffczyk], Aschaffenburg 1985, 226–236 u. a. – Zur Diskussion von *lex orandi – lex credendi* vgl. M. STUFLESSER, Memoria Passionis. Das Verhältnis von lex orandi und lex credendi am Beispiel des Opferbegriffs in den eucharistischen Hochgebeten nach dem II. Vatikanischen Konzil (MThA 51), Altenberge ²2000, 17–84.

5 Vgl. die umfassende Dokumentation der Liturgiereform in dem Quellenwerk: Dokumente zur Erneuerung der Liturgie I–III, hg. v. H. RENNINGS/M. KLÖCKENER, Kevelaer–Fribourg 1983–2001. – Vgl. zur „Liturgiereform“ als Thema der Liturgiewissenschaft: R. BORNERT, Pour une interprétation comparative de la réforme liturgique, in: QL 67 (1986) 1–32; E. MAZZA, La riforma liturgica: le tappe e la questione del metodo, in: Cristianesimo nella storia 15 (1994) 117–135; A. A. HÄUSSLING, Liturgiereform. Materialien zu einem neuen Thema der Liturgiewissenschaft, in: ALw 31 (1989) 1–32.

2. Zur nachkonziliaren Liturgiereform

Die in der Folge des Zweiten Vatikanischen Konzils in Gang gesetzte Reform des Gottesdienstes war nicht nur von klaren theologischen Prinzipien geleitet, sondern sie führte auch zu einer Neubesinnung auf das innere Wesen der Liturgie und brachte damit auch eine veränderte gottesdienstliche Praxis und Gestalt des Gottesdienstes mit sich. Viele Hoffnungen auf eine echte Erneuerung der Liturgie und des christlichen Lebens wurden erfüllt[6], manche mitunter allzu euphorische Erwartungen freilich auch enttäuscht.[7] Vor allem auch die Möglichkeiten einer vollen, bewussten und tätigen Mitfeier („participatio actuosa, plena et conscia")[8] sind verbessert und erweitert worden – aber weder die *geistige Aneignung* noch die *spirituelle Vertiefung* der erneuerten Liturgie haben mit dieser stürmischen Entwicklung wirklich Schritt halten können. Das ist jedoch an sich nicht verwunderlich, denn für die große Mehrzahl der Gläubigen, d. h. Kleriker wie Laien außerhalb des Umkreises der „Liturgischen Bewegung"[9], erschien die nachkonziliare Liturgiereform als kein von der Basis der Gemeinden her gewachsener Vorgang, sondern aufgrund der damaligen Umstände zwangsweise als eine gleichsam von „oben", von der zentralen Kirchenleitung verfügte Anordnung.[10] Sie wurde zwar fast überall äußerlich gehorsam durchgeführt, aber bei weitem nicht im selben Ausmaß auch

6 S. auch das Schreiben von Papst Johannes Paul II. von 1988 „Vicesimus quintus annus", in: AAS 81 (1989) 879–918 (EDIL III, 430–444; DEL III, 662–680).

7 Zur Durchführung und Aufnahme der Liturgiereform in verschiedenen Ländern s. Liturgiereformen (s. Anm. 3), 815–964.

8 Vgl. auch F. KOHLSCHEIN, Bewusste, tätige und fruchtbringende Teilnahme. Das Leitmotiv der Gottesdienstreform als bleibender Maßstab, in: Lebt unser Gottesdienst? Die bleibende Aufgabe der Liturgiereform [FS B. Kleinheyer], hg. v. Th. MAAS-EWERD, Freiburg u. a. 1988, 38–62; B. J. HILBERATH, „Participatio actuosa". Zum ekklesiologischen Kontext eines pastoralliturgischen Programms, in: Gottesdienst – Kirche – Gesellschaft (s. Anm. 2), 319–338.

9 Die Kleriker und Laien, die vor und nach dem Zweiten Vaticanum im Umkreis der „Liturgischen Bewegung" engagiert und durch sie geistig bzw. geistlich geprägt waren, hatten natürlich einen besseren Zugang zum Verständnis und zur aktiven Mitfeier sowie zu einem Leben aus der Liturgie gefunden. – Aus der Fülle der Literatur zur „Liturgischen Bewegung" s. W. TRAPP, Vorgeschichte und Ursprung der Liturgischen Bewegung, Regensburg 1940; O. ROUSSEAU, Histoire du mouvement liturgique, Paris 1945; F. KOLBE, Die Liturgische Bewegung (CiW 9 – Die Liturgie der Kirche 4), Aschaffenburg 1964; Th. MAAS-EWERD, Die Krise der Liturgischen Bewegung in Deutschland und Österreich (StPaLi 3), Regensburg 1981 etc.

10 Vgl. K. BOPP, Prinzipielle Defizite in der Liturgiereform des Zweiten Vatikanischen Konzils? Eine pastoraltheologische Kritik, in: ALw 35/36 (1993/94) 121–134, hier 124f. – S. dazu aber auch die wichtigen Ausführungen von A. A. HÄUSSLING, Liturgiereform und Liturgiefähigkeit, in: ALw 38/39 (1996/97) 1–24.

innerlich angeeignet.[11] Das Werk der Liturgiereform[12] geschah auch vor dem erschwerenden Hintergrund einer umfassenden Krise der Sprach- und Symbolfähigkeit des Menschen und war von Problemen beladen, die man zumeist nur in Umrissen vorausgesehen hatte.[13] Das Defizit an spezifischer liturgischer Bildung, an geistlicher Vertiefung und damit an prägender Kraft der gottesdienstlichen Feiern für das Leben der Gemeinden und ihrer Glieder ist jedoch leider nach wie vor unübersehbar. Ebenso unübersehbar ist die erschreckende Tatsache, dass nicht wenige Christen ihr tiefes Verlangen nach einem intensiveren geistlichen bzw. spirituellen Leben mit Mitteln und auf Wegen zu verwirklichen suchen, die nicht aus der Liturgie der Kirche stammen und an ihr vorbeigehen oder ihr sogar zuwiderlaufen. Es ist daher schon bedenklich, wie stark fernöstliche Religionsgemeinschaften, westliche Sekten und esoterische Zirkel oder gar okkulte Kreise Zulauf besonders durch junge Menschen erhalten.[14]

---

11 Vgl. E. J. LENGELING, Kritische Bilanz. Liturgische Bildung des Klerus und der Laien in den Aussagen des Zweiten Vatikanischen Konzils, in den römischen Ausführungsbestimmungen und in den reformierten liturgischen Büchern, Regensburg 1976; G. FONTAINE, La Pastorale Liturgique, in: Not. 20 (1984) 835–844, bes. 835f. – S. auch H. B. MEYER, Liturgie und Spiritualität. Eine Problemskizze, in: Sursum Corda. Variationen zu einem liturgischen Motiv [FS Ph. Harnoncourt], hg. v. E. RENHART/A. SCHNIDER, Graz 1991, 41–48, hier 41 [nachgedruckt in: DERS., Zur Theologie und Spiritualität des christlichen Gottesdienstes, hg. v. R. MESSNER/W. G. SCHÖPF (Liturgia oenipontana 1), Münster u. a. 2000, 233–244, hier 233].

12 S. auch A. BUGNINI, Die Liturgiereform 1948–1975. Zeugnis und Testament. Dt. Ausg. hg. v. J. WAGNER unter Mitarb. v. F. RAAS, Freiburg u. a. 1988 (Orig. ital.: La riforma liturgica [1948–1975], Roma 1983); J. WAGNER, Mein Weg zur Liturgiereform 1936–1986. Erinnerungen, Freiburg u. a. 1993; N. GIAMPIETRO, Il Cardinale Ferdinando Antonelli e gli sviluppi della riforma liturgica dal 1948 al 1970 (Studia Anselmiana 121 = Analecta Liturgica 21), Roma 1998.

13 S. dazu auch E. KAPELLARI, 40 Jahre Liturgiekonstitution – aus der Sicht des liturgieverantwortlichen Bischofs für Österreich, in: HlD 57 (2003) 171–179, hier 173. – Vgl. auch G. MAY, Die Liturgiereform des Zweiten Vatikanischen Konzils, in: Gottesdienst – Kirche – Gesellschaft (s. Anm. 2), 77–116; A. NICHOLS, Looking at the Liturgy. A Critical View on Its Contemporary Form, San Francisco 1996; H. HOPING, „Die sichtbare Frucht des Konzils". Anspruch und Wirklichkeit der erneuerten Liturgie, in: G. WASSILOWSKY (Hg.), II. Vaticanum – Vergessene Anstöße, gegenwärtige Fortschreibungen (QD 207), Freiburg/Br. 2004, 90–115.

14 Zwar spricht man seit einiger Zeit von einer „Respiritualisierung" der weithin säkularisierten Gesellschaft in unseren Breiten und in manchen Großstädten ist sogar gegen den allgemeinen Gesamttrend ein bescheidener Aufwind betreffend die Teilnahme an der sonntäglichen Eucharistiefeier zu verzeichnen, aber das darf nicht über den bedrohlich erscheinenden Gesamttrend hinwegtäuschen. – Der entsprechende Befund, den u. a. P. M. ZULEHNER in seiner Forschungsarbeit intensiv verfolgt hat [s. auch P. M. ZULEHNER u. a., Gottvoll und erlebnisstark. Für eine Kultur und Qualität unserer Gottesdienste, Ostfildern 2004], ist ansatzweise ausgewertet in: A. REDTENBACHER, Liturgie und Leben. Erneuerung aus dem Ursprung. Liturgiewissenschaftliche Beiträge mit einem Vorwort von Franz Kardinal KÖNIG, Würzburg 2002, 50–55. – Zum Thema „Spiritualität: Mehr als ein Megatrend?" veranstaltete die Kath.-Theol. Fakultät der Universität Wien im Wintersemester 2003/04 eine Ringvorlesung.

3. Die wissenschaftlichen Beiträge der Studientagung 2003 in Wien-Lainz

Die am 11. Oktober 2003 in der Konzilsgedächtniskirche von Wien-Lainz veranstaltete gemeinsame Studientagung der Diözesankommission für Liturgie und der drei territorialen Bischofsvikariate der Erzdiözese Wien mit ihrer wichtigen Standortbestimmung stand 40 Jahre nach der Verabschiedung der bedeutungsvollen Liturgiekonstitution daher mit Recht unter dem Rahmenthema: „Die Zukunft der Liturgiereform des Zweiten Vatikanischen Konzils".

- *Wie es zur Liturgiekonstitution kam – aus der Sicht eines Zeitzeugen und Konzilsteilnehmers*[15]

Da der weit über Wien und Österreich hinaus bekannte und hoch geschätzte Konzilsteilnehmer, Kardinal Franz König, aus gesundheitlichen Gründen nicht persönlich an der Studientagung teilnehmen konnte, wurde zu Beginn der Tagung ein sehr eindrucksvolles Interview mit diesem bedeutenden Zeitzeugen vorgetragen.[16] Im Rückblick erinnerte sich der Kardinal an den großen Stellenwert, den das Zweite Vatikanische Konzil aus seiner Lebensperspektive her hat. Kardinal König hat zu Recht kurz dargelegt, dass die Liturgie nicht zuerst eine Frage der *Außenseite* des Glaubens, sondern dessen Mitte sei, was in der theologischen und pastoralen Tiefe vom Konzil neu entdeckt wurde. Interessante und bedenkenswerte Aussagen machte Kardinal König auch zur Haltung des gegenwärtigen Papstes zur Liturgie, und zur damaligen Rolle der liturgischen Bewegung der Kirche in Österreich, an deren Spitze er als Vorsitzender der Bischofskonferenz lange Jahre stand. Aus seiner persönlichen Erfahrung heraus wies er auf das Positive der Liturgiereform hin, verhehlte aber nicht, dass es trotz des fruchtbaren Fortschritts durchaus hie und da praktische Schwächen und Schwierigkeiten gebe, z. B. beim *inneren* Verständnis von Texten und Lesungen. Die Einbindung von beauftragten Laien, die auch vom Geist der Liturgie wirklich innerlich ergriffen sein sollten, hält Kardinal König in der Zukunft für eine Überlebensfrage unserer Gemeinden: Laienapostolat, das zunehmend auch ein *liturgisches*

---

15 S. in diesem Dokumentationsband S. 14.

16 Das Interview ist in diesem Dokumentationsband im Wortlaut abgedruckt. – S. auch: Kardinal Franz KÖNIG im Gespräch. Interview anlässlich des 40. Jahrestages der Promulgation der Liturgiekonstitution des Zweiten Vatikanischen Konzils am 4. Dezember 1963, in: HlD 57 (2003) 163–170.

Apostolat werden müsse, und zwar hinsichtlich der Ausbildung und der Befähigung zu liturgischen Diensten in den Gemeinden. Hierzu seien natürlich die Liturgiewissenschaftler und -innen an den theologischen Fakultäten in besonderer Weise aufgerufen.

- *Der Weg zur neuen Liturgie – die Umsetzung der Beschlüsse des II. Vaticanums am Beispiel der Erzdiözese Wien*[17]

Prälat Rudolf Schwarzenberger konnte in seinem daran anschließenden Kurzreferat anschaulich darlegen, wie die Konzilsbeschlüsse auf dem Weg zu einer erneuerten Liturgie in der Erzdiözese Wien damals praktisch umgesetzt werden konnten. Er hat aufgezeigt, wie die *Liturgische Kommission Österreichs* als Beratungsgremium der Österreichischen Bischofskonferenz und in ihrer Verbindung zu den anderen Liturgischen Kommissionen im deutschen Sprachraum die ersten Schritte im liturgischen Erneuerungsprozess vollzog. Er erinnerte auch an die Liturgische Bewegung in Österreich und den weit über das Land hinaus bedeutsamen pastoralliturgischen Einfluss von Pius Parsch († 1954). Sehr eindrücklich wurde die Arbeit des damaligen „Wiener Pastoralamtes" in der liturgischen Erneuerungsarbeit dargestellt. Unter der Führung von R. Schwarzenberger erschienen viele informative Artikel zu den anstehenden liturgischen Erneuerungsschritten (z. B. pastoralliturgische Hinweise zum erneuerten Messordo [1976] etc.). In der *Wiener Kirchenzeitung* wurden immer wieder Artikel und Interviews zu den verschiedenen Themen der liturgischen Erneuerung veröffentlicht. Dazu traten auch die sog. „Theologischen Tage", bei denen die Priester und Diakone eine umfassende theologische wie pastoralliturgische Einführung in die einzelnen erneuerten sakramentlichen Feiern erhielten. Bei all diesen schriftlichen Publikationen und Fortbildungstagungen ging es nie um bloß „rituelle" Ein- und Anweisungen, sondern immer auch um den weitestmöglichen Einbezug der jeweils gottesdienstfeiernden Gemeinde. Für interessierte Laien und Mitarbeiter in den Pfarreien gab es überdies verschiedene Möglichkeiten der Information, von denen die sog. „Wiener Theologischen Kurse" besondere Erwähnung fanden. Es bleibt am Ende festzustellen, dass die Bemühungen um eine theologisch verantwortete und menschengerechte Feier der Liturgie nie zu Ende sein werden.

---

17 S. in diesem Dokumentationsband S. 41.

- *Zur Qualität der erneuerten Liturgie*[18]

Paul M. Zulehner, Professor für Pastoraltheologie an der Katholisch-Theologischen Fakultät der Universität Wien, hat in seinem sehr eindrucksvollen Vortrag Ergebnisse einer in Wien durchgeführten pastoral-soziologischen Untersuchung zur Qualität der erneuerten sonntäglichen Eucharistiefeier vorgestellt. Er hat in einigen Punkten festgehalten, dass nicht nur aus ekklesiologischen, sondern auch aus kulturellen Gründen die Qualität der Messliturgie eine wachsende Bedeutung erfahre. Eine beträchtliche Zahl von Gottesdienstbesuchern fühle sich vor allem von der Qualität der Predigt sowie der Zelebrationsweise des Vorstehers irritiert, einige von ihnen blieben der Eucharistiefeier daher fern. Im Allgemeinen seien unterschiedlich hohe Erwartungen an die Messliturgie auszumachen, wie auch die Wünsche nach liturgischer Musik weit auseinander driften. Eine besonders verantwortete *ars celebrandi* angesichts einer solchen empirisch erhobenen Vielfalt Gottesdienst zu feiern gehöre daher zu den entscheidenden Aufgaben von Liturgieverantwortlichen (Liturgieausschüsse, WortgottesdienstleiterInnen, Priester).

- *Die Zukunft der Liturgiereform – im Widerstreit von Konzilsauftrag, notwendiger Fortschreibung und „Reform der Reform"*[19]

Im Hauptreferat der Studientagung von Martin Klöckener, Professor für Liturgiewissenschaft an der Universität Fribourg (Schweiz), wurde sehr kompetent und anschaulich die Zukunft der Liturgiereform im Widerstreit von Konzilsauftrag einerseits und notwendiger Fortschreibung andererseits dargelegt. Die Erneuerung des Gottesdienstes ist von klaren theologischen Prinzipien, die M. Klöckener aufzeigte, geleitet und führte zu einer Neubesinnung des Gottesdienstes, was im Gefolge der praktischen Umsetzung der Bestimmungen der Liturgiekonstitution eine erneuerte Gestalt der Liturgie mit sich brachte. Es wurde zu Beginn seines Vortrages darauf hingewiesen, dass wir heute auf die Liturgiereform und das daraus hervorgegangene liturgische Leben der Kirche durchaus froh und dankbar blicken dürfen, jedoch aber auch einige kritische Fragen aufgeworfen werden müssen.

Die eigentliche Begründung der Liturgiereform sind (1) die Vertiefung des christlichen Lebens unter den Gläubigen (*theologisch-spirituelle Dimension*), (2) die Anpassung an die veränderten Erfordernisse der

18 S. in diesem Dokumentationsband S. 50.
19 S. in diesem Dokumentationsband S. 70.

Zeit (*historisch-genetische Dimension*), (3) die Förderung der Einheit der Christen (*ökumenische Dimension*) und (4) das missionarische Wirken der Kirche in dieser Welt (*missionarische Dimension*).

In einem weiteren Hauptpunkt wurden sowohl die Rezeption als auch die Fortschreibung der Liturgiekonstitution in der nachkonziliaren Zeit sehr ausführlich und kritisch beleuchtet, wobei durchaus auch Defizite und fragwürdige Entwicklungen thematisiert wurden. M. Klöckener hat einen ganzen Katalog von noch nicht oder unzureichend eingelösten Konzilsanliegen stichpunktartig aufgezählt. Dabei wird deutlich, wie sehr eine *umfassende* Rezeption des Konzils auch nach 40 Jahren eine Anforderung für die Gemeinden und für die Gottesdienstverantwortlichen bleibt. Die Kritik an der nachkonziliaren Liturgiereform und am liturgischen Leben insgesamt führte nämlich rasch auch zu einem Ruf nach einer „Reform der Reform". Es ist hier aber klar festzuhalten, dass die nachkonziliare Liturgie im Ganzen nicht mit tatsächlich vorkommenden Einzelfällen von Fehlformen des liturgischen Handelns identifiziert werden darf!

Es stellte sich abschließend die Frage nach der Zukunft der Liturgiereform des Zweiten Vatikanischen Konzils. Mit Recht darf wohl davon ausgegangen werden, dass eine Reform in ihren wesentlichen Anliegen erst nach vielen Jahrzehnten als allgemein verstanden und umgesetzt gelten kann. Insofern stehen wir auch heute noch mitten im spannungsreichen Prozess der Umsetzung der Konzilsanliegen.

4. Was braucht die Liturgie heute und morgen?

Wenn man sich der Gegenwart und der in manchen Gemeinden durchschnittlich gefeierten Gestalt von Liturgie zuwendet, gibt es sicherlich Anlass, einiges zu kritisieren und vorsichtige Vorschläge für eine Verbesserung der Situation zu machen, um den Blick auf den inneren und theologischen Gehalt der erneuerten Liturgie zu richten. Die Liturgiekonstitution hat ganz klar die Liturgie als „Gottes Dienst" am Menschen beschrieben, denn Christus selbst ist der Ersthandelnde in jeder liturgischen Feier.[20] Ich schließe mich im Wesentlichen den von Bischof Egon Kapellari angeführten „Eckpunkten" an, die besonders für den liturgischen Vollzug – aber nicht nur für diesen – zukünftig beachtenswert erschei-

20 Besonders SC 5–7. – Vgl. dazu E. Kapellari, 40 Jahre Liturgiekonstitution (s. Anm. 13), 174f.

nen[21], und möchte zugleich noch zwei Vorschläge – schlaglichtartig ohne Anspruch auf Vollständigkeit – hinzufügen.[22]

a) Liturgische (Weiter-)Bildung als bleibende Aufgabe

Angesichts des hohen Anspruchs der aktiven Teilnahme hielten die Konzilsväter eine fundierte liturgische Bildung des Klerus und der Laien für „dringend notwendig“ (SC 14–20). Die große Wertschätzung, die die Kirche für ihren Gottesdienst zum Ausdruck bringt, begründet jedoch auch zugleich die Notwendigkeit einer eingehenden und beständigen Beschäftigung mit der Theologie der Liturgie und ihrer verschiedenen Feiern. Kritik, die in unseren Tagen am Gottesdienst der Kirche geübt wird, bezieht sich zumeist nicht auf den Inhalt des Gottesdienstes oder auf seine Reform, sondern vielmehr auf die Art und Weise, wie Gottesdienst vollzogen wird. Leider scheint man noch sehr häufig die theologischen und historischen Hintergründe der Liturgiereform nicht ausreichend studiert und die pastoralen Einführungen der liturgischen Bücher kaum zur Kenntnis genommen zu haben. Die liturgische Praxis wirkt dann sehr formalistisch und damit auch unbefriedigend. Auch in Zukunft bleibt hinsichtlich der liturgischen Bildung daher noch einiges zu tun, wenn auch bereits viele erfreuliche Ansätze zu beobachten sind.[23] Wer Verantwortung für die Gottesdienste in den Gemeinden übernimmt, muss auch den notwendigen Sachverstand mitbringen. Liturgische Bildung ist daher kein Sonderbereich für einige Spezialisten, sondern eine lebensnahe Herausforderung für alle Verantwortlichen.

Bereits 1976 hatte Emil Josef Lengeling diesbezüglich eine „kritische Bilanz“ gezogen[24], die äußerst negativ ausgefallen ist. Er stellte damals fest, dass das, was für die liturgische Bildung der Seminaristen

---

21 Ebd. 175–179: Stärkere Hinwendung zur Kategorie des Heiligen – Verstärkter Austausch mit Kunst und Kultur – Rückbesinnung auf das Prinzip „Einübung für den Gottesdienst“ – Achtsamkeit auf „Heilige Zeichen“ – Wiedergewinnung der „ars celebrandi“.

22 Wichtige Impulse für eine lebendige Feier der Liturgie finden sich auch in einem pastoralen Schreiben der deutschen Bischöfe vom 24. Juni 2003: Deutsche Bischofskonferenz (Hg.), Pastorales Schreiben: Mitte und Höhepunkt des ganzen Lebens der Christlichen Gemeinde (Die deutschen Bischöfe 74), Bonn 2003.

23 S. auch J. Baumgartner, Die Rezeption der vatikanischen Liturgiereform, in: HlD 40 (1986) 113–135, hier 126f; W. Meurer, Von der Notwendigkeit und den Möglichkeiten liturgischer Bildung. Praktische Perspektiven, in: Gottesdienst – Kirche – Gesellschaft (s. Anm. 2), 405–416; R. Sauer, Liturgische Bildung heute aus religionspädagogischer Sicht, in: ebd. 383–404.

24 Vgl. Lengeling, Kritische Bilanz (s. Anm. 11).

und Kirchenmusiker, der Diakone und Priester und damit letztlich der Gemeinden getan wurde, weit hinter dem zurückblieb, was die Liturgiekonstitution[25], die anderen Konzilsdokumente und ihre Ausführungsbestimmungen verlangen und die liturgischen Bücher eigentlich voraussetzen. In Liturgiewissenschaft und Liturgiepastoral unzureichend ausgebildete sowie von liturgischer Spiritualität kaum geprägte Seelsorger (und -innen) können die Gemeinden nicht zum verständigen Vollzug der Gottesdienstfeiern anleiten. Darum versteht bereits die am 6. Januar 1970 veröffentlichte „Ratio fundamentalis" für die Priesterbildung die Liturgie als Quelle des Glaubens und der theologischen Erkenntnis und nennt die Liturgiewissenschaft sofort nach der Exegese und vor der Dogmatik als eine *Hauptdisziplin*[26] der Theologie, die „daher nicht unter rein juridischem, sondern vielmehr unter theologischem, historischem sowie spirituellem und pastoralem Aspekt in innerem Zusammenhang mit den anderen Disziplinen dargeboten werden" soll (Art. 79).[27] Es ist daher ein unglaublicher und nicht verantwortbarer Vorgang, dass entgegen eindeutigen Konzilsbestimmungen und kirchenamtlichen Verlautbarungen an deutschen katholisch-theologischen Fakultäten das *Hauptfach* [!] „Liturgiewissenschaft" zur Disposition steht (und an manchen Fakultäten bereits anderen Fachbereichen einverleibt wurde).

b) Wiederentdeckung der Vielfalt liturgischer Formen

Die hohe Wertschätzung der Eucharistie sollte allerdings nicht dazu führen, dass nur noch die Messfeier als einzige gemeinschaftliche Form des Gottesdienstes gepflegt wird. Nachdem offensichtlich die Volkssprache seit einigen Jahrzehnten den verständigen Mitvollzug der Eucharistiefeier erleichtert hat, ist der Wunsch nach manchen überlieferten *Andachtsformen* spürbar geringer geworden. Obgleich die Messe sicherlich der Höhepunkt des Lebens einer christlichen Gemeinde ist und auch die Mitte der liturgischen Spiritualität ausmachen soll, so braucht aber dieser „Höhepunkt" eine Vorbereitung und ein liturgisches Umfeld. Eine neue Aufgeschlossenheit für die Vielfalt der gottesdienstlichen For-

25 Vgl. SC 14–20, 115 und 129.

26 S. dazu bereits SC 16: „Das Lehrfach Liturgiewissenschaft ist ... an den Theologischen Fakultäten zu den Hauptfächern zu rechnen ...".

27 EDIL I, 646; DEL I, 877f.

men ist daher durchaus keine Geringschätzung der Messfeier.[28] Solche Gottesdienstformen der Gemeinde könnten beispielsweise die gemeinsam gefeierte *Tagzeitenliturgie*[29], *Andachten* (die zur Betrachtung und Meditation, zum intensiven Gebet oder zur Anbetung einladen) sowie das gemeinschaftliche Gebet des *Rosenkranzes* oder des *Kreuzweges* sein.[30]

c) Wiedergewinnung des Gespürs für „Heilige Zeichen"

Natürlich geht es in der Liturgie nicht nur um das Wort der Heiligen Schrift und nicht nur um Worte. Die Liturgie (wie auch das außerliturgische Leben) ist durchwirkt von einem Kosmos von Symbolen.[31] Liturgie lebt daher auch von *zeichenhaften und sinnlich wahrnehmbaren Vollzügen*.[32] Das ist nicht nur eine Konzession an die menschliche Gebrechlichkeit, so als wäre das sinnlich Erfahrbare nur pädagogisch notwendig. Vielmehr zeigt sich hierin die grundlegende sakramentale Struktur der Kirche. Das äußerlich Wahrnehmbare und sinnenhaft Vollzogene, das Sichtbare und Greifbare ist Träger von Unsichtbarem, nicht Greifbarem und den menschlichen Sinnen Entzogenem. Der Mensch, der vor Gott steht, ist nicht nur Geist, sondern Körper und Geist. Die Bejahung der Leibhaftigkeit im liturgischen Vollzug ist daher auch äußerst bedeutsam für den inneren und fruchtbaren Mitvollzug jeder liturgischen Feier.

Eine verstärkte Zuwendung zu und Befassung mit den liturgischen Symbolen erscheint heute nach wie vor dringend geboten, weil die „Sprache" der Liturgie im engeren und weiteren Sinn (Architektur, Dramaturgie, liturgische Gewandung, Gerätschaften und Musik) leider mancherorts sehr banalisiert erscheint. Es geht hier letztlich auch um die ontologische Tiefe des Mysteriums, was über einen bloßen Ästhetizismus hinausgehend wieder stärker in das Bewusstsein aller Liturgiefeiernden, Vorsteher wie Gemeinde, gebracht werden müsste. Dies sollte besonders im liturgischen Vollzug spür- und greifbar werden wie auch ein besonderes Anliegen der liturgischen (Weiter-)Bildung werden.

---

28 S. hierzu auch die Ausführungen von M. Klöckener in diesem Band.

29 Vgl. SC 100.

30 Deutsche Bischofskonferenz (Hg.), Direktorium über die Volksfrömmigkeit und die Liturgie. Grundsätze und Orientierungen (17. Dezember 2001) (Verlautbarungen des Apostolischen Stuhls 160), Bonn 2001.

31 Vgl. E. Kapellari, Heilige Zeichen in Liturgie und Alltag, Graz 2001.

32 Vgl. SC 7.

d) Vermehrte Beachtung der „ars celebrandi"

Die „ars celebrandi", also die Kunst, Gottesdienst zu feiern, wird neuerdings wieder zu einem unbefangen diskutierten Thema der Liturgiewissenschaft.[33] Es verbirgt sich dahinter die Einsicht, dass das Verhältnis zum Umgang mit dem liturgischen Vollzug vielen zum Problem geworden ist und dass die rein äußerliche Beschäftigung mit den liturgischen Vollzügen allein nicht ausreicht. Die neueren Bemühungen um eine bessere „Liturgische Bildung" und eine neu wahrnehmbare Zentrierung der Liturgiewissenschaft um liturgietheologische Fragestellungen sind daher sehr zu begrüßen. Verbunden damit ist auch eine Forderung nach vertiefter Aneignung des Wesens der Liturgie mit ihrer gesamten gott-menschlichen Dimensionalität und deren ganzheitlichem Vollzug. Eine „ars celebrandi" zielt darauf ab, durch den Ritus in Wort, Gebärde, Musik und Raum primär dem lebendigen Gott und dem Handeln Christi in der gottesdienstlichen Gemeinde und im einzelnen Teilnehmer Raum zu geben. Dies gelingt nur, wenn vor allem der Vorsteher um die theologische und glaubensrelevante innere Struktur der Liturgie weiß und die sich daraus ergebenden Sinngesetze der Liturgiegestalt mit ihrer eigenen Dramaturgie versteht.[34]

Die gottesdienstliche Erneuerung ist und bleibt ein ständiger innerkirchlicher Rezeptionsprozess.[35] Es gilt auch weiterhin, was Reiner Kaczynski schon zum 25. Jahrestag der Liturgiekonstitution schrieb:

„Wer heute … fragt, ob dieses zentrale Anliegen der Erneuerung der Kirche erreicht ist, wird zugeben müssen, dass es so wenig erreicht ist, wie nach 10, 15 oder 20 Jahren, und so wenig, wie es nach 50 Jahren erreicht sein darf; denn eine *Ecclesia semper reformanda* braucht eine *Liturgia semper reformanda*. Die Frage wird richtiger lauten müssen, ob denn die Bereitschaft zu einer … noch nötigen Erneuerung des Gottes-

---

33 S. dazu W. Hahne, De arte celebrandi oder Von der Kunst, Gottesdienst zu feiern. Entwurf einer Fundamentalliturgik, Freiburg u. a. ²1991; W. Glade, Ars celebrandi, in: HlD 55 (2001) 235–249; R. Sauer, Die Kunst, Gott zu feiern. Liturgie wiederentdecken und einüben, München 1996; A. Heinz, Ars celebrandi. Überlegungen zur Kunst, die Liturgie der Kirche zu feiern, in: „Ars celebrandi". The Art to Celebrate the Liturgy, hg. v. J. Lamberts, Löwen 2002, 15–34.

34 Vgl. E. Kapellari, 40 Jahre Liturgiekonstitution (s. Anm. 13), 178f.

35 S. dazu auch B. Kranemann, Liturgiereform – ein Baustein in der Liturgiegeschichte, in: HlD 57 (2003) 225–233, hier 232f.

dienstes und durch ihn der Kirche vorhanden ist, oder ob man sich mit dem von Gemeinde zu Gemeinde unterschiedlichen Stand des einmal Erreichten zufrieden gibt und nicht einmal etwas dagegen unternimmt, wenn alte, bereits für überwunden gehaltene Missbräuche wiederaufleben oder neue entstehen.“[36]

Auch wenn der Leitsatz von der *liturgia semper reformanda* seine unbestreitbare Berechtigung hat, so heißt dies jedoch nicht, dass die gottesdienstfeiernden Gemeinden ständig mit neuen liturgischen Texten und Zeichenhandlungen konfrontiert werden dürfen. Es geht hier vor allem um eine Aneignung des Erbes der liturgischen Tradition, auf das sich das Konzil mit der von ihr eingeleiteten Liturgiereform zurückbesonnen hat. Liturgische Erneuerung muss daher als eine Vertiefung und Konsolidierung der bisherigen Liturgiereform betrachtet werden.

Heute bedarf die Liturgie auch weiterhin einer intensiven Bemühung um Vertiefung und um eine neue Verankerung im Bewusstsein der Gläubigen. Wir stehen außerdem in der Spannung zwischen Freiheit und Bindung, Fortschreibung und Konsolidierung. Daher verlangt es eine hohe fachliche und menschliche Kompetenz der Verantwortlichen, in den liturgischen Feiern die Möglichkeiten legitimer Anpassung sachgerecht und menschengerecht auszuschöpfen. Dabei kann die Liturgie in einer faktisch säkularisierten Gesellschaft, in der Gott nicht mehr vorkommt, durchaus noch eine glaubensstärkende Kraft entfalten.

36 R. Kaczynski, Erneuerung der Kirche durch den Gottesdienst, in: Lebt unser Gottesdienst (s. Anm. 8), 15–37, hier 15f.

Kardinal Christoph Schönborn

Predigt

40 Jahre Liturgiekonstitution „Sacrosanctum Concilium“ des II. Vatikanums

Es ist ein gutes und schönes Zeichen, dass an diesem Tag nicht nur über Liturgie gesprochen wird, sondern dass sie auch gefeiert wird. Denn – so besagt es schon das griechische Wort – man kann nur im Vollzug, im gemeinsamen Feiern ihr Wesen zu begreifen versuchen, das im Innersten Geheimnis ist und bleibt.

Ich habe für dieses gemeinsame Feiern das Tagzeitengebet angeregt, weil die Verbreitung des Stundengebets, das nun nicht mehr nur von Ordensleuten und Priestern gebetet wird, sondern weit darüber hinaus von immer mehr Gläubigen und einer wachsenden Zahl von Gemeinden, eine Frucht der Liturgiereform ist, die durch Sacrosanctum Concilium angeregt worden ist.

An dieser Stelle möchte ich noch eine weitere Frucht ansprechen: die Wiederentdeckung des Diakonates. Das ständige Diakonat ist aus unseren Gemeinden, aus unserer Seelsorge vielerorts nicht mehr wegzudenken. Es ist mir aber auch ein lebendiges Anliegen, weil mich das Datum meiner Priesterweihe mit den Diakonen besonders verbindet: Am Tag vor meiner Priesterweihe in der Dominikanerkirche weihte Kardinal König die ersten ständigen Diakone im Dom am Festtag des hl. Stephanus im Jahre 1970. Wie stark Kardinal König von dieser Feier beeindruckt war zeigte sich in der Predigt bei meiner Priesterweihe, in der er freudig von der Weihe der ersten ständigen Diakone berichtete.

Auch Sie, alle, die für die Liturgie und deren Gestaltung Verantwortung übernommen haben, die vielen, die einen Dienst im und rund um den Gottesdienst übernommen haben, gehören zu den – wie ich es bei meinen Besuchen in den Pfarren immer wieder feststelle – guten Früchten, deren Samen mit Sacrosanctum Concilium ausgestreut wurden und die im deutschsprachigen Raum auf einen durch die liturgische Bewegung gut vorbereiteten Boden fielen.

Trotzdem bemerken wir, dass der Megatrend der „Spiritualisierung“ eher an unseren Kirchentüren vorbeiführt, als dort hinein. Das schmerzt!

Und es schmerzt jene ganz besonders, deren erste Sorge und Einsatz der Feier der Liturgie gilt. Eine solche zahlenmäßige Schrumpfung kann auch eine Chance sein, sich auf das Eigentliche zu besinnen. Ich möchte dies anhand von vier Punkten tun.

1. Jede liturgische Feier ist das Werk Jesu Christi

Ich meine, dass dieser Gedanke sehr entlastend sein kann, weil in einer Leistungsgesellschaft die Neigung besteht, den Leistungsgedanken auf unsere Gottesdienste zu übertragen und dann zu meinen, immer etwas Besonderes leisten zu müssen, damit der Gottesdienst „gut" und attraktiv scheint.

Gottesdienste *sind gut,* und zwar im theologischen Sinn. Sie sind *heilend*, auch wenn sie nicht explizit „Heilungsgottesdient" heißen. Es sind *gesegnete Minuten*, auch wenn nicht „Segnungsgottesdienst" am Plakat steht. Sie sind *gnadenreich*, ein Stück „Himmel auf Erden".

Hier begegnen wir dem Geheimnis unseres Lebens: In den menschlichen Worten und menschlichen Gesten begegnen wir der Liebe des Vaters durch Christus im Heiligen Geist. Es ist die Begegnung mit Christus in Wort und Sakrament.

Vertrauen wir auf die Kraft der Liturgie, weil es die Kraft Jesu Christi, unseres Herrn ist!

2. Liturgie hat eine ihr eigene „mystagogische" Kraft

Viele Menschen – so beobachten wir es und so belegen es immer wieder Studien – sind auf der Suche nach dem Geheimnis ihres Lebens. Im gleichen Atemzug wird dann die verloren geglaubte Mystik der Liturgie beklagt. Die mit Riten und Symbolen übervoll gefüllte Schatztruhe des lateinischen Ritus wird, offensichtlich als halb leer erfahren. Natürlich muss mit Vorsicht unterschieden werden: Nicht alles, was unter mystisch subsumiert wird, entspricht dem Wesen christlicher Mystik. Nicht alles Irrationale, Instinkthafte oder Schwärmerische, nicht jeder Erfüllungsversuch transzendenter Bedürfnisse ist schon mystisch.

Vielleicht ist es aber wirklich so, weil unsere Gottesdienste häufig nüchtern und intellektuell wirken und der Reichtum an Riten und Symbolen nur mangelhaft entfaltet wird. Stattdessen verlangen viele, zu viele Worte, die gemacht werden, einen hohen Grad an Aufmerksamkeit von allen Mitfeiernden.

Wir gehen heute gerne den Weg des Rationalismus, indem wir unserem Bedürfnis folgen, alles erklären, alles verstehen zu wollen. Das ist ein Missverständnis der „actuosa participatio“: Feiern könne man nur, was man vollständig versteht, durchblickt – im eigentlichen Sinne des Wortes also durchschaut.

Das Geheimnishafte darf geheimnisvoll bleiben, und es darf so erlebt werden. Die byzantinische Liturgie sagt: „das Heilige den Heiligen“. Denn die erste „actuosa participatio“ ist die des Herzens. Diese findet ihren Ausdruck in einer äußerlichen aktiven Mitfeier. Die Gestaltung der Liturgie soll darauf Rücksicht nehmen. Liturgie gestalten heißt, der schon immer vorhandenen „mystagogischen“, ins Geheimnis führenden Kraft Raum geben, damit sie sich entfalten kann. Zeichen und Riten sollen sich entfalten können, sie müssen erlebbar, sinnlich erfahrbar sein.

Erlösung durch unseren Erlöser und Herrn Jesus Christus darf, ja muss, im Gottesdienst erfahrbar werden und nicht in erster Linie auf Grund der theologischen Interpretation verstanden werden. Dazu braucht es nicht ein „noch mehr“ oder „immer Neues“, sondern eine Ars celebrandi – eine Kunst des Feierns, die das entfaltet, was da ist: die ins Geheimnis führende Kraft der Liturgie.

3. Jede liturgische Feier ist immer ein Feiern der ganzen Kirche (vgl. SC 26f)

Zu den betrüblichen Entwicklungen der letzten 40 Jahre gehört auch eine Verselbständigung bei den Feiern der Sakramente in unseren Gemeinden, indem man – in vermeintlicher Eigenverantwortung – Texte aus den liturgischen Büchern eigenmächtig verändert, Riten hinzufügt oder auch weglässt. Diese Entwicklung ging einher mit dem Verdrängen der Volksfrömmigkeit und deren Ausformung in Brauchtum, Andachten und Prozessionen, die regional oft sehr verschieden sind. Erst in jüngerer Zeit ist man sich des pastoralen Wertes geübter Volksfrömmigkeit wieder mehr bewusst geworden, was auch durch das neue Direktorium über die Volksfrömmigkeit der Kongregation für den Gottesdienst und die Sakramentenordnung gewürdigt wird.

Wer eigenmächtig an den Feiern der Sakramente etwas verändert, verdunkelt die ekklesiologische Dimension dieser Feier, die immer eine Feier der ganzen irdischen wie himmlischen Kirche ist. Sie ist immer das Werk Christi, seines ganzen mystischen Leibes – d. h. des Hauptes und seiner Glieder –, der sich in der Teilkirche abbildet, sich widerspiegelt. Das Bewusstsein für dieses gemeinsame Feiern bildet sich im gemeinsamen Beten, in gemeinsamen Riten ab.

Wer darauf verweist, ist nicht Verfechter einer Uniformität, die es gerade in der Liturgie so nicht gibt, wenn man die verschiedenen Riten der katholischen Kirche sieht und auch die möglichen Formen der Inkulturation wahrnimmt, eine Vielzahl, die durch die Liturgiereform nicht erweitert, sondern zum Teil eher geschmälert wurde. Wer daran erinnert, verweist einfach auf das schlichte Recht jedes Katholiken, so zu feiern, wie es die ganze Kirche tut: eben mit ihr zu feiern.

Natürlich bewahrt das nicht vor der Frage, ob Sprache und Zeichen der Liturgie verstanden werden können. Hier bedarf es auch eines gemeinsamen Ringens und ständigen Hinterfragens. Dies aber ist immer ein Prozess der ganzen Weltkirche. Das erscheint mühsam und oft auch langsam und es ist es auch. Es gibt aber nur diesen gemeinsamen Weg – wie in vielen anderen brennenden Fragen auch – in Einheit mit dem Papst und dem Bischof.

4. Jede liturgische Feier hat teil an der Herrlichkeit Gottes

Zu Recht wird in unseren Tagen vom Gottesdienst auch gefordert, dass er schön sei. Aber in einer Welt, in der den Menschen ihr Auge, ihre gesamte Wahrnehmungsfähigkeit durch immer perfektere Mittel in der Werbewelt und im kulturellen Umfeld geschärft und verwöhnt werden, dürfen wir nicht ausgerechnet in der Liturgie unter dieses heute gängige kulturelle Niveau fallen.

Immer haben Menschen das, was ihnen wichtig war, auf besonders schöne Weise kulturell ausgedrückt. Die Nähe zwischen Kunst und Kult bzw. Kultur und Liturgie ist ein anthropologisches Grunddatum, das einfach zum Menschsein dazugehört – und damit die Schönheit der liturgischen Feier.

Der heilige Benedikt, Patron Europas und Vater des abendländischen Mönchtums, sagt in seiner Regel den Mönchen, was natürlich für uns alle gilt:
„Dem Gottesdienst darf nichts vorgezogen werden!"

Dies bezieht sich ja nicht nur auf den zeitlichen Vorrang von Liturgie und Tagzeitengebet bei den Mönchen, sondern auch auf das Gewicht der ganzen Gestaltung der Liturgie: auf den liturgischen Raum mit seinen Funktionsorten, auf die Ausstattung mit Gerät und Gewand, auf das Niveau von Musik und gemeinschaftlichem Gesang, auf den Umgang mit dem Wort, den Gesten und den Symbolen.

Wenn im Gottesdienst, wie das Konzil es sagt, die himmlische Liturgie die Erde und den Menschen erreicht und berührt, dann muss sich der schöne Glanz von Gottes Herrlichkeit in der Schönheit der Gestalt der Liturgie widerspiegeln.

- Jede liturgische Feier ist das Werk Jesu Christi.
- Liturgie hat eine ihr eigene „mystagogische“ Kraft.
- Jede liturgische Feier ist immer ein Feiern der ganzen Kirche.
- Jede liturgische Feier hat teil an der Herrlichkeit Gottes.

Eigentlich können wir nur staunen, was uns hier zugetraut wird, als Diakon, als Priester, als Bischof, als Laie, der einen liturgischen Dienst versieht oder für die Gestaltung der Liturgie Verantwortung trägt, und nicht zuletzt als zum Gottesdienst versammelte Gemeinde:

„Ihr seid ein auserwähltes Geschlecht, eine königliche Priesterschaft, ein heiliger Stamm, ein Volk, das sein besonderes Eigentum wurde, damit ihr die großen Taten dessen verkündet, der euch aus der Finsternis in sein Licht gerufen hat.“ (1 Petr 2,9)

Verstummen wir vor dem Großen, an dem mitzuwirken wir berufen sind, und stellen wir uns immer wieder neu in seinen Dienst, wenn wir vor dem Beginn der heiligen Liturgie sprechen: „Unsere Hilfe ist im Namen des Herrn, der Himmel und Erde erschaffen hat“, und damit unser ganzes Leben meinen.

TEIL III
DOKUMENTATION

Anton Strutzenberger

Eröffnung und Programm der Tagung*

„Anlässe für die heutige Veranstaltung gibt es mehrere. Rein äußerlich ist der 11. Oktober der Tag der Konzilseröffnung im Jahre 1962 unter dem seligen Papst Johannes XXIII. Und am 4. Dezember 1963 (also vor 40 Jahren) wurde die Konstitution über die heilige Liturgie „Sacrosanctum Concilium“ unter Papst Paul VI. feierlich verkündet.

Man könnte sich fragen, ob es angebracht sei, 40 Jahre zum Anlass einer Feier zu nehmen. Jubiläen feiert man eher nach 25 oder 50 Jahren. Vor 15 Jahren gab es hier in dieser Kirche schon eine Veranstaltung der Liturgiekommission zum „Silbernen“ der Liturgiekonstitution. Hätten wir nun nicht noch zehn Jahre bis zum „Goldenen“ warten sollen?

Das vierzigste Jahr nach der Enzyklika „Rerum Novarum“ war einst Grund genug für die Enzyklika „Quadragesimo Anno“, um in sozialen Fragen auf neue Herausforderungen zu reagieren und den Standpunkt der Kirche in den Veränderungen der Zeit erneut zu bestimmen.

Auch wir haben uns zusammengefunden, um nicht nur einen Jahrestag mit einer Festveranstaltung zu begehen, sondern auch eine Standortbestimmung in Fragen der Liturgiereform des Zweiten Vatikanischen Konzils vorzunehmen. Es gibt also einen inneren Grund, wie die mediale Aufregung der letzten Wochen (über eine neu geplante Instruktion einige problematisch erscheinende Formen liturgischer Praxis betreffend) zeigt, sich über Sinn und Güte der Liturgiereform neuerlich klar zu werden.

Und wie zu jeder Liturgie sowohl der entsprechende Anlass als auch der angemessene Ort gehört, haben wir uns in der Konzilsgedächtniskirche versammelt. Denn dieser Kirchenbau ist eine der vielen Früchte des Konzils. In ihm hat fünf Jahre nach dem Konzil (1969 bis 1971) die Wiener Diözesansynode stattgefunden, die sich bemühte, die richtungweisenden Beschlüsse des Zweiten Vatikanischen Konzils in die konkrete Praxis der Kirche von Wien umzusetzen.

Möge es heute gelingen, im Rückblick auf das in der Vergangenheit Geschehene und bisher Geleistete den gegenwärtigen Stand zu reflektieren und gerecht zu beurteilen sowie aus der richtigen Rezeption der Ab-

---

* Wortlaut der Begrüßung durch den Vorsitzenden der Liturgiekommission der Erzdiözese Wien.

sichten des Konzils auch die Vision für die Liturgie der Zukunft zu finden. Eines muss uns wohl allen klar sein: Wir sind als Kirche in der Welt von heute unterwegs durch die Zeit und wir sind – was die Liturgiereform anlangt – zwar schon nicht mehr am Anfang des Weges, aber auch noch nicht an dessen Ende angelangt. Auch für die Liturgie gilt: ecclesiae semper reformanda.“

Das Programm der Tagung:

9.00:	ANTON STRUTZENBERGER Begrüßung und Eröffnung
	FRANZ KARDINAL KÖNIG Wie es zur Liturgiekonstitution kam – aus der Sicht eines Zeitzeugen und Konzilsteilnehmers
	RUDOLF SCHWARZENBERGER Der Weg zur neuen Liturgie – die Umsetzung der Beschlüsse des II. Vaticanums am Beispiel der Erzdiözese Wien
10.30:	P a u s e
11.00:	PAUL M. ZULEHNER Zur Qualität der erneuerten Liturgie – Ergebnisse einer pastoralsoziologischen Untersuchung
12.00:	Rückfragen an die Referenten
13.00:	M i t t a g s p a u s e gleichzeitig: Büchertisch – Präsentation liturgiepraktischer Materialien – Paramenten- und Geräteausstellung – Videos bemerkenswerter Liturgien – historische Schautafeln zur Liturgiereform
14.30:	MARTIN KLÖCKENER H a u p t r e f e r a t : Die Zukunft der Liturgiereform – im Widerstreit von Konzilsauftrag, notwendiger Fortschreibung und „Reform der Reform“

16.00: HANS-JÜRGEN FEULNER
Leitung der abschließenden Podiums- und Plenumsdiskussion mit: Martin Klöckener, Othmar Posch, Andreas Redtenbacher, Rudolf Schwarzenberger, Anton Strutzenberger und Helga Zawrel

17.00: CHRISTOPH KARDINAL SCHÖNBORN
Festliche Vesper mit Predigt des Erzbischofs von Wien

Hubert Philipp Weber

40 Jahre gefeierter Glaube – Dokumentation und Reflexion

Eine Jubiläumsfeier für die *Konstitution über die heilige Liturgie „Sacrosanctum Concilium“*, einen Grundtext zur Liturgie, ist ein Anlass, sich theologisch damit auseinander zu setzen, aber auch nach den Veränderungen zu fragen, die die Feier der Liturgie in diesen 40 Jahren genommen hat. Verschiedene Materialien, die diese Entwicklungen und Wege in die Zukunft der Liturgie in der Stadt Wien aufzeigen, sind beim Wiener Fachtag vorgestellt worden. Im Folgenden sollen sie dokumentiert und reflektiert werden. Dabei werden drei Grunddimensionen der Liturgiewissenschaft als Leitfaden dienen:

- Unter einem *historischen* Blickwinkel werden Zeugnisse vorgestellt, welche die Entwicklung des Gemeindegottesdienstes seit dem Konzil dokumentieren. Konkret finden sich hier Bücher zur Verwendung in der Liturgie aus der Übergangszeit und die Beschreibung einer Ausstellung mit Erfahrungen aus der Zeit vor und nach dem Konzil.
- In *pastoraler* Hinsicht finden sich einerseits Dokumentationen von liturgischen Feiern, anderseits lässt ein Blick auf den Behelfstisch Rückschlüsse auf konkrete liturgische Praktiken in Gemeinden zu.
- Den dritten Schritt stellt eine *systematisch-theologische* Reflexion auf das Thema des Fachtages, vor allem auf die theologische Grundlegung in der Liturgiekonstitution dar. Inwieweit enthält die Konstitution Glaubensaussagen? Eine Antwort auf diese Frage ist richtungweisend für die Feier der Liturgie in unseren Gemeinden heute. Wer Liturgie feiert, muss dabei stets die Frage vor Augen haben, wie der Gottesdienst als gefeierter Glaube seinen Ursprüngen treu bleiben und zugleich den Anforderungen der Zeit gerecht werden kann.

1. Historisch: Zeugnisse aus der Zeit der Liturgiereform

Liturgie und Liturgiereform sind in der theologischen Literatur breit dokumentiert. Im Rahmen des Fachtags hat Rudolf Schwarzenberger mit eigenen Erfahrungen aus der Reformzeit die damaligen Entwicklungen in der Erzdiözese Wien in Erinnerung gerufen. Zwei Ausstellungen, ein Büchertisch und einige Stellwände mit Bildern und Texten lassen wichtige Facetten der Liturgiereform lebendig werden.

Liturgiereform im Spiegel liturgischer Bücher

Im Archiv von Herder Wien lagern Schätze, Belegexemplare offizieller und anderer liturgischer Bücher, die dazu dienen können, den tatsächlichen Fortgang der Liturgiereform zu illustrieren. Eine Ausstellung davon ließ Rückschlüsse auf konkrete Schritte der Umsetzung zu.

Das *Messbuch* Johannes' XXIII., erschienen 1962 als letzte Form des tridentinischen Missale Romanum (Erstausgabe 1571), enthielt noch alle Texte, die für die Feier der Eucharistie notwendig waren, und war ausschließlich in Latein gehalten. Das sollte sich nach dem Konzil ändern. Das Messbuch Pauls VI., das nächste Missale Romanum, erschien lateinisch als „Editio typica" im Jahr 1970. Ihm folgen die gedruckten deutschen Ausgaben, welche die von den Pastoralämtern zusammengestellten und vervielfältigten Materialien ersetzten. Die ersten bei Herder lagernden Faszikel trugen Untertitel wie „Ausgewählte Studientexte für das künftige deutsche Messbuch", mitunter noch erweitert um den Begriff „Handreichung"[1]. Die endgültige und verbindliche deutsche Ausgabe erschien im Jahr 1975 in zwei Bänden.[2] Entsprechend der lateinischen Ausgabe kam 1988 eine modifizierte zweite Auflage des Messbuchs heraus. Im Jahr 2002 wurde in Rom die dritte Auflage der „Editio typica" des Missale Romanum vorgestellt.[3] Sie weist deutlichere Veränderungen auf, die die Weiterentwicklung der Liturgie repräsentieren. Besonders hervorzuheben ist die grundlegend erneuerte Allgemeine Einführung. Die Arbeiten zur Übersetzung ins Deutsche haben erst begonnen. Wenn auch manche Wünsche keine Erfüllung fanden, stellt die neue Ausgabe einen Fortschritt für die Liturgie dar.

---

1 Hier fanden sich: Die Osterfeier. Handreichung für die liturgischen Feiern von Palmsonntag bis Ostermontag mit ausgewählten Studientexten für das künftige deutsche Messbuch, 1971; Die Osterzeit. Ausgewählte Studientexte für das künftige deutsche Messbuch. Heft 1, kurze Fassung, 1971; Heft 1, lange Fassung, mit Präfationen und Ordinarium, 1971; Gedächtnis der Heiligen. Ausgewählte Studientexte für das künftige deutsche Messbuch. Heft 7, Die Messfeiern zu Ehren der Heiligen, 1972.

2 Die Feier der Heiligen Messe. Messbuch. Für die Bistümer des deutschen Sprachgebietes. Authentische Ausgabe für den liturgischen Gebrauch. 2 Bände, 1975.

3 Missale Romanum ex decreto Sacrosancti Oecumenici Concilii Vaticani II instauratum auctoritate Pauli PP. VI promulgatum Ioannis Pauli PP. II cura recognitum. Editio typica tertia, Rom 2003.

Mit der – im Konzilstext noch zaghaften – Einführung der Volkssprache ging die Verantwortung für die liturgischen Bücher in den Kompetenzbereich der Bischofskonferenzen über (die erste ihnen allgemein zugesprochene Kompetenz) und durch Wiederaufteilung der liturgischen Aufgaben erwies sich ein „Altarmessbuch“ für alle Texte als wenig geeignet. Die Bücher für den liturgischen Gebrauch sind daher nach praktischen Gesichtspunkten geteilt. Sie tragen als verbindendes Element alle den Übertitel „Die Feier der Heiligen Messe“, der Haupttitel weist dann ihre jeweilige Aufgabe aus: „Messbuch“, „Lektionar“, „Evangeliar“ etc.

Während das Messbuch bereits 1975 fertig gestellt war, dauerte es bis 1981, bis nach Fertigstellung der Deutschen Einheitsübersetzung der Heiligen Schrift (approbiert 1978) die *Lektionare* in einer definitiven Form vorlagen. Zunächst gab es Vorformen. Eine neu eingeführte Leseordnung der Wochentage – bis dahin wurden Texte von den Heiligenfesten, von Votivmessen oder vom vergangenen Sonntag verwendet – ermöglichte erstmals, den Wunsch des Konzils zu erfüllen, „die Schatzkammer der Schrift möge den Gläubigen weiter geöffnet werden“ (SC 51). Mit *Perikopenbüchern*, die bereits vor dem neuen Missale erschienen, konnten die Schriftlesungen deutsch und in größerer Vielfalt als bisher vorgetragen werden.[4] Nach dem Konzil entstand eine erneuerte Leseordnung, die für die Sonntage drei und für die Wochentage zwei Lesejahre vorsieht. Dem entsprachen bereits die Lektionare mit der provisorischen Einheitsübersetzung, die mit dem lateinischen Missale ab 1970 für die Sonntagsmessen[5], zeitgleich mit dem deutschen Messbuch 1975 dann auch für die Wochentage[6] erschienen. Die authentischen Ausgaben mit dem approbierten Text der Einheitsübersetzung wurden ab 1981 heraus-

4 Perikopenbuch für die Messfeier an Wochentagen. Band I, Vom ersten Adventsonntag bis zum Samstag nach dem ersten Passionssonntag, 1966; Perikopenbuch für die Messfeier an Wochentagen. Band II, Von Ostern bis zum Dreifaltigkeitsfest, 1966; Perikopenbuch für die Messfeier an Wochentagen. Band III, Vom Dreifaltigkeitsfest bis zum Samstag nach dem letzten Sonntag nach Pfingsten, 1966. Für die Sonntage wurde die bestehende Ordnung übersetzt: Deutsches Lektionar für die Feier der Heiligen Messe. In der Textgestalt der Schott-Messbücher. Herausgegeben von den Benediktinern der Erzabtei Beuron, 1964.

5 Die Feier der Heiligen Messe. Lektionar. Die Schriftlesungen für die Sonn- und Feiertage des Kirchenjahres. Band II, Lesejahr B, 1969; Band III, Lesejahr C, 1970; Band I, Lesejahr A, 1971.

6 Die Feier der Heiligen Messe. Lektionar. Band 4, Die Schriftlesungen für die Wochentage des Kirchenjahres. 1. Teil Advent bis Pfingsten, 1975; 2. Teil Pfingsten bis Advent, 1975; Band 5, Die Schriftlesungen für die Gedenktage der Heiligen, 1975, Band 6,1, Die Schriftlesungen für die Messfeier bei besonderen Anlässen, 1973; Band 6,2, Die Schriftlesungen für die Messfeier für Verstorbene, 1972.

gebracht.[7] Dazu erschien ein Evangeliar mit Evangelientexten für alle Sonn- und Feiertage.[8]

Ein erster Blick auf diese Messtexte vor dem Hintergrund der Liturgiekonstitution ermöglicht einige Schlüsse. Die *participatio actuosa* verlangt wenigstens grundsätzlich die Möglichkeit, Texte zu verstehen. Deshalb hat sich im Lauf der Reform die Verwendung der Landessprachen in allen Teilen der Liturgie durchgesetzt, beginnend bei den biblischen Lesungen. Der letzte Text, dessen Verwendung in der Volkssprache genehmigt wurde, war das Hochgebet. Die lateinische Sprache soll dabei nicht völlig verloren gehen. Im deutschen Messbuch ist dem mit lateinischen Texten im ersten Band Rechnung getragen.

„Bei den liturgischen Feiern soll jeder, sei er Liturge oder Gläubiger, in der Ausübung seiner Aufgabe nur das und all das tun, was ihm aus der Natur der Sache und gemäß den liturgischen Regeln zukommt" (SC 28). *Participatio actuosa* bedeutet auch, dass es in der Liturgie verschiedene Aufgaben gibt. Statt einem Buch mit allen Texten stehen daher für verschiedene Dienste verschiedene Bücher zur Verfügung.

Aus praktischen Motiven gleicht das berühmteste deutsche liturgische Buch für den *Volksgebrauch*, der *Schott*, im Aufbau auch heute noch dem tridentinischen Altarmessbuch. Er bietet alle Texte der Eucharistiefeier übersichtlich nebeneinander. Es gab vor dem Konzil eine Ausgabe mit lateinischen und deutschen Texten in zwei Spalten[9] sowie eine andere, die nur deutsche Texte enthielt und „Volks-Schott" hieß.[10] In diese Tradition fügt sich, nach Zwischenausgaben[11], die bis heute verbreitete Form, die

7 Die Feier der Heiligen Messe. Lektionar. Bd. 1–3, Sonntage A–C; Bd. 4–6, Wochentage; Bd. 7, Messen zu bestimmten Feiern; Bd. 8, Votivmessen, Messen für besondere Anliegen.

8 Die Feier der Heiligen Messe. Evangeliar. Für die Bistümer des deutschen Sprachgebietes. Authentische Ausgabe für den liturgischen Gebrauch. Die Evangelien der Sonntage und Festtage in den Lesejahren A, B und C, 1982.

9 Etwa SCHOTT Anselm, Das Messbuch der heiligen Kirche. Mit liturgischen Einführungen und kurzen Lebensbeschreibungen der Heiligen. Neu bearbeitet von den Benediktinern der Erzabtei Beuron, 1957. SCHOTT Anselm, Das Messbuch der heiligen Kirche. Mit liturgischen Einführungen. Neu bearbeitet von den Benediktinern der Erzabtei Beuron, 1962.

10 Volks-Schott. Messbuch für die Sonn- und Feiertage. Im Anschluss an das größere Messbuch von P. Anselm SCHOTT OSB herausgegeben von den Mönchen der Erzabtei Beuron, 1951. Volks-Schott. Messbuch für die Sonn- und Feiertage. Im Anschluss an das größere Messbuch von P. Anselm SCHOTT OSB herausgegeben von den Benediktinern der Erzabtei Beuron, 1958.

11 SCHOTT Anselm, Das Messbuch der heiligen Kirche. Mit neuen liturgischen Einführungen. In Übereinstimmung mit dem Altarmessbuch neu bearbeitet von den Benediktinern der Erzabtei Beuron, 1966. Nur die Lesungen enthält Schott-Messbuch. Die neuen Lesungen bei besonderen Anlässen. Teil 1, Sakramente und Sakramentalien. Votivmessen. Originaltexte der Altarausgabe des Lektionars. Mit Einführungen hg. von den Benediktinern der Erzabtei Beuron, 1973.

zunächst den Titel „Volks-Schott“[12], in der letzten Ausgabe, erschienen ab 1982[13], „Schott-Messbuch“ und den Untertitel „Originaltexte der authentischen deutschen Ausgabe des Messbuchs und des Lektionars“ trägt. Durch die neue Leseordnung ist die Zahl der Texte so angewachsen, dass eine Teilung in mehrere Bücher sinnvoll war, nämlich Sonntagsausgaben zu den drei Lesejahren und Wochentagsausgaben. Freilich hat sich auch die Anforderung an das Volksmessbuch gewandelt. Diente es früher dazu, die Kluft zur lateinischen Liturgie zu überwinden, ist vor dem Hintergrund der *participatio actuosa* das Mitlesen (so es nicht zum Verständnis nötig ist) im Gottesdienst kein idealer Zustand. Die angemessene Haltung zu vorgetragenen Texten ist das Hören, die Gebete gilt es, sich betend zu Eigen zu machen. Das Mitlesen entspricht dabei eher der Haltung eines Konsumenten. Unerlässlich ist der *Schott* hingegen für die Vorbereitung, sei es im Liturgieausschuss oder persönlich.

Obwohl das Konzil den ausdrücklichen Wunsch geäußert hat, die *Tagzeitenliturgie* möge auch in den Gemeinden gefeiert werden, besteht hier noch sehr viel Raum für liturgische Entwicklungen. Dabei gibt es schon sehr lange Tendenzen, das Stundengebet breiten Kreisen zugänglich zu machen. Schon lange vor dem Konzil gab es kleine Ausgaben des Breviers, die auch in der Landessprache ein Mitbeten ermöglichten.[14] Nach der Verabschiedung der Konstitution stand das Brevier schon sehr schnell auch in der Landessprache zur Verfügung.[15] Damit wurde allerdings zunächst eine Anforderung des Klerus erfüllt, der sich mit schwindenden Lateinkenntnissen auch vom Verständnis des Breviergebets entfernt hat-

---

12 Volks-Schott. Für das Lesejahr A. Originaltexte der authentischen deutschen Ausgabe des Messbuchs und des Lektionars. Mit Einführungen hg. von den Benediktinern der Erzabtei Beuron, 1977. Volks-Schott. Für das Lesejahr B. Originaltexte der authentischen deutschen Ausgabe des Messbuchs und des Lektionars. Mit Einführungen hg. von den Benediktinern der Erzabtei Beuron, 1975.

13 Schott-Messbuch. Originaltexte der authentischen deutschen Ausgabe des Messbuches und des Messlektionars. Mit Einführungen hg. von den Benediktinern der Erzabtei Beuron. Für die Sonn- und Festtage des Lesejahres. A 1983; B 1984; C 1982; Für die Wochentage 2 Bde. 1984; Für verschiedene Anlässe 1986.

14 Officium Divinum Parvum. Bearbeitet und herausgegeben im Einvernehmen mit dem österreichischen Episkopat von P. Hildebrand FLEISCHMANN OSB, Mönch der Abtei Seckau. Ausgabe mit deutschem Text, 1958. Aus der Konzilszeit selbst: Das Breviergebet. Deutsche Ausgabe des Breviarium Romanum. Hg. und mit Erklärungen versehen von P. Dr. Peter MORANT OFMCap. Band 2, Dreifaltigkeitssonntag bis Advent, 1966.

15 Das Breviergebet. Deutsche Ausgabe des Breviarium Romanum. Hg. und mit Erklärungen versehen von P. Dr. Peter MORANT OFMCap. Band 1, Advent bis Dreifaltigkeitssonntag, 1967. Das Breviergebet. Deutsche Ausgabe des Breviarium Romanum. Hg. und mit Erklärungen versehen von P. Dr. Peter MORANT OFMCap. Band 2, Dreifaltigkeitssonntag bis Advent, 1965.

te (vgl. SC 101 § 1). Die Reform des Stundengebets fand im Deutschen ihren ersten Ausdruck in den zwei Bänden „Neues Stundenbuch“ (1970–1971)[16] und den Abschluss mit den drei Bänden und sechzehn Faszikeln, die analog zu den Büchern für die Eucharistie den Übertitel „Die Feier des Stundengebetes“ und die Untertitel „Stundenbuch“ bzw. „Lektionar“ (für die Lesehore) tragen.[17] Als Volksausgabe dazu fungiert das vierbändige „Kleine Stundenbuch“, das Morgen-, Abend- und Nachtgebet (Laudes, Vesper, Komplet) enthält.[18]

Wahrnehmungen aus der Zeit der Reform

Eine Ausstellung an Stellwänden dokumentiert die persönliche Wahrnehmung der „alten Liturgie“, lateinisch gefeiert und seit der tridentinischen Reform im Wesentlichen unverändert. Sprache, Form, ein baulich abgetrenntes Presbyterium sind Anzeichen dafür, dass Liturgie faktisch Sache von Experten war, von geweihten Amtsträgern und Ministranten, während das Volk die Messe „hörte“. Aus solchen ungenügenden Gottesdiensterfahrungen entstanden die verschiedenen Bewegungen, besonders die Liturgiebewegung. Sie bemühten sich erfolgreich um ein Bewusstsein vom *Geist der Liturgie* (J. A. Jungmann[19], P. Parsch[20]), mit Hilfsmitteln, vor allem den verschiedenen Ausgaben des „Schott-Messbuchs“, mit Literatur zur Liturgie, aber auch in der Feier selbst, etwa mit der „Bet-Sing-Messe“. Sie war zunächst ein Experiment, bald aber im deutschen Sprachraum weit verbreitet. Die Suche nach einem breiten Verständnis der Liturgie findet schon vor dem Konzil in der Enzyklika *Mediator Dei* von Pius XII. (20. November 1947) eine päpstliche Förderung.

---

16 Neues Stundenbuch. Ausgewählte Studientexte für ein künftiges Brevier. Band 1, Tagzeiten, 1970. Neues Stundenbuch. Ausgewählte Studientexte für ein künftiges Brevier. Band 2, Geistliche Lesung, 1971.

17 Die Feier des Stundengebetes. Stundenbuch. Für die katholischen Bistümer des deutschen Sprachgebietes. Authentische Ausgabe für den liturgischen Gebrauch. 3 Bände, Freiburg/Br. 1978; Die Feier des Stundengebetes. Lektionar. Für die katholischen Bistümer des deutschen Sprachgebietes. Authentische Ausgabe für den liturgischen Gebrauch. Bände I/1–8 und II/1–8, Freiburg/Br. 1978.

18 Kleines Stundenbuch. Morgen- und Abendgebet der Kirche aus der Feier des Stundengebetes. 4 Bände: Advent und Weihnachtszeit 1982; Fasten- und Osterzeit 1983; Im Jahreskreis 1981; Die Gedenktage der Heiligen 1984.

19 Vgl. JUNGMANN Josef Andreas, Missarium Sollemnia. Eine genetische Erklärung der römischen Messe. Erster Band, Messe im Wandel der Jahrhunderte. Messe und Kirchliche Gemeinschaft. Vormesse, Freiburg/Br. [4]1958; Zweiter Band, Opfermesse, Freiburg/Br. 1952.

20 Vgl. PARSCH Pius, Volksliturgie. Ihr Sinn und Umfang, Klosterneuburg 1940.

Doch die Liturgiereform ist nicht die Ablösung der alten Liturgie durch etwas Neues, wie als Missverständnis zu beobachten ist. Vielmehr war es eines ihrer zentralen Anliegen, den Geist der Liturgie zu bewahren und in der Tradition Verschüttetes wieder neu hervorzubringen. Die Konzelebration bei der Eucharistiefeier etwa, eine vermeintlich neue Erfahrung für Mitfeiernde, war in der tridentinischen Liturgie ausschließlich bei der Priesterweihe vorgesehen. Sie wurde neu belebt und wird heute in vielen Fällen vollzogen.

Im Einzelnen finden sich folgende Beobachtungen: Der Gottesdienst stellt sich *einheitlicher* dar, weil wesentliche Elemente früher zum Teil außerhalb vollzogen wurden: etwa die Predigt vor der Feier, die Kommunionspendung unabhängig davon. Er zeigt sich aber auch *differenzierter*: Verschiedenen Elementen entsprechen eigene Orte, Altar, Ambo, Sessio, während früher die Feier ganz am Altar vollzogen wurde.

2. Pastoral: Beispiele und Materialien für den Gottesdienst

Ausstellungen bei Fachtagungen sind für gewöhnlich nicht repräsentativ, sondern stellen bestimmte Aspekte des liturgischen Lebens dar. Zum einen finden sich Verkaufsausstellungen mit einem legitimen Werbeinteresse, etwa für Paramente oder liturgische Geräte (hier nicht beschrieben), dann einige Beispielvideos von liturgischen Feiern. Zum andern gibt es Tische mit liturgischen Behelfen, deren praktische Bedeutung wohl hoch einzuschätzen ist.

Liturgische Sonderformen auf Video

Videos von liturgischen Feiern zeigen oft Sonderformen. Solche Dokumentationen entstehen aus partikulären Interessen, können aber einen Blick in die Weite liturgischer Möglichkeiten eröffnen. Für die praktische Umsetzung im Gemeindegottesdienst eignen sich diese Modelle nur bedingt, weil sie für spezielle Situationen Antworten zu geben versuchen. Sie werden vorgestellt, um die legitime Neugierde zu wecken, die einer der Motoren einer lebendigen Liturgie in den Pfarrgemeinden ist. Im Folgenden werden die vorgestellten Videos nur genannt.

Eine Dokumentation mit dem Titel *Neue Russisch-Orthodoxe Taufliturgie* dokumentiert eine Form von kirchlichem Leben in Russland nach dem Kommunismus, ist also ein Beispiel für kirchliche Erneuerung, die aus der Not gewachsen ist. Ein katholisches Beispiel für Erneuerungsliturgie ist der Reformgottesdienst im Paderborner Dom unter dem Titel *Kirche wächst von innen*, in dessen Rahmen Menschen ihren Glaubensweg reflektieren und in einer Feier den Taufbund persönlich annehmen, das Firm- oder Eheversprechen erneuern.

Zwei Taufliturgien finden sich vorgestellt. Erwachsene schildern in einer deutschen Produktion ihren Weg zur Taufe unter dem Titel *Ich gehe zur Quelle*. Hier liegt der Schwerpunkt auf Bekehrungsgeschichten in einer säkularen Gesellschaft. Aus Amerika stammt ein Video von einer Osternachtsfeier mit Taufspendung unter dem Titel *This is the Night. A Parish Welcomes New Catholics*. Eine Form lebendig bewahrten Brauchtums hingegen bietet die *Echternacher Springprozession*.

Zwei der vorgestellten Filme gehören zum Thema liturgischer Tanz: ein englisches Produkt *Liturgical Dance*, das an konkreten Beispielen Möglichkeiten für die Umsetzung liturgischen Tanzes in Pfarren aufzeigen soll, neben *Dancing with God*, einem Video von Gottesdiensten einer Gemeinde der Episcopal Church in San Francisco, die ihren Gottesdienst – nach Selbstaussage – in der Tradition des Gregor von Nyssa mit Singen, Tanzen und dem Austausch von Glaubenserfahrungen gestaltet.

Liturgie in Gemeinden und Behelfe dazu

Ein liturgischer Fachtag ist nicht für Wissenschaftler gemacht, sondern für jenen Personenkreis, den die Liturgiekonstitution „Liturgen“ (SC 28) nennt, also jene, die faktisch Liturgie feiern und die Feier auch vorzubereiten haben. Einen kleinen Einblick in die tatsächliche Gestalt der Liturgie gibt daher ein Blick auf Tische mit Behelfen für Gottesdienste. Solche Behelfe enthalten auch zu einem guten Teil Texte, die zum Vortrag im Gottesdienst gedacht sind. Einerseits stellen sie durchdachte Texte zur Verfügung, anderseits tragen sie damit deutlich zu einer „Verwortung“ der Liturgie bei. Bei Auswahl und Verwendung von Behelfen wird es also darum gehen müssen, welche Texte zur Unterstreichung des Schriftwortes dienen oder auch davon ablenken.

Ein Teil der vorgestellten Behelfe ist für den Sonntagsgottesdienst in den Pfarrgemeinden gedacht, besonders für die Fürbitten. Die meisten Broschüren und Bücher enthalten fertige Modelle. Lediglich ein einziger dort vorgestellter Behelf trägt den Titel „Fürbitten formulieren“. Es handelt sich um ein Faltblatt mit praktischen Hinweisen für das Formulieren und Auswählen der einzelnen Anliegen.[21] Das Allgemeine Gebet als Wahrnehmung des priesterlichen Amtes der Gemeinde verlangt eine je auf die Feier und das Leben von Ortsgemeinde und Weltkirche abgestimmte Vorbereitung. Fertige Modelle können dazu Hilfen sein, sie können die eigene Formulierung der Anliegen aus Kirche, Welt und Gemeinde für den Gottesdienst nicht ersetzen.

Eine zweite Gruppe von Behelfen bezieht sich auf Gruppengottesdienste, hier besonders Kinder- und Jugendliturgie. Das deutet in erster Linie darauf hin, dass die gewöhnlich verwendeten Texte für die Feier erwachsener Gläubiger ausgelegt sind. Das Bedürfnis nach solchen Hilfsmitteln zeigt das große Interesse der Pfarrgemeinden, Liturgie auch jungen Menschen zugänglich zu machen. Leitfaden wie „Mit Kindern beten" zeigen, dass dieses Anliegen über die Gemeindeliturgie hinaus Bedeutung hat.

Als weitere Hilfe für Liturgen finden sich unter anderem Behelfe für Ministranten, ein Verzeichnis der Schriftlesungen zur Vorbereitung auf den Lektorendienst und Leitfaden zur Vorbereitung von Wort-Gottes-Feiern. Letztere rufen die Problematik von Gemeinden ohne Priester am Ort in Erinnerung.

3. Systematisch: Die Liturgiekonstitution als dogmatischer Text

Die historische Betrachtung eröffnet einen Blick für die Weite der Liturgie und für die Vielfalt ihrer Formen. Pastorale Erwägungen weisen verschiedene Wege, wie Liturgie konkret wird und werden kann. Die Liturgie ist einer der drei wesentlichen kirchlichen Grundvollzüge des Glaubens. Die Vielfalt liturgischen Lebens wird in dieser systematisch-theologischen Reflexion auf ihre Verbindung zur Glaubensmitte hin untersucht. Eine Lektüre der Liturgiekonstitution als Glaubenstext soll Kriterien für die Bedeutung, die Behelfen, Texten, Büchern und liturgischen Beispielen für die Feier des Gottesdienstes zukommt, angeben und diese Dokumentation beschließen.

Sacrosanctum concilium trägt den Titel „Konstitution über die Heilige Liturgie" *(Constitutio de sacra Liturgia)*. Als „Konstitution" ist dieser Text mit der größtmöglichen Autorität ausgestattet, die das II. Vati-

21 Faltblatt „Fürbitten formulieren". Herausgegeben vom Deutschen Liturgischen Institut Trier.

canum vergeben hat. Anders als bei den drei anderen Konstitutionen des Konzils ist dieser Titel nicht durch die Beifügung eines Adjektivs näher bestimmt. Josef Andreas Jungmann hat sie infolgedessen als „disziplinär“ eingeordnet. Darunter sei zu verstehen, „es werden darin Verfügungen für ein Gebiet des praktischen Lebens, nicht dogmatische Lehren vorgelegt“,[22] Ganz so einfach scheint indes die Sache nicht zu liegen. So wie Liturgie mehr ist als die Erfüllung von Vorschriften (die Liturgiewissenschaft mithin mehr als ein Abkömmling des Kirchenrechts), so ist auch die Liturgiekonstitution, trotz der vielen Vorschriften, die sie enthält, auch ein Text voller systematisch-theologischer, also dogmatischer Aussagen. Was die Lektüre so kompliziert macht, ist, dass sie die theologische Grundlegung und die praktischen Ausführungsbestimmungen („Regeln für die Erneuerung der Liturgie“) in einem Dokument vereint.

Die theologischen Kernbegriffe, um die das Liturgieverständnis kreist, sind in der Tradition der Kirche verankert, doch haben sie durch die Weite ihrer Verwendung, im Vergleich zum damals gängigen Verständnis von Sakramententheologie, entscheidend erneuernden Charakter. Hier einige Hinweise. Die ganze Liturgie erwächst aus dem *„Pascha-Mysterium“* (*mysterium paschale* SC 5). Die Liturgie ist selbst ein Teil des göttlichen Erlösungshandelns an den Menschen. Liturgie kommt also zunächst „von oben“ zu den Menschen und lässt sie in ihrem Glauben am Wirken Gottes an der Welt und an ihnen teilnehmen. Wenn die Kirche Gottesdienst feiert, tut sie also genau das, was ihrem Wesen entspricht. „Gottesdienst ist nicht ein von außen kommendes Gebot, das befolgt werden muss, sondern der Raum, in dem das Christusmysterium weiterwirkt.“[23] Das Maß für die Liturgie ist der Glaube an den dreifaltigen Gott, der sich in Jesus Christus heilsam an der Welt erwiesen hat. Als Feier des Glaubens ist sie daher stets an diesen Glauben der Kirche, der im Leben der Gläubigen lebendig ist, zurückgebunden.[24] Die liturgische Feier ist niemals Selbstzweck. Über alle unmittelbaren Bedürfnisse der Mitfeiernden hinaus hat sie größere Bedeutung. Sie macht die Erlösung für den Menschen erlebbar. Das soll in der Feier spürbar werden.

---

22 JUNGMANN Josef Andreas, Kommentar zu Sacrosanctum Concilium, LThK2 E 1, 14.
23 JUNGMANN, ebd. 20.
24 Vgl. programmatisch dazu MESSNER Reinhard, Einführung in die Liturgiewissenschaft, Paderborn 2001, 26–29.

In der Liturgie ist *Christus gegenwärtig*. In Auseinandersetzung mit der Reformation war naturgemäß die bleibende Gegenwart in den eucharistischen Gestalten betont worden. Im Art. 7 zählt das Konzil verschiedene Weisen der Gegenwart Christi im Gottesdienst auf. Christus ist es, der die Liturgie feiert. Neben der Realpräsenz als bleibender Weise der Gegenwart ist an dieser Stelle besonders die Gegenwart im Wort zu benennen: Christus selbst spricht, wann immer aus der Heiligen Schrift gelesen wird. Deshalb kam der Aufwertung der Schriftlesung in der liturgischen Feier besonderes Gewicht bei der Erneuerung zu. Dazu wurde die Leseordnung erneuert und auf drei (Sonntage) bzw. zwei (Wochentage) Jahreszyklen erweitert. Auch die Einführung einer dritten Lesung für alle Sonntage und Hochfeste dient diesem Anliegen. Wenn *das Wort* im Gottesdienst so zu verstehen ist, dann sind alle anderen Worte daran zu messen, wie sehr sie Christus, das ewige Wort des Vaters, hervortreten lassen oder aber, durch zu viele Worte, verbergen. Das ist das erste Kriterium, wenn Behelfe Verwendung finden.[25]

Als sichtbarer Ausdruck unserer Erlösung, des Pascha-Mysteriums gefeiert ist die Liturgie „Quelle“ und „Höhepunkt“ des kirchlichen Lebens (SC 10). Damit das aber möglich ist, müssen alle, die feiern, die ganze Gemeinde „bewusst, tätig und mit geistigem Gewinn daran teilnehmen“ (SC 11). Die *participatio actuosa* ist nicht nur ein äußerliches Merkmal, sondern gehört zum Innersten der Liturgie als Feier des Heilsgeheimnisses. Die Teilnahme zu verwirklichen, war und ist der treibende Motor der Liturgiereform. Freilich setzen alle Entwicklungen, sollen sie dem Wesen der Liturgie treu bleiben, immer voraus, dass die vom Konzil betonten Prinzipien gewahrt bleiben.

Die feiernde Gemeinde partizipiert am Priestertum Christi und übt damit das *gemeinsame Priestertum* aus (SC 14; 48; LG 10). Am deutlichsten wird das dort, wo die Feier über die sichtbaren Grenzen der versammelten Gemeinde hinaus wirkt, etwa wenn sich die Ortskirche im Allgemeinen Gebet (Fürbitten) die Anliegen der Kirche und der ganzen Welt zu Eigen macht. Damit ist ekklesiologisch die Verantwortung für eine sachgerechte Gestaltung der liturgischen Feier verbunden. Die Gottesdienstversammlung hat einen Auftrag für die ganze Kirche, nicht nur für die eigene Erbauung. Die individuellen Bedürfnisse der Teilnehmer können daher nicht der einzige Maßstab bei der Vorbereitung und im Vollzug des Gottesdienstes sein.

25 Vgl. KUNZLER Michael, Die Liturgie der Kirche (= AMATECA 10), Paderborn 1995, 177–179.

Erneuerung der Liturgie bedeutet, wenn man dem ersten Grundsatz, den das Zweite Vatikanische Konzil in der Liturgiekonstitution betont, immer auch Erneuerung und Vertiefung des Glaubens. Alle praktischen Unterlagen und Modelle für Aktivitäten im Bereich der Liturgie werden daher immer daran zu messen sein, wie sehr sie den Glauben aufbauen. Nur dann wird auch sichtbar, was die Kirche durch die Feier des Gottesdienstes für einen unverzichtbaren Dienst an der ganzen Welt und den Menschen leistet: Sie baut „täglich die, welche drinnen sind, zum heiligen Tempel im Herrn auf, zur Wohnung Gottes im Geist bis zum Maße des Vollalters Christi. Zugleich stärkt sie wunderbar deren Kräfte, dass sie Christus verkünden. So stellt sie denen, die draußen sind, die Kirche vor Augen als Zeichen, das aufgerichtet ist unter den Völkern“ (SC 2).

Zweites Vatikanisches Konzil

Konstitution über die heilige Liturgie „Sacrosanctum Concilium“

(Vollständiger Text der deutschen Übersetzung: LThK E1, 15–109)

Vorwort

1. Das Heilige Konzil hat sich zum Ziel gesetzt, das christliche Leben unter den Gläubigen mehr und mehr zu vertiefen, die dem Wechsel unterworfenen Einrichtungen den Notwendigkeiten unseres Zeitalters besser anzupassen, zu fördern, was immer zur Einheit aller, die an Christus glauben, beitragen kann, und zu stärken, was immer helfen kann, alle in den Schoß der Kirche zu rufen. Darum hält es das Konzil auch in besonderer Weise für seine Aufgabe, sich um Erneuerung und Pflege der Liturgie zu sorgen.

2. In der Liturgie, besonders im heiligen Opfer der Eucharistie, „vollzieht sich“ „das Werk unserer Erlösung“[1], und so trägt sie in höchstem Maße dazu bei, dass das Leben der Gläubigen Ausdruck und Offenbarung des Mysteriums Christi und des eigentlichen Wesens der wahren Kirche wird, der es eigen ist, zugleich göttlich und menschlich zu sein, sichtbar und mit unsichtbaren Gütern ausgestattet, voll Eifer der Tätigkeit hingegeben und doch frei für die Beschauung, in der Welt zugegen und doch unterwegs; und zwar so, dass dabei das Menschliche auf das Göttliche hingeordnet und ihm untergeordnet ist, das Sichtbare auf das Unsichtbare, die Tätigkeit auf die Beschauung, das Gegenwärtige auf die künftige Stadt, die wir suchen[2]. Dabei baut die Liturgie täglich die, welche drinnen sind, zum heiligen Tempel im Herrn auf, zur Wohnung Gottes im Geist[3] bis zum Maße des Vollalters Christi[4]. Zugleich stärkt sie wunderbar deren Kräfte, dass sie Christus verkünden. So stellt sie denen, die draußen sind,

1 Sekret des 9. Sonntags nach Pfingsten.
2 Vgl. Hebr 13,14.
3 Vgl. Eph 2,21–22.
4 Vgl. Eph 4,13.

die Kirche vor Augen als Zeichen, das aufgerichtet ist unter den Völkern[5]. Unter diesem sollen sich die zerstreuten Söhne Gottes zur Einheit sammeln[6], bis eine Herde und ein Hirt wird[7].

3. Darum beschließt das Heilige Konzil, für die Förderung und Erneuerung der Liturgie folgende Grundsätze ins Gedächtnis zu rufen und praktische Richtlinien aufzustellen. Unter diesen Grundsätzen und Richtlinien sind manche, die sowohl auf den römischen Ritus wie auf alle Riten angewandt werden können und müssen. Indes sind die folgenden praktischen Richtlinien so zu verstehen, dass sie nur für den römischen Ritus gelten, es sei denn, es handle sich um Normen, die aus der Natur der Sache auch die anderen Riten angehen.

4. Treu der Überlieferung erklärt das Heilige Konzil schließlich, dass die heilige Mutter Kirche allen rechtlich anerkannten Riten gleiches Recht und gleiche Ehre zuerkennt. Es ist ihr Wille, dass diese Riten in Zukunft erhalten und in jeder Weise gefördert werden, und es ist ihr Wunsch, dass sie, soweit es Not tut, in ihrem ganzen Umfang gemäß dem Geist gesunder Überlieferung überprüft und im Hinblick auf die Verhältnisse und Notwendigkeiten der Gegenwart mit neuer Kraft ausgestattet werden.

1. Allgemeine Grundsätze zur Erneuerung und Förderung der heiligen Liturgie

I. Das Wesen der heiligen Liturgie und ihre Bedeutung für das Leben der Kirche

5. Gott, der „will, dass alle Menschen gerettet werden und zur Erkenntnis der Wahrheit gelangen" (1 Tim 2,4), „hat in früheren Zeiten vielfach und auf vielerlei Weise durch die Propheten zu den Vätern gesprochen" (Hebr 1,1). Als aber die Fülle der Zeiten kam, sandte er seinen Sohn, das Wort, das Fleisch angenommen hat und mit dem Heiligen Geist gesalbt worden ist, den Armen das Evangelium zu predigen und zu heilen, die

5 Vgl. Jes 11,12.
6 Vgl. Joh 11,52.
7 Vgl. Joh 10,16.

zerschlagenen Herzens sind[8], „den Arzt für Leib und Seele"[9], den Mittler zwischen Gott und den Menschen[10].

Denn seine Menschheit war in der Einheit mit der Person des Wortes Werkzeug unseres Heils. So ist in Christus „hervorgetreten unsere vollendete Versöhnung in Gnaden, und in ihm ist uns geschenkt die Fülle des göttlichen Dienstes"[11]. Dieses Werk der Erlösung der Menschen und der vollendeten Verherrlichung Gottes, dessen Vorspiel die göttlichen Machterweise am Volk des Alten Bundes waren, hat Christus, der Herr, erfüllt, besonders durch das Pascha-Mysterium: sein seliges Leiden, seine Auferstehung von den Toten und seine glorreiche Himmelfahrt. In diesem Mysterium „hat er durch sein Sterben unseren Tod vernichtet und durch sein Auferstehen das Leben neu geschaffen"[12]. Denn aus der Seite des am Kreuz entschlafenen Christus ist das wunderbare Geheimnis der ganzen Kirche hervorgegangen[13].

6. Wie daher Christus vom Vater gesandt ist, so hat er selbst die vom Heiligen Geist erfüllten Apostel gesandt, nicht nur das Evangelium aller Kreatur zu verkünden[14], die Botschaft, dass der Sohn Gottes uns durch seinen Tod und seine Auferstehung der Macht des Satans entrissen[15] und in das Reich des Vaters versetzt hat, sondern auch das von ihnen verkündete Heilswerk zu vollziehen durch Opfer und Sakrament, um die das ganze liturgische Leben kreist. So werden die Menschen durch die Taufe in das Pascha-Mysterium Christi eingefügt.

Mit Christus gestorben, werden sie mit ihm begraben und mit ihm auferweckt[16]. Sie empfangen den Geist der Kindschaft, „in dem wir Abba, Vater, rufen" (Röm 8,15), und werden so zu wahren Anbetern, wie der Vater sie sucht[17]. Ebenso verkünden sie, sooft sie das Herrenmahl genießen, den Tod des Herrn, bis er wiederkommt[18].

---

8 Vgl. Jes 61,1; Lk 4,18.
9 Ignatius von Antiochien, Ad Ephesios, 7, 2: ed. F. X. Funk, Patres Apostolici, I (Tübingen 1901) 218.
10 Vgl. 1 Tim 2,5.
11 Sacramentarium Veronense (Leonianum): ed. C. Mohlberg (Rom 1956) n. 1265 S. 162.
12 Osterpräfation im Missale Romanum.
13 Vgl. die Oration nach der zweiten Lesung am Karsamstag, im Missale Romanum, vor der Erneuerung der Karwoche.
14 Vgl. Mk 16,15.
15 Vgl. Apg 26,18.
16 Vgl. Röm 6,4; Eph 2,6; Kol 3,1; 2 Tim 2,11.
17 Vgl. Joh 4,23.
18 Vgl. 1 Kor 11,26.

Deswegen wurden am Pfingstfest, an dem die Kirche in der Welt offenbar wurde, „diejenigen getauft, die das Wort" des Petrus „annahmen". Und „sie verharrten in der Lehre der Apostel, in der Gemeinschaft des Brotbrechens, im Gebet ... sie lobten Gott und fanden Gnade bei allem Volk" (Apg 2,41–47). Seither hat die Kirche niemals aufgehört, sich zur Feier des Pascha-Mysteriums zu versammeln, dabei zu lesen, „was in allen Schriften von ihm geschrieben steht" (Lk 24,27), die Eucharistie zu feiern, in der „Sieg und Triumph seines Todes dargestellt werden"[19], und zugleich „Gott für die unsagbar große Gabe dankzusagen" (2 Kor 9,15), in Christus Jesus „zum Lob seiner Herrlichkeit" (Eph 1,12). All das aber geschieht in der Kraft des Heiligen Geistes.

7. Um dieses große Werk voll zu verwirklichen, ist Christus seiner Kirche immerdar gegenwärtig, besonders in den liturgischen Handlungen. Gegenwärtig ist er im Opfer der Messe sowohl in der Person dessen, der den priesterlichen Dienst vollzieht – denn „derselbe bringt das Opfer jetzt dar durch den Dienst der Priester, der sich einst am Kreuz selbst dargebracht hat"[20] – wie vor allem unter den eucharistischen Gestalten. Gegenwärtig ist er mit seiner Kraft in den Sakramenten, so dass, wenn immer einer tauft, Christus selber tauft[21]. Gegenwärtig ist er in seinem Wort, da er selbst spricht, wenn die heiligen Schriften in der Kirche gelesen werden. Gegenwärtig ist er schließlich, wenn die Kirche betet und singt, er, der versprochen hat: „Wo zwei oder drei versammelt sind in meinem Namen, da bin ich mitten unter ihnen" (Mt 18,20). In der Tat gesellt sich Christus in diesem großen Werk, in dem Gott vollkommen verherrlicht und die Menschheit geheiligt werden, immer wieder die Kirche zu, seine geliebte Braut. Sie ruft ihren Herrn an, und durch ihn huldigt sie dem ewigen Vater. Mit Recht gilt also die Liturgie als Vollzug des Priesteramtes Jesu Christi; durch sinnenfällige Zeichen wird in ihr die Heiligung des Menschen bezeichnet und in je eigener Weise bewirkt und vom mystischen Leib Jesu Christi, d. h. dem Haupt und den Gliedern, der gesamte öffentliche Kult vollzogen. Infolgedessen ist jede liturgische Feier als Werk Christi, des Priesters, und seines Leibes, der die Kirche ist, in

19 Konzil von Trient, Sess. XIII, 11. Okt. 1551, Decr. De ss. Eucharist., c. 5: Concilium Tridentinum, Diariorum, Actorum, Epistularum, Tractatuum nova collectio, ed. Soc. Goerresiana, Bd. VII. Actorum pars IV (Freiburg i. Br. 1961) 202.

20 Konzil von Trient, Sess. XXII., 17. Sept. 1562, Doctr. De ss. Missæ sacrif., c. 2: Concilium Tridentinum. Ed. cit., Bd. VIII. Actorum pars V (Freiburg i. Br. 1919) 960.

21 Vgl. Augustinus, In Ioannis Evangelium Tractatus VI., cap. I, n.7: PL 35, 1428.

vorzüglichem Sinn heilige Handlung, deren Wirksamkeit kein anderes Tun der Kirche an Rang und Maß erreicht.

8. In der irdischen Liturgie nehmen wir vorauskostend an jener himmlischen Liturgie teil, die in der heiligen Stadt Jerusalem gefeiert wird, zu der wir pilgernd unterwegs sind, wo Christus sitzt zur Rechten Gottes, der Diener des Heiligtums und des wahren Zeltes[22]. In der irdischen Liturgie singen wir dem Herrn mit der ganzen Schar des himmlischen Heeres den Lobgesang der Herrlichkeit. In ihr verehren wir das Gedächtnis der Heiligen und erhoffen Anteil und Gemeinschaft mit ihnen. In ihr erwarten wir den Erlöser, unseren Herrn Jesus Christus, bis er erscheint als unser Leben und wir mit ihm erscheinen in Herrlichkeit[23].

9. In der heiligen Liturgie erschöpft sich nicht das ganze Tun der Kirche; denn ehe die Menschen zur Liturgie hintreten können, müssen sie zu Glauben und Bekehrung gerufen werden: „Wie sollen sie den anrufen, an den sie nicht glauben? Wie sollen sie an den glauben, von dem sie nichts gehört haben? Wie sollen sie aber hören ohne Prediger? Doch wie sollen sie predigen, wenn sie nicht gesandt sind?“ (Röm 10,14–15). Darum verkündet die Kirche denen, die nicht glauben, die Botschaft des Heils, damit alle Menschen den allein wahren Gott erkennen und den, den er gesandt hat, Jesus Christus, und dass sie sich bekehren von ihren Wegen und Buße tun[24]. Denen aber, die schon glauben, muss sie immer wieder Glauben und Buße verkünden und sie überdies für die Sakramente bereiten. Sie muss sie lehren, alles zu halten, was immer Christus gelehrt hat[25], und sie ermuntern zu allen Werken der Liebe, der Frömmigkeit und des Apostolates. Durch solche Werke soll offenbar werden, dass die Christgläubigen zwar nicht von dieser Welt sind, dass sie aber Licht der Welt sind und den Vater vor den Menschen verherrlichen.

10. Dennoch ist die Liturgie der Höhepunkt, dem das Tun der Kirche zustrebt, und zugleich die Quelle, aus der all ihre Kraft strömt. Denn die apostolische Arbeit ist darauf hingeordnet, dass alle, durch Glauben und Taufe Kinder Gottes geworden, sich versammeln, inmitten der Kirche Gott loben, am Opfer teilnehmen und das Herrenmahl genießen. Ande-

22 Vgl. Offb 21,2; Kol 3,1; Hebr 8,2.
23 Vgl. Phil 3,20; Kol 3,4.
24 Vgl. Joh 17,3; Lk 24,27; Apg 2,38.
25 Vgl. Mt 28,20.

rerseits treibt die Liturgie die Gläubigen an, dass sie, mit den „österlichen Geheimnissen“ gesättigt, „in Liebe eines Herzens sind“[26]; sie betet, dass sie „im Leben festhalten, was sie im Glauben empfangen haben“[27]; wenn der Bund Gottes mit den Menschen in der Feier der Eucharistie neu bekräftigt wird, werden die Gläubigen von der drängenden Liebe Christi angezogen und entzündet. Aus der Liturgie, besonders aus der Eucharistie, fließt uns wie aus einer Quelle die Gnade zu; in höchstem Maß werden in Christus die Heiligung der Menschen und die Verherrlichung Gottes verwirklicht, auf die alles Tun der Kirche als auf sein Ziel hinstrebt.

11. Damit aber dieses Vollmaß der Verwirklichung erreicht wird, ist es notwendig, dass die Gläubigen mit recht bereiteter Seele zur heiligen Liturgie hinzutreten, dass ihr Herz mit der Stimme zusammenklinge und dass sie mit der himmlischen Gnade zusammenwirken, um sie nicht vergeblich zu empfangen[28]. Darum sollen die Seelsorger bei liturgischen Handlungen darüber wachen, dass nicht bloß die Gesetze des gültigen und erlaubten Vollzugs beachtet werden, sondern auch dass die Gläubigen bewusst, tätig und mit geistlichem Gewinn daran teilnehmen.

12. Das geistliche Leben deckt sich aber nicht schlechthin mit der Teilnahme an der heiligen Liturgie. Der Christ ist zwar berufen, in Gemeinschaft zu beten, doch muss er auch in sein Kämmerlein gehen und den Vater im Verborgenen anbeten[29], ja ohne Unterlass beten, wie der Apostel mahnt[30]. Der gleiche Apostel lehrt uns, dass wir allezeit das Sterben Jesu an unserem Leibe tragen, auf dass auch das Leben Jesu offenbar werde an unserem sterblichen Fleische[31]. Deshalb flehen wir beim Opfer der Messe zum Herrn, dass er „die geistliche Gabe annehme und sich uns selbst zu einem ewigen Opfer“ vollende[32].

13. Die Andachtsübungen des christlichen Volkes werden sehr empfohlen, sofern sie den Vorschriften und Regeln der Kirche entsprechen. Das gilt besonders, wenn sie vom Apostolischen Stuhl angeordnet sind.

---

26 Postcommunio der Ostervigil und des Ostersonntags.
27 Oration der Messe am Dienstag in der Osterwoche.
28 Vgl. 2 Kor 6,1.
29 Vgl. Mt 6,6.
30 Vgl. 1 Thess 5,17.
31 Vgl. 2 Kor 4,10–11.
32 Sekret am Pfingstmontag.

Besonderer Würde erfreuen sich auch die gottesdienstlichen Feiern der Teilkirchen, die gemäß Gewohnheit oder nach rechtlich anerkannten Büchern in bischöflichem Auftrag gehalten werden. Diese Übungen und Feiern sollen indes die liturgische Zeit gebührend berücksichtigen und so geordnet sein, dass sie mit der heiligen Liturgie zusammenstimmen, gewissermaßen aus ihr herausfließen und das Volk zu ihr hinführen; denn sie steht von Natur aus weit über ihnen.

II. Liturgische Ausbildung und tätige Teilnahme

14. Die Mutter Kirche wünscht sehr, alle Gläubigen möchten zu der vollen, bewussten und tätigen Teilnahme an den liturgischen Feiern geführt werden, wie sie das Wesen der Liturgie selbst verlangt und zu der das christliche Volk, „das auserwählte Geschlecht, das königliche Priestertum, der heilige Stamm, das Eigentumsvolk“ (1 Petr 2,9; vgl. 2,4–5) kraft der Taufe berechtigt und verpflichtet ist. Diese volle und tätige Teilnahme des ganzen Volkes ist bei der Erneuerung und Förderung der heiligen Liturgie aufs stärkste zu beachten, ist sie doch die erste und unentbehrliche Quelle, aus der die Christen wahrhaft christlichen Geist schöpfen sollen. Darum ist sie in der ganzen seelsorglichen Arbeit durch gebührende Unterweisung von den Seelsorgern gewissenhaft anzustreben. Es besteht aber keine Hoffnung auf Verwirklichung dieser Forderung, wenn nicht zuerst die Seelsorger vom Geist und von der Kraft der Liturgie tief durchdrungen sind und in ihr Lehrmeister werden. Darum ist es dringend notwendig, dass für die liturgische Bildung des Klerus gründlich gesorgt wird. Deswegen hat das Heilige Konzil folgende Bestimmungen zu treffen beschlossen.

15. Die Dozenten für das Fach Liturgiewissenschaft in den Seminarien, in den Studienhäusern der Orden und an den Theologischen Fakultäten sollen für ihr Amt durch Einrichtungen, die eigens dazu bestimmt sind, eine gediegene Ausbildung erhalten.

16. Das Lehrfach Liturgiewissenschaft ist in den Seminarien und den Studienhäusern der Orden zu den notwendigen und wichtigen Fächern und an den Theologischen Fakultäten zu den Hauptfächern zu rechnen.

Es ist sowohl unter theologischem und historischem wie auch unter geistlichem, seelsorglichem und rechtlichem Gesichtspunkt zu behandeln. Darüber hinaus mögen die Dozenten der übrigen Fächer, insbesondere die der dogmatischen Theologie, die der Heiligen Schrift, der Theologie des geistlichen Lebens und der Pastoraltheologie, von den inneren Erfordernissen je ihres eigenen Gegenstandes aus das Mysterium Christi und die Heilsgeschichte so herausarbeiten, dass von da aus der Zusammenhang mit der Liturgie und die Einheit der priesterlichen Ausbildung deutlich aufleuchtet.

17. Die Kleriker in den Seminarien und Ordenshäusern sollen eine liturgische Formung des geistlichen Lebens erhalten, und zwar durch eine geeignete Anleitung, damit sie die heiligen Riten verstehen und aus ganzem Herzen mit vollziehen können, dann aber auch durch die Feier der heiligen Mysterien selbst und durch die anderen vom Geist der heiligen Liturgie durchdrungenen Frömmigkeitsformen. Weiter sollen sie die Beobachtung der liturgischen Gesetze lernen. So soll das Leben in den Seminarien und Ordensinstituten durch und durch vom Geist der Liturgie geformt sein.

18. Welt- und Ordenspriester, die schon im Weinberg des Herrn arbeiten, sollen mit allen geeigneten Mitteln Hilfe erhalten, damit sie immer voller erkennen, was sie im heiligen Vollzug tun, damit sie ein liturgisches Leben führen und es mit den ihnen anvertrauten Gläubigen teilen.

19. Die Seelsorger sollen eifrig und geduldig bemüht sein um die liturgische Bildung und die tätige Teilnahme der Gläubigen, die innere und die äußere, je nach deren Alter, Verhältnissen, Art des Lebens und Grad der religiösen Entwicklung. Damit erfüllen sie eine der vornehmsten Aufgaben des treuen Spenders der Geheimnisse Gottes. Sie sollen ihre Herde dabei nicht bloß mit dem Wort, sondern auch durch das Beispiel führen.

20. Die Übertragung heiliger Handlungen durch Rundfunk und Fernsehen soll, besonders wenn es sich um die heilige Eucharistie handelt, taktvoll und würdig geschehen, und zwar unter der Leitung und Verantwortung einer geeigneten Persönlichkeit, die für diese Aufgabe von den Bischöfen bestimmt ist.

III. Die Erneuerung der heiligen Liturgie

21. Damit das christliche Volk in der heiligen Liturgie die Fülle der Gnaden mit größerer Sicherheit erlange, ist es der Wunsch der heiligen Mut-

ter Kirche, eine allgemeine Erneuerung der Liturgie sorgfältig in die Wege zu leiten. Denn die Liturgie enthält einen kraft göttlicher Einsetzung unveränderlichen Teil und Teile, die dem Wandel unterworfen sind. Diese Teile können sich im Laufe der Zeit ändern, oder sie müssen es sogar, wenn sich etwas in sie eingeschlichen haben sollte, was der inneren Wesensart der Liturgie weniger entspricht oder wenn sie sich als weniger geeignet herausgestellt haben. Bei dieser Erneuerung sollen Texte und Riten so geordnet werden, dass sie das Heilige, dem sie als Zeichen dienen, deutlicher zum Ausdruck bringen, und so, dass das christliche Volk sie möglichst leicht erfassen und in voller, tätiger und gemeinschaftlicher Teilnahme mit feiern kann. Zu diesem Zweck hat das Heilige Konzil folgende allgemeinere Regeln aufgestellt.

A) Allgemeine Regeln

22. § 1. Das Recht, die heilige Liturgie zu ordnen, steht einzig der Autorität der Kirche zu. Diese Autorität liegt beim Apostolischen Stuhl und nach Maßgabe des Rechtes beim Bischof.

§ 2. Auch den rechtmäßig konstituierten, für bestimmte Gebiete zuständigen Bischofsvereinigungen verschiedener Art steht es auf Grund einer vom Recht gewährten Vollmacht zu, innerhalb festgelegter Grenzen die Liturgie zu ordnen.

§ 3. Deshalb darf durchaus niemand sonst, auch wenn er Priester wäre, nach eigenem Gutdünken in der Liturgie etwas hinzufügen, wegnehmen oder ändern.

23. Damit die gesunde Überlieferung gewahrt bleibe und dennoch einem berechtigten Fortschritt die Tür aufgetan werde, sollen jeweils gründliche theologische, historische und pastorale Untersuchungen vorausgehen, wenn die einzelnen Teile der Liturgie revidiert werden. Darüber hinaus sind sowohl die allgemeinen Gestalt- und Sinngesetze der Liturgie zu beachten als auch die Erfahrungen, die aus der jüngsten Liturgiereform und den weithin schon gewährten Indulten gewonnen wurden. Schließlich sollen keine Neuerungen eingeführt werden, es sei denn, ein wirklicher und sicher zu erhoffender Nutzen der Kirche verlange es. Dabei ist Sorge zu tragen, dass die neuen Formen aus den schon bestehenden gewissermaßen organisch herauswachsen. Auch soll nach Möglichkeit verhütet werden, dass sich zwischen den Riten benachbarter Gebiete auffallend starke Unterschiede ergeben.

24. Von größtem Gewicht für die Liturgiefeier ist die Heilige Schrift. Aus ihr werden nämlich Lesungen vorgetragen und in der Homilie ausgedeutet, aus ihr werden Psalmen gesungen, unter ihrem Anhauch und Antrieb sind liturgische Gebete, Orationen und Gesänge geschaffen worden, und aus ihr empfangen Handlungen und Zeichen ihren Sinn. Um daher Erneuerung, Fortschritt und Anpassung der heiligen Liturgie voranzutreiben, muss jenes innige und lebendige Ergriffensein von der Heiligen Schrift gefördert werden, von dem die ehrwürdige Überlieferung östlicher und westlicher Riten zeugt.

25. Die liturgischen Bücher sollen baldigst revidiert werden; dazu sollen aus den verschiedenen Gebieten des Erdkreises Fachleute herangezogen und Bischöfe befragt werden.

B) Regeln aus der Natur der Liturgie als einer hierarchischen und gemeinschaftlichen Handlung

26. Die liturgischen Handlungen sind nicht privater Natur, sondern Feiern der Kirche, die das „Sakrament der Einheit" ist; sie ist nämlich das heilige Volk, geeint und geordnet unter den Bischöfen[33]. Daher gehen diese Feiern den ganzen mystischen Leib der Kirche an, machen ihn sichtbar und wirken auf ihn ein; seine einzelnen Glieder aber kommen mit ihnen in verschiedener Weise in Berührung je nach der Verschiedenheit von Stand, Aufgabe und tätiger Teilnahme.

27. Wenn Riten gemäß ihrer Eigenart auf gemeinschaftliche Feier mit Beteiligung und tätiger Teilnahme der Gläubigen angelegt sind, dann soll nachdrücklich betont werden, dass ihre Feier in Gemeinschaft – im Rahmen des Möglichen – der vom Einzelnen gleichsam privat vollzogenen vorzuziehen ist. Das gilt vor allem für die Feier der Messe – wobei bestehen bleibt, dass die Messe in jedem Fall öffentlichen und sozialen Charakter hat – und für die Spendung der Sakramente.

28. Bei den liturgischen Feiern soll jeder, sei er Liturge oder Gläubiger, in der Ausübung seiner Aufgabe nur das und all das tun, was ihm aus der Natur der Sache und gemäß den liturgischen Regeln zukommt.

---

33 Cyprian, De cath. eccl. unitate, 7: ed. G. Hartel, CSEL III/1 (Wien 1868) 215 bis 216. Vgl. Ep. 66, n. 8, 3: ebd. III/2 (Wien 1871) 732–733.

29. Auch die Ministranten, Lektoren, Kommentatoren und die Mitglieder der Kirchenchöre vollziehen einen wahrhaft liturgischen Dienst. Deswegen sollen sie ihre Aufgabe in aufrichtiger Frömmigkeit und in einer Ordnung erfüllen, wie sie einem solchen Dienst ziemt und wie sie das Volk Gottes mit Recht von ihnen verlangt.

Deshalb muss man sie, jeden nach seiner Weise, sorgfältig in den Geist der Liturgie einführen und unterweisen, auf dass sie sich in rechter Art und Ordnung ihrer Aufgabe unterziehen.

30. Um die tätige Teilnahme zu fördern, soll man den Akklamationen des Volkes, den Antworten, dem Psalmengesang, den Antiphonen, den Liedern sowie den Handlungen und Gesten und den Körperhaltungen Sorge zuwenden. Auch das heilige Schweigen soll zu seiner Zeit eingehalten werden.

31. Bei der Revision der liturgischen Bücher soll sorgfältig darauf geachtet werden, dass die Rubriken auch den Anteil der Gläubigen vorsehen.

32. In der Liturgie soll außer den Auszeichnungen, die auf dem liturgischen Amt oder der heiligen Weihe beruhen, und außer den Ehrungen, die auf Grund liturgischer Gesetze der weltlichen Autorität zukommen, weder im Ritus noch im äußeren Aufwand ein Ansehen von Person oder Rang gelten.

C) Regeln aus dem belehrenden und seelsorglichen Charakter der Liturgie

33. Obwohl die heilige Liturgie vor allem Anbetung der göttlichen Majestät ist, birgt sie doch auch viel Belehrung für das gläubige Volk in sich[34]. Denn in der Liturgie spricht Gott zu seinem Volk; in ihr verkündet Christus noch immer die Frohe Botschaft. Das Volk aber antwortet mit Gesang und Gebet.

Überdies werden die Gebete, die der Priester, in der Rolle Christi an der Spitze der Gemeinde stehend, an Gott richtet, im Namen des ganzen heiligen Volkes und aller Umstehenden gesprochen. Die sichtbaren Zeichen endlich, welche die heilige Liturgie gebraucht, um die unsichtbaren göttlichen Dinge zu bezeichnen, sind von Christus und der Kirche ausge-

34 Vgl. Konzil von Trient, Sess. XXII., 17. Sept. 1562, Doctr. De ss. Missæ sacrif., c. 8: Concilium Tridentinum. Ed. cit., Bd. VIII 961.

wählt. Daher wird nicht bloß beim Lesen dessen, „was zu unserer Belehrung geschrieben ist“ (Röm 15,4), sondern auch wenn die Kirche betet, singt oder handelt, der Glaube der Teilnehmer genährt und ihr Herz zu Gott hin erweckt, auf dass sie ihm geistlichen Dienst leisten und seine Gnade reichlicher empfangen. Daher sollen bei der Erneuerung der Liturgie folgende allgemeine Regeln beachtet werden.

34. Die Riten mögen den Glanz edler Einfachheit an sich tragen und knapp, durchschaubar und frei von unnötigen Wiederholungen sein. Sie seien der Fassungskraft der Gläubigen angepasst und sollen im Allgemeinen nicht vieler Erklärungen bedürfen.

35. Damit deutlich hervortrete, dass in der Liturgie Ritus und Wort aufs engste miteinander verbunden sind, ist zu beachten:

1) Bei den heiligen Feiern soll die Schriftlesung reicher, mannigfaltiger und passender ausgestaltet werden.

2) Da die Predigt ein Teil der liturgischen Handlung ist, sollen auch die Rubriken ihr je nach der Eigenart des einzelnen Ritus einen passenden Ort zuweisen. Der Dienst der Predigt soll getreulich und recht erfüllt werden. Schöpfen soll sie vor allem aus dem Quell der Heiligen Schrift und der Liturgie, ist sie doch die Botschaft von den Wundertaten Gottes in der Geschichte des Heils, das heißt im Mysterium Christi, das allezeit in uns zugegen und am Werk ist, vor allem bei der liturgischen Feier.

3) Auch die Pflicht der Unterweisung, die sich unmittelbar mit der Liturgie befasst, ist in jeder Weise zu betonen.

In den Riten selbst sollen, wo es notwendig ist, kurze Hinweise vorgesehen werden; sie sollen vom Priester oder von dem, der für diesen Dienst zuständig ist, jedoch nur im geeigneten Augenblick, nach vorgeschriebenem Text oder in freier Anlehnung an ihn gesprochen werden.

4) Zu fördern sind eigene Wortgottesdienste an den Vorabenden der höheren Feste, an Wochentagen im Advent oder in der Quadragesima sowie an den Sonn- und Feiertagen, besonders da, wo kein Priester zur Verfügung steht; in diesem Fall soll ein Diakon oder ein anderer Beauftragter des Bischofs die Feier leiten.

36. § 1. Der Gebrauch der lateinischen Sprache soll in den lateinischen Riten erhalten bleiben, soweit nicht Sonderrecht entgegensteht.

§ 2. Da bei der Messe, bei der Sakramentenspendung und in den anderen Bereichen der Liturgie nicht selten der Gebrauch der Muttersprache für das Volk sehr nützlich sein kann, soll es gestattet sein, ihr einen weiteren Raum zuzubilligen, vor allem in den Lesungen und Hinweisen und in einigen Orationen und Gesängen gemäß den Regeln, die hierüber in den folgenden Kapiteln im Einzelnen aufgestellt werden.

§ 3. Im Rahmen dieser Regeln kommt es der für die einzelnen Gebiete zuständigen kirchlichen Autorität zu, im Sinne von Art. 22 § 2 – gegebenenfalls nach Beratung mit den Bischöfen der angrenzenden Gebiete des gleichen Sprachraumes – zu bestimmen, ob und in welcher Weise die Muttersprache gebraucht werden darf.

Die Beschlüsse bedürfen der Billigung, das heißt der Bestätigung durch den Apostolischen Stuhl.

§ 4. Die in der Liturgie gebrauchte muttersprachliche Übersetzung des lateinischen Textes muss von der oben genannten für das Gebiet zuständigen Autorität approbiert werden.

D) Regeln zur Anpassung an die Eigenart und Überlieferungen der Völker

37. In den Dingen, die den Glauben oder das Allgemeinwohl nicht betreffen, wünscht die Kirche nicht eine starre Einheitlichkeit der Form zur Pflicht zu machen, nicht einmal in ihrem Gottesdienst; im Gegenteil pflegt und fördert sie das glanzvolle geistige Erbe der verschiedenen Stämme und Völker; was im Brauchtum der Völker nicht unlöslich mit Aberglauben und Irrtum verflochten ist, das wägt sie wohlwollend ab, und wenn sie kann, sucht sie es voll und ganz zu erhalten. Ja, zuweilen gewährt sie ihm Einlass in die Liturgie selbst, sofern es grundsätzlich mit dem wahren und echten Geist der Liturgie vereinbar ist.

38. Unter Wahrung der Einheit des römischen Ritus im Wesentlichen ist berechtigter Vielfalt und Anpassung an die verschiedenen Gemeinschaften, Gegenden und Völker, besonders in den Missionen, Raum zu belassen, auch bei der Revision der liturgischen Bücher. Dieser Grundsatz soll entsprechend beachtet werden, wenn die Gestalt der Riten und ihre Rubriken festgelegt werden.

39. Innerhalb der Grenzen, die in der „editio typica“ der liturgischen Bücher bestimmt werden, wird es Sache der für ein Gebiet im Sinne von Art. 22 § 2 zuständigen kirchlichen Autorität sein, Anpassungen festzulegen, besonders hinsichtlich der Sakramentenspendung, der Sakramentalien,

der Prozessionen, der liturgischen Sprache, der Kirchenmusik und der sakralen Kunst, jedoch gemäß den Grundregeln, die in dieser Konstitution enthalten sind.

40. Da jedoch an verschiedenen Orten und unter verschiedenen Verhältnissen eine tiefer greifende und deswegen schwierigere Anpassung der Liturgie dringlich ist, soll beachtet werden:

1) Die für die einzelnen Gebiete im Sinne von Art. 22 § 2 zuständige kirchliche Autorität möge sorgfältig und klug erwägen, welche Elemente aus Überlieferung und geistiger Anlage der einzelnen Völker geeignet sind, zur Liturgie zugelassen zu werden. Anpassungen, die für nützlich oder notwendig gehalten werden, sollen dem Apostolischen Stuhl vorgelegt und dann mit dessen Einverständnis eingeführt werden.

2) Damit die Anpassung aber mit der nötigen Umsicht geschehe, wird der kirchlichen Autorität des betreffenden Gebietes vom Apostolischen Stuhl die Vollmacht erteilt werden, gegebenenfalls in gewissen dazu geeigneten Gemeinschaften für bestimmte Zeit die notwendigen Vorversuche zu gestatten und zu leiten.

3) Weil vor allem in den Missionsländern die Anpassung liturgischer Gesetze besondere Schwierigkeiten mit sich zu bringen pflegt, sollen bereits bei der Abfassung der Gesetze Sachverständige aus dem betreffenden Fachgebiet herangezogen werden.

IV. Förderung des liturgischen Lebens in Bistum und Pfarrei

41. Im Bischof sehe man den Hohenpriester seiner Herde, von dem das Leben seiner Gläubigen in Christus gewissermaßen ausgeht und abhängt.

Daher sollen alle das liturgische Leben des Bistums, in dessen Mittelpunkt der Bischof steht, besonders in der Kathedralkirche, aufs Höchste wertschätzen; sie sollen überzeugt sein, dass die Kirche auf eine vorzügliche Weise dann sichtbar wird, wenn das ganze heilige Gottesvolk voll und tätig an denselben liturgischen Feiern, besonders an derselben Eucharistiefeier, teilnimmt: in der Einheit des Gebets und an dem einen Altar und unter dem Vorsitz des Bischofs, der umgeben ist von seinem Presbyterium und den Dienern des Altars[35].

35 Vgl. Ignatius von Antiochien, Ad Magn. 7; Ad Phil. 4; Ad Smyrn. 8: ed. F. X. Funk, a. a. O. I 236 266 281.

42. Da der Bischof nicht immer und nicht überall in eigener Person den Vorsitz über das gesamte Volk seiner Kirche führen kann, so muss er diese notwendig in Einzelgemeinden aufgliedern. Unter ihnen ragen die Pfarreien hervor, die räumlich verfasst sind unter einem Seelsorger, der den Bischof vertritt; denn sie stellen auf eine gewisse Weise die über den ganzen Erdkreis hin verbreitete sichtbare Kirche dar. Daher soll das liturgische Leben der Pfarrei und dessen Beziehung zum Bischof im Denken und Tun der Gläubigen und des Klerus vertieft werden. Es ist darauf hinzuarbeiten, dass der Sinn für die Pfarrgemeinschaft vor allem in der gemeinsamen Feier der Sonntagsmesse wachse.

V. Förderung der pastoralliturgischen Bewegung

43. Der Eifer für die Förderung und Erneuerung der Liturgie gilt mit Recht als ein Zeichen für die Fügungen der göttlichen Vorsehung über unserer Zeit, als ein Hindurchgehen des Heiligen Geistes durch seine Kirche; er gibt ihrem Leben, ja dem gesamten religiösen Fühlen und Handeln unserer Zeit eine eigene Note. Deshalb beschließt das Heilige Konzil zur weiteren Förderung der pastoralliturgischen Bewegung in der Kirche das Folgende.

44. Es ist zweckmäßig, dass die für die einzelnen Gebiete im Sinne von Art. 22 § 2 zuständige kirchliche Autorität eine Liturgische Kommission einrichtet, die Fachleute für Liturgiewissenschaft, Kirchenmusik, sakrale Kunst und Seelsorgsfragen zur Unterstützung heranziehen möge. Dieser Kommission soll im Rahmen des Möglichen ein Pastoralliturgisches Institut zur Seite stehen, das sich aus sachverständigen Mitgliedern, gegebenenfalls auch Laien, zusammensetzt. Sache dieser Kommission wird es sein, unter Führung der oben genannten kirchlichen Autorität des jeweiligen Gebietes die pastoralliturgische Bewegung in dem betreffenden Raum zu leiten und die Studien und nötigen Experimente zu fördern, wenn immer es um Anpassungen geht, die dem Apostolischen Stuhl vorzulegen sind.

45. Im gleichen Sinn sollen die einzelnen Bistümer eine Liturgische Kommission haben, um unter Leitung des Bischofs die Liturgische Bewegung zu fördern. Es kann manchmal förderlich sein, wenn mehrere Bistümer eine einzige Kommission gründen, die durch gemeinsame Beratung die liturgische Sache vorantreibt.

46. Außer der Kommission für die heilige Liturgie sollen womöglich in jedem Bistum auch eine Kommission für Kirchenmusik und eine weitere für sakrale Kunst eingesetzt werden. Es ist notwendig, dass diese drei Kommissionen mit vereinten Kräften arbeiten; ja nicht selten wird es angebracht sein, dass sie zu einer einzigen Kommission zusammengefasst werden.

2. Kapitel: Das heilige Geheimnis der Eucharistie

47. Unser Erlöser hat beim Letzten Abendmahl in der Nacht, da er überliefert wurde, das eucharistische Opfer seines Leibes und Blutes eingesetzt, um dadurch das Opfer des Kreuzes durch die Zeiten hindurch bis zu seiner Wiederkunft fortdauern zu lassen und so der Kirche, seiner geliebten Braut, eine Gedächtnisfeier seines Todes und seiner Auferstehung anzuvertrauen: das Sakrament huldvollen Erbarmens, das Zeichen der Einheit, das Band der Liebe[36], das Ostermahl, in dem Christus genossen, das Herz mit Gnade erfüllt und uns das Unterpfand der künftigen Herrlichkeit gegeben wird[37].

48. So richtet die Kirche ihre ganze Sorge darauf, dass die Christen diesem Geheimnis des Glaubens nicht wie Außenstehende und stumme Zuschauer beiwohnen; sie sollen vielmehr durch die Riten und Gebete dieses Mysterium wohl verstehen lernen und so die heilige Handlung bewusst, fromm und tätig mit feiern, sich durch das Wort Gottes formen lassen, am Tisch des Herrenleibes Stärkung finden. Sie sollen Gott danksagen und die unbefleckte Opfergabe darbringen nicht nur durch die Hände des Priesters, sondern auch gemeinsam mit ihm und dadurch sich selber darbringen lernen. So sollen sie durch Christus, den Mittler[38], von Tag zu Tag zu immer vollerer Einheit mit Gott und untereinander gelangen, damit schließlich Gott alles in allem sei.

49. Damit also das Opfer der Messe auch in der Gestalt seiner Riten seelsorglich voll wirksam werde, trifft das Heilige Konzil im Hinblick auf die mit dem Volk gefeierten Messen, besonders jene an Sonntagen und gebotenen Feiertagen, folgende Anordnungen.

36 Vgl. Augustinus, In Ioannis Evangelium Tractatus XXVI., cap. VI., n. 13: PL 35, 1613.
37 Breviarium Romanum, Antiphon zum Magnifikat in der 2. Vesper des Fronleichnamsfestes.
38 Vgl. Cyrillus von Alex., Commentarium in Ioannis Evangelium, lib. XI., capp. XI–XII: PG 74, 557–564.

50. Der Mess-Ordo soll so überarbeitet werden, dass der eigentliche Sinn der einzelnen Teile und ihr wechselseitiger Zusammenhang deutlicher hervortreten und die fromme und tätige Teilnahme der Gläubigen erleichtert werde. Deshalb sollen die Riten unter treulicher Wahrung ihrer Substanz einfacher werden. Was im Lauf der Zeit verdoppelt oder weniger glücklich eingefügt wurde, soll wegfallen. Einiges dagegen, was durch die Ungunst der Zeit verloren gegangen ist, soll, soweit es angebracht oder nötig erscheint, nach der altehrwürdigen Norm der Väter wiederhergestellt werden.

51. Auf dass den Gläubigen der Tisch des Gotteswortes reicher bereitet werde, soll die Schatzkammer der Bibel weiter aufgetan werden, so dass innerhalb einer bestimmten Anzahl von Jahren die wichtigsten Teile der Heiligen Schrift dem Volk vorgetragen werden.

52. Die Homilie, in der im Laufe des liturgischen Jahres aus dem heiligen Text die Geheimnisse des Glaubens und die Richtlinien für das christliche Leben dargelegt werden, wird als Teil der Liturgie selbst sehr empfohlen.

Ganz besonders in den Messen, die an Sonntagen und gebotenen Feiertagen mit dem Volk gefeiert werden, darf man sie nicht ausfallen lassen, es sei denn, es liege ein schwerwiegender Grund vor.

53. Nach dem Evangelium und der Homilie soll – besonders an den Sonntagen und gebotenen Feiertagen – das „Allgemeine Gebet" oder „Gebet der Gläubigen" wiedereingeführt werden, damit unter Teilnahme des Volkes Fürbitten gehalten werden für die heilige Kirche, für die Regierenden, für jene, die von mancherlei Not bedrückt sind, und für alle Menschen und das Heil der ganzen Welt[39].

54. Der Muttersprache darf im Sinne von Art. 36 dieser Konstitution in den mit dem Volk gefeierten Messen ein gebührender Raum zugeteilt werden, besonders in den Lesungen und im „Allgemeinen Gebet" sowie je nach den örtlichen Verhältnissen in den Teilen, die dem Volk zukommen. Es soll jedoch Vorsorge getroffen werden, dass die Christgläubigen die ihnen zukommenden Teile des Mess-Ordinariums auch lateinisch miteinander sprechen oder singen können. Wenn indes darüber hinaus irgendwo der Gebrauch der Muttersprache bei der Messe in weiterem

39 Vgl. 1 Tim 2,1–2.

Umfang angebracht zu sein scheint, so ist die Vorschrift des Artikels 40 dieser Konstitution einzuhalten.

55. Mit Nachdruck wird jene vollkommenere Teilnahme an der Messe empfohlen, bei der die Gläubigen nach der Kommunion des Priesters aus derselben Opferfeier den Herrenleib entgegennehmen.

Unbeschadet der durch das Konzil von Trient festgelegten dogmatischen Prinzipien[40] kann in Fällen, die vom Apostolischen Stuhl zu umschreiben sind, nach Ermessen der Bischöfe sowohl Klerikern und Ordensleuten wie auch Laien die Kommunion unter beiden Gestalten gewährt werden, so etwa den Neugeweihten in der Messe ihrer heiligen Weihe, den Ordensleuten in der Messe bei ihrer Ordensprofess und den Neugetauften in der Messe, die auf die Taufe folgt.

56. Die beiden Teile, aus denen die Messe gewissermaßen besteht, nämlich Wortgottesdienst und Eucharistiefeier, sind so eng miteinander verbunden, dass sie einen einzigen Kultakt ausmachen. Daher mahnt die Heilige Versammlung die Seelsorger eindringlich, sie sollen in der religiösen Unterweisung die Gläubigen mit Eifer belehren, an der ganzen Messe teilzunehmen, vor allem an Sonntagen und gebotenen Feiertagen.

57. § 1. Die Konzelebration ist in der Kirche des Ostens wie des Westens bis auf den heutigen Tag in Übung geblieben. In ihr tritt passend die Einheit des Priestertums in Erscheinung. Deshalb hat es das Konzil für gut befunden, die Vollmacht zur Konzelebration auf folgende Fälle auszudehnen:

a) Die Messe der Chrisamweihe und die Abendmahlsmesse am Gründonnerstag.
b) Die Messen bei Konzilien, Bischofszusammenkünften und Synoden.
c) Die Messe bei der Abtsweihe.

Überdies auf folgende Fälle, wenn der Ordinarius, dem das Urteil zusteht, ob die Konzelebration angebracht ist, die Erlaubnis gibt:

a) Die Konventmesse und die Hauptmesse in jenen Kirchen, in denen das geistliche Wohl der Christgläubigen nicht die Einzelzelebration aller anwesenden Priester verlangt.
b) Messen bei den verschiedenartigen Zusammenkünften von Welt- und Ordenspriestern.

40 Sessio XXI., 16. Juli 1562. Doctrina de Communione sub utraque specie et parvulorum, capp. 1–3: Concilium Tridentinum. Ed. cit., Bd. VIII 698–699.

§ 2. 1. Dem Bischof steht es zu, im Bereich seines Bistums das Konzelebrationswesen zu leiten. Jedem Priester bleibt die Freiheit, einzeln zu zelebrieren, jedoch nicht zur selben Zeit in derselben Kirche während einer Konzelebration und nicht am Gründonnerstag.

58. Es soll ein neuer Konzelebrationsritus geschaffen und in das Römische Pontifikale und Missale eingefügt werden.

3. Kapitel: Die übrigen Sakramente und Sakramentalien

59. Die Sakramente sind hingeordnet auf die Heiligung der Menschen, den Aufbau des Leibes Christi und schließlich auf die Gott geschuldete Verehrung; als Zeichen haben sie auch die Aufgabe der Unterweisung. Den Glauben setzen sie nicht nur voraus, sondern durch Wort und Ding nähren sie ihn auch, stärken ihn und zeigen ihn an; deshalb heißen sie Sakramente des Glaubens. Sie verleihen Gnade, aber ihre Feier befähigt auch die Gläubigen in hohem Maße, diese Gnade mit Frucht zu empfangen, Gott recht zu verehren und die Liebe zu üben. Es ist darum sehr wichtig, dass die Gläubigen die sakramentalen Zeichen leicht verstehen und immer wieder zu jenen Sakramenten voll Hingabe hinzutreten, die eingesetzt sind, um das christliche Leben zu nähren.

60. Außerdem hat die heilige Mutter Kirche Sakramentalien eingesetzt. Diese sind heilige Zeichen, durch die in einer gewissen Nachahmung der Sakramente Wirkungen, besonders geistlicher Art, bezeichnet und kraft der Fürbitte der Kirche erlangt werden. Durch diese Zeichen werden die Menschen bereitet, die eigentliche Wirkung der Sakramente aufzunehmen; zugleich wird durch solche Zeichen das Leben in seinen verschiedenen Gegebenheiten geheiligt.

61. Die Wirkung der Liturgie der Sakramente und Sakramentalien ist also diese: Wenn die Gläubigen recht bereitet sind, wird ihnen nahezu jedes Ereignis ihres Lebens geheiligt durch die göttliche Gnade, die ausströmt vom Pascha-Mysterium des Leidens, des Todes und der Auferstehung Christi, aus dem alle Sakramente und Sakramentalien ihre Kraft ableiten. Auch bewirken sie, dass es kaum einen rechten Gebrauch der materiellen Dinge gibt, der nicht auf das Ziel ausgerichtet werden kann, den Menschen zu heiligen und Gott zu loben.

62. Da sich aber im Laufe der Zeiten einiges in die Riten der Sakramente und Sakramentalien eingeschlichen hat, wodurch ihre Natur und ihr Ziel uns heute weniger einsichtig erscheinen, und da es mithin notwendig ist, einiges an ihnen den Erfordernissen unserer Zeit anzupassen, so erlässt das Heilige Konzil für ihre Reform folgende Anordnungen.

63. Da nicht selten bei der Spendung der Sakramente und Sakramentalien beim Volk der Gebrauch der Muttersprache sehr nützlich sein kann, soll ihr breiterer Raum gewährt werden, und zwar nach folgenden Richtlinien:

a) Bei der Spendung der Sakramente und Sakramentalien kann die Muttersprache gebraucht werden unter Wahrung der Vorschriften von Art. 36.

b) Auf der Grundlage einer neuen Ausgabe des Römischen Rituale soll die nach Art. 22 § 2 zuständige territoriale kirchliche Autorität so bald wie möglich besondere Ritualien schaffen, die den Bedürfnissen der einzelnen Gebiete, auch in Bezug auf die Sprache, angepasst sind: nach Bestätigung der Beschlüsse durch den Apostolischen Stuhl sollen sie in den betreffenden Gebieten verwendet werden. Bei der Schaffung dieser Ritualien oder besonderer Ritensammlungen sollen Unterweisungen, wie sie im Römischen Rituale den einzelnen Riten vorausgeschickt werden, nicht ausgelassen werden, mögen sie nun die Seelsorge oder die Rubriken betreffen oder eine besondere soziale Bedeutung haben.

64. Ein mehrstufiger Katechumenat für Erwachsene soll wiederhergestellt und nach dem Urteil des Ortsordinarius eingeführt werden. So soll ermöglicht werden, dass die Zeit des Katechumenats, die zu angemessener Einführung bestimmt ist, durch heilige, in gewissen Zeitabschnitten aufeinander folgende Riten geheiligt wird.

65. In den Missionsländern soll es erlaubt sein, außer den Elementen der Initiation, die in der christlichen Überlieferung enthalten sind, auch jene zuzulassen, die sich bei den einzelnen Völkern im Gebrauch befinden, sofern sie im Sinne von Art. 37–40 dieser Konstitution dem christlichen Ritus angepasst werden können.

66. Beide Riten für die Erwachsenentaufe, sowohl der einfache wie der feierliche mit dem wiederhergestellten Katechumenat, sollen revidiert

werden; in das Römische Messbuch soll eine eigene Messe „Bei der Spendung einer Taufe“ aufgenommen werden.

67. Der Ritus der Kindertaufe soll überarbeitet und der tatsächlichen Situation der Kinder angepasst werden; überdies sollen im Ritus selbst die Rolle der Eltern und Paten und ihre Pflichten deutlicher hervortreten.

68. Für den Fall einer großen Zahl von Täuflingen sollen im Taufritus entsprechende Anpassungen vorgesehen werden zur Verwendung nach dem Urteil des Ortsordinarius. Ferner soll eine Kurzform des Taufritus geschaffen werden, den die Katechisten, vor allem die in Missionsländern, und in Todesgefahr die Gläubigen allgemein gebrauchen können, wenn kein Priester oder Diakon anwesend ist.

69. An Stelle des Ritus, der den Titel trägt „Ordo supplendi omissa super infantem baptizatum“ (Ordo, nach dem die bei der Nottaufe ausgefallenen Teile des Taufritus nachgeholt werden), soll ein neuer geschaffen werden, der deutlicher und zutreffender zum Ausdruck bringt, dass das notgetaufte Kind schon in die Kirche aufgenommen ist. Ferner soll ein neuer Ritus geschaffen werden für gültig getaufte Konvertiten, in dem zum Ausdruck kommen soll, dass sie in die kirchliche Gemeinschaft aufgenommen werden.

70. Außerhalb der österlichen Zeit kann das Taufwasser bei der Taufspendung selbst mit einer approbierten kürzeren Formel geweiht werden.

71. Der Firmritus soll überarbeitet werden, auch in dem Sinne, dass der innere Zusammenhang dieses Sakraments mit der gesamten christlichen Initiation besser aufleuchte; daher ist es passend, dass dem Empfang des Sakramentes eine Erneuerung der Taufversprechen voraufgeht. Die Firmung kann, wo es angezeigt erscheint, innerhalb der Messe gespendet werden; für den Ritus außerhalb der Messe sollen Texte bereitgestellt werden, die als Einleitung zu verwenden sind.

72. Ritus und Formeln des Bußsakramentes sollen so revidiert werden, dass sie Natur und Wirkung des Sakramentes deutlicher ausdrücken.

73. Die „Letzte Ölung“, die auch – und zwar besser – „Krankensalbung“ genannt werden kann, ist nicht nur das Sakrament derer, die sich in äu-

ßerster Lebensgefahr befinden. Daher ist der rechte Augenblick für ihren Empfang sicher schon gegeben, wenn der Gläubige beginnt, wegen Krankheit oder Altersschwäche in Lebensgefahr zu geraten.

74. Neben den Riten für getrennte Spendung von Krankensalbung und Wegzehrung soll ein zusammenhängender Ordo geschaffen werden, gemäß dem die Salbung dem Kranken nach der Beichte und vor dem Empfang der Wegzehrung erteilt wird.

75. Die Zahl der Salbungen soll den Umständen angepasst werden; die Gebete, die zum Ritus der Krankensalbung gehören, sollen so revidiert werden, dass sie den verschiedenen Verhältnissen der das Sakrament empfangenden Kranken gerecht werden.

76. Die Liturgie für die Erteilung der Weihen soll nach Ritus und Text überarbeitet werden. Die Ansprachen des Bischofs zu Beginn der einzelnen Weihe oder Konsekration können in der Muttersprache gehalten werden. Bei der Bischofsweihe dürfen alle anwesenden Bischöfe die Hände auflegen.

77. Der Eheritus des Römischen Rituale soll überarbeitet und bereichert werden, so dass er deutlicher die Gnade des Sakramentes bezeichnet und die Aufgaben der Eheleute eindringlich betont. „Wenn es in einzelnen Gebieten bei der Feier des Ehesakramentes andere lobenswerte Gewohnheiten und Bräuche gibt, wünscht die Heilige Kirchenversammlung nachdrücklich, dass sie unbedingt beibehalten werden.“[41] Darüber hinaus bleibt der im Sinn von Art. 22 § 2 dieser Konstitution zuständigen territorialen kirchlichen Autorität nach Maßgabe von Art. 63 die Vollmacht, einen eigenen Ritus auszuarbeiten, der den Bräuchen des Landes und des Volkes entspricht; immer muss jedoch der assistierende Priester die Konsenserklärung der Brautleute erfragen und entgegennehmen.

78. Die Trauung möge in der Regel innerhalb der Messe, nach der Lesung des Evangeliums und nach der Homilie und vor dem „Gebet der Gläubigen“ (Fürbitten) gefeiert werden. Der Brautsegen soll in geeigneter Weise

41 Konzil von Trient, Sessio XXIV, 11. Nov. 1563, De reformatione, cap. 1: Concilium Tridentinum. Ed. cit., Bd. IX. Actorum pars VI (Freiburg i. Br. 1924) 969. Vgl. Rituale Romanum, tit. VIII., c. II, n. 6.

überarbeitet werden, so dass er die gleiche gegenseitige Treuepflicht beider Brautleute betont; er kann in der Muttersprache erteilt werden. Wenn aber die Trauung ohne die Messe gefeiert wird, sollen zu Beginn des Ritus Epistel und Evangelium der Brautmesse vorgetragen werden; den Brautleuten soll immer der Segen erteilt werden.

79. Die Sakramentalien sollen überarbeitet werden, und zwar im Sinne des obersten Grundsatzes von der bewussten, tätigen und leicht zu vollziehenden Teilnahme der Gläubigen und im Hinblick auf die Erfordernisse unserer Zeit. Bei der Überarbeitung der Ritualien nach Maßgabe von Art. 63 können nach Bedarf auch neue Sakramentalien zugefügt werden. Nur sehr wenige Benediktionen sollen reserviert sein, und zwar nur für Bischöfe und Ordinarien. Es soll vorgesehen werden, dass Laien, welche die entsprechenden Voraussetzungen erfüllen, gewisse Sakramentalien spenden können – wenigstens in besonderen Verhältnissen und nach dem Ermessen des Ordinarius.

80. Die Jungfrauenweihe des Römischen Pontifikale soll überarbeitet werden. Außerdem soll ein Ritus für die Profess und für die Erneuerung der Gelübde geschaffen werden, der zu größerer Einheit, Schlichtheit und Würde beiträgt. Soweit nicht Sonderrecht vorliegt, soll er von denen übernommen werden, welche die Profess oder die Erneuerung der Gelübde innerhalb der Messe halten. Es ist zu begrüßen, wenn die Profess künftig innerhalb der Messe stattfindet.

81. Der Ritus der Exsequien soll deutlicher den österlichen Sinn des christlichen Todes ausdrücken und besser den Voraussetzungen und Überlieferungen der einzelnen Gebiete entsprechen, auch was die liturgische Farbe betrifft.

82. Der Begräbnisritus für Kinder soll überarbeitet werden und eine eigene Messe erhalten.

4. Das Stundengebet

83. Als der Hohepriester des Neuen und Ewigen Bundes, Christus Jesus, Menschennatur annahm, hat er in die Verbannung dieser Erde jenen Hymnus mitgebracht, der in den himmlischen Wohnungen durch alle

Ewigkeit erklingt. Die gesamte Menschengemeinschaft schart er um sich, um gemeinsam mit ihr diesen göttlichen Lobgesang zu singen. Diese priesterliche Aufgabe setzt er nämlich durch seine Kirche fort; sie lobt den Herrn ohne Unterlass und tritt bei ihm für das Heil der ganzen Welt ein nicht nur in der Feier der Eucharistie, sondern auch in anderen Formen, besonders im Vollzug des Stundengebetes.

84. Das Stundengebet ist nach alter christlicher Überlieferung so aufgebaut, dass der gesamte Ablauf des Tages und der Nacht durch Gotteslob geweiht wird. Wenn nun die Priester und andere kraft kirchlicher Ordnung Beauftragte oder die Christgläubigen, die zusammen mit dem Priester in einer approbierten Form beten, diesen wunderbaren Lobgesang recht vollziehen, dann ist dies wahrhaft die Stimme der Braut, die zum Bräutigam spricht, ja es ist das Gebet, das Christus vereint mit seinem Leibe an seinen Vater richtet.

85. Alle, die das vollbringen, erfüllen eine der Kirche obliegende Pflicht und haben zugleich Anteil an der höchsten Ehre der Braut Christi; denn indem sie Gott das Lob darbringen, stehen sie im Namen der Mutter Kirche vor dem Throne Gottes.

86. Die Priester im heiligen Dienst der Seelsorge werden das Stundenlob mit umso größerem Eifer vollziehen, je lebendiger sie sich bewusst sind, dass sie die Mahnung des heiligen Paulus zu befolgen haben: „Betet ohne Unterlass“ (1 Thess 5,17); denn es ist der Herr allein, welcher der Arbeit, in der sie sich mühen, Wirksamkeit und Gedeihen geben kann, er, der gesagt hat: „Ohne mich könnt ihr nichts tun“ (Joh 15,5). Als die Apostel Diakone einsetzten, haben sie darum gesagt: „Wir aber werden uns dem Gebet und dem Dienst des Wortes widmen“ (Apg 6,4).

87. Damit aber das Stundengebet sowohl von den Priestern wie auch von den andern Gliedern der Kirche unter den gegebenen Verhältnissen besser und vollkommener verrichtet werde, hat es dem Heiligen Konzil gefallen, in Weiterführung der vom Apostolischen Stuhl glücklich begonnenen Reform im Hinblick auf das Stundengebet nach dem römischen Ritus Folgendes zu verfügen.

88. Da die Heiligung des Tages Ziel des Stundengebetes ist, soll die überlieferte Folge der Gebetsstunden so neugeordnet werden, dass die Horen

so weit wie möglich ihren zeitgerechten Ansatz wiedererhalten. Dabei soll zugleich den heutigen Lebensverhältnissen Rechnung getragen werden, in denen vor allem jene leben, die apostolisch tätig sind.

89. Deshalb sollen bei der Reform des Stundengebetes die folgenden Richtlinien eingehalten werden:

a) Die Laudes als Morgengebet und die Vesper als Abendgebet, nach der ehrwürdigen Überlieferung der Gesamtkirche die beiden Angelpunkte des täglichen Stundengebetes, sollen als die vornehmsten Gebetsstunden angesehen und als solche gefeiert werden.
b) Die Komplet soll so eingerichtet werden, dass sie dem Tagesabschluss voll entspricht.
c) Die so genannte Matutin soll zwar im Chor den Charakter als nächtliches Gotteslob beibehalten, aber so eingerichtet werden, dass sie sinnvoll zu jeder Tageszeit gebetet werden kann. Sie soll aus weniger Psalmen und längeren Lesungen bestehen.
d) Die Prim soll wegfallen.
e) Im Chor sollen die kleinen Horen, Terz, Sext und Non beibehalten werden. Außerhalb des Chores darf man eine davon auswählen, die der betreffenden Tageszeit am besten entspricht.

90. Bei alledem bleibt das Stundengebet als öffentliches Gebet der Kirche auch Quelle der Frömmigkeit und Nahrung für das persönliche Beten. Deshalb werden die Priester und alle anderen, die am Stundengebet teilnehmen, eindringlich im Herrn gemahnt, dass dabei das Herz mit der Stimme zusammenklinge. Um das besser verwirklichen zu können, sollen sie sich eine reichere liturgische und biblische Bildung aneignen, zumal was die Psalmen betrifft. Die ehrwürdigen, jahrhundertealten Kostbarkeiten des Römischen Stundengebetes sollen bei der Reform so neugefasst werden, dass alle, denen sie in die Hand gegeben sind, leichter in ihren vollen Genuss gelangen können.

91. Damit die in Art. 89 vorgesehene Folge der Gebetsstunden auch wirklich eingehalten werden kann, sollen die Psalmen nicht mehr auf eine Woche, sondern auf einen längeren Zeitraum verteilt werden. Die glücklich begonnene Revision des Psalters soll so bald wie möglich zu Ende geführt werden. Dabei soll der Eigenart des christlichen Lateins, der Verwendung in der Liturgie, und zwar auch beim Gesang, und der gesamten Tradition der lateinischen Kirche Rechnung getragen werden.

92. Für die Lesung soll Folgendes gelten:

a) Die Lesungen der Heiligen Schrift sollen so geordnet werden, dass die Schätze des Gotteswortes leicht und in reicherer Fülle zugänglich werden.
b) Die Lesungen aus den Werken der Väter, der Kirchenlehrer und Kirchenschriftsteller sollen besser ausgewählt werden.
c) Die Leidensgeschichten und Lebensbeschreibungen der Heiligen sollen so gefasst werden, dass sie der geschichtlichen Wahrheit entsprechen.

93. Die Hymnen sollen, soweit es angezeigt erscheint, in ihrer alten Gestalt wiederhergestellt werden; dabei soll beseitigt oder geändert werden, was mythologische Züge an sich trägt oder der christlichen Frömmigkeit weniger entspricht. Gegebenenfalls sollen auch andere Hymnen aufgenommen werden, die sich im Schatz der Überlieferung finden.

94. Wenn der Tagesablauf wirklich geheiligt und die Horen selber mit geistlicher Frucht gebetet werden sollen, werden sie besser zu einer Zeit vollzogen, die möglichst nahe an die eigentliche Stunde einer jeden kanonischen Hore herankommt.

95. Die zum Chor verpflichteten Gemeinschaften sind gehalten, außer der Konventsmesse täglich das Stundengebet im Chor zu feiern, und zwar:

a) Die Orden der Kanoniker, Mönche und Chorfrauen und anderer durch Recht oder Konstitution zum Chor verpflichteter Regularen das ganze Offizium;
b) die Kathedral- oder Kollegiatkapitel jene Teile des Offiziums, die ihnen durch allgemeines oder Sonderrecht auferlegt sind;
c) alle Glieder dieser Gemeinschaften, die höhere Weihen empfangen oder die feierliche Profess abgelegt haben, müssen – mit Ausnahme der Laienbrüder und Laienschwestern – die kanonischen Horen, die sie im Chor nicht verrichten, für sich allein beten.

96. Die nicht zum Chor verpflichteten Kleriker sind, soweit sie höhere Weihen empfangen haben, gehalten, täglich gemeinsam oder allein das gesamte Stundengebet nach Maßgabe von Art. 89 zu verrichten.

97. Angezeigt erscheinende Austauschmöglichkeiten des Stundengebetes mit anderen liturgischen Handlungen sollen durch Rubriken festgelegt

werden. In besonderen Fällen und aus gerechtem Grunde können die Ordinarien ihre Untergebenen von der Verpflichtung zum Stundengebet ganz oder teilweise dispensieren oder eine Umwandlung vornehmen.

98. Die Mitglieder von Orden und ordensähnlichen Gemeinschaften aller Art, die kraft ihrer Konstitution einzelne Teile des Stundengebets verrichten, vollziehen öffentliches Gebet der Kirche. Auch dann vollziehen sie öffentliches Gebet der Kirche, wenn sie kraft ihrer Konstitution ein „Kleines Offizium" rezitieren; nur muss dieses nach Art des (allgemeinen) Stundengebetes angelegt und ordnungsgemäß approbiert sein.

99. Da das Stundengebet Stimme der Kirche ist, des ganzen mystischen Leibes, der Gott öffentlich lobt, wird empfohlen, dass die nicht zum Chor verpflichteten Kleriker und besonders die Priester, die zusammenleben oder zusammenkommen, wenigstens einen Teil des Stundengebetes gemeinsam verrichten. Dabei sollen sie alle, ob sie nun das Stundengebet im Chor oder gemeinsam verrichten, die ihnen anvertraute Aufgabe in der inneren Frömmigkeit wie im äußeren Verhalten so vollkommen wie möglich erfüllen. Überdies ist vorzuziehen, dass man das Stundengebet im Chor oder in Gemeinschaft singt, soweit das möglich ist.

100. Die Seelsorger sollen darum bemüht sein, dass die Haupthoren, besonders die Vesper an Sonntagen und höheren Festen, in der Kirche gemeinsam gefeiert werden. Auch den Laien wird empfohlen, das Stundengebet zu verrichten, sei es mit den Priestern, sei es unter sich oder auch jeder Einzelne allein.

101. § 1. Gemäß jahrhundertealter Überlieferung des lateinischen Ritus sollen die Kleriker beim Stundengebet die lateinische Sprache beibehalten. Jedoch ist der Ordinarius ermächtigt, in einzelnen Fällen jenen Klerikern, für die der Gebrauch der lateinischen Sprache ein ernstes Hindernis für den rechten Vollzug des Stundengebetes bedeutet, die Benützung einer nach Maßgabe von Art. 36 geschaffenen muttersprachlichen Übersetzung zu gestatten.

§ 2. Der zuständige Obere kann den Chorfrauen sowie den Mitgliedern der Orden und ordensähnlichen Gemeinschaften aller Art, seien es Männer, die nicht Kleriker sind, seien es Frauen, gestatten, dass sie für das Stundengebet auch im Chor die Muttersprache benutzen können, sofern die Übersetzung approbiert ist.

§ 3. Jeder zum Stundengebet verpflichtete Kleriker, der zusammen mit einer Gruppe von Gläubigen oder mit den in § 2 Genannten das Stundengebet in der Muttersprache feiert, erfüllt seine Pflicht, sofern der Text der Übertragung approbiert ist.

5. Das liturgische Jahr

102. Als liebende Mutter hält die Kirche es für ihre Aufgabe, das Heilswerk ihres göttlichen Bräutigams an bestimmten Tagen das Jahr hindurch in heiligem Gedenken zu feiern. In jeder Woche begeht sie an dem Tag, den sie Herrentag genannt hat, das Gedächtnis der Auferstehung des Herrn, und einmal im Jahr feiert sie diese Auferstehung zugleich mit dem seligen Leiden des Herrn an Ostern, ihrem höchsten Fest. Im Kreislauf des Jahres entfaltet sie das ganze Mysterium Christi von der Menschwerdung und Geburt bis zur Himmelfahrt, zum Pfingsttag und zur Erwartung der seligen Hoffnung und der Ankunft des Herrn. Indem sie so die Mysterien der Erlösung feiert, erschließt sie die Reichtümer der Machterweise und der Verdienste ihres Herrn, so dass sie jederzeit gewissermaßen gegenwärtig gemacht werden und die Gläubigen mit ihnen in Berührung kommen und mit der Gnade des Heiles erfüllt werden.

103. Bei der Feier dieses Jahreskreises der Mysterien Christi verehrt die heilige Kirche mit besonderer Liebe Maria, die selige Gottesgebärerin, die durch ein unzerreißbares Band mit dem Heilswerk ihres Sohnes verbunden ist. In ihr bewundert und preist sie die erhabenste Frucht der Erlösung. In ihr schaut sie wie in einem reinen Bilde mit Freuden an, was sie ganz zu sein wünscht und hofft.

104. In diesen Kreislauf des Jahres hat die Kirche auch die Gedächtnistage der Martyrer und der anderen Heiligen eingefügt, die, durch Gottes vielfältige Gnade zur Vollkommenheit geführt, das ewige Heil bereits erlangt haben, Gott im Himmel das vollkommene Lob singen und Fürsprache für uns einlegen. In den Gedächtnisfeiern der Heiligen verkündet die Kirche das Pascha-Mysterium in den Heiligen, die mit Christus gelitten haben und mit ihm verherrlicht sind. Sie stellt den Gläubigen ihr Beispiel vor Augen, das alle durch Christus zum Vater zieht, und sie erfleht um ihrer Verdienste willen die Wohltaten Gottes.

105. Schließlich vertieft die Kirche die Erziehung der Gläubigen in den verschiedenen Teilen des Jahres nach überlieferter Ordnung durch fromme Übungen der Seele und des Leibes, durch Unterweisung, durch Gebet und durch Werke der Buße und der Barmherzigkeit.

So hat es denn dem Heiligen Konzil gefallen, das Folgende zu verfügen.

106. Aus apostolischer Überlieferung, die ihren Ursprung auf den Auferstehungstag Christi zurückführt, feiert die Kirche Christi das Pascha-Mysterium jeweils am achten Tage, der deshalb mit Recht Tag des Herrn oder Herrentag genannt wird. An diesem Tag müssen die Christgläubigen zusammenkommen, um das Wort Gottes zu hören, an der Eucharistiefeier teilzunehmen und so des Leidens, der Auferstehung und der Herrlichkeit des Herrn Jesus zu gedenken und Gott dankzusagen, der sie „wiedergeboren hat zu lebendiger Hoffnung durch die Auferstehung Jesu Christi von den Toten" (1 Petr 1,3). Deshalb ist der Herrentag der Ur-Feiertag, den man der Frömmigkeit der Gläubigen eindringlich vor Augen stellen soll, auf dass er auch ein Tag der Freude und der Muße werde. Andere Feiern sollen ihm nicht vorgezogen werden, wenn sie nicht wirklich von höchster Bedeutung sind; denn der Herrentag ist Fundament und Kern des ganzen liturgischen Jahres.

107. Das liturgische Jahr soll so neugeordnet werden, dass die überlieferten Gewohnheiten und Ordnungen der heiligen Zeiten beibehalten oder im Hinblick auf die Verhältnisse der Gegenwart erneuert werden; jedoch soll der ursprüngliche Charakter der Zeiten gewahrt bleiben, damit die Frömmigkeit der Gläubigen durch die Feier der christlichen Erlösungsgeheimnisse, ganz besonders des Pascha-Mysteriums, genährt werde. Sollten auf Grund der örtlichen Verhältnisse Anpassungen notwendig sein, so soll nach Art. 39 und 40 verfahren werden.

108. Die Herzen der Gläubigen sollen vor allem auf die Herrenfeste hingelenkt werden, in denen die Heilsgeheimnisse das Jahr hindurch begangen werden. Daher soll das Herrenjahr den ihm zukommenden Platz vor den Heiligenfesten erhalten, damit der volle Kreis der Heilsmysterien in gebührender Weise gefeiert wird.

109. Die vierzigtägige Fastenzeit hat die doppelte Aufgabe, vor allem einerseits durch Tauferinnerung oder Taufvorbereitung, andererseits

durch Buße die Gläubigen, die in dieser Zeit mit größerem Eifer das Wort Gottes hören und dem Gebet obliegen sollen, auf die Feier des Pascha-Mysteriums vorzubereiten. Dieser Doppelcharakter soll sowohl in der Liturgie wie auch in der Liturgiekatechese in helles Licht gerückt werden.

a) Daher sollen die der Fastenliturgie eigenen Taufmotive stärker genutzt werden; einige sollen gegebenenfalls aus der älteren Tradition wieder hervorgeholt werden.

b) Das Gleiche ist zu sagen von den Bußelementen. In der Katechese aber soll den Gläubigen gleichzeitig mit den sozialen Folgen der Sünde das eigentliche Wesen der Buße eingeschärft werden, welche die Sünde verabscheut, insofern sie eine Beleidigung Gottes ist; dabei ist die Rolle der Kirche im Bußgeschehen wohl zu beachten und das Gebet für die Sünder sehr zu betonen.

110. Die Buße der vierzigtägigen Fastenzeit sei nicht bloß eine innere und individuelle Übung, sondern auch eine äußere und soziale. Die Bußpraxis soll je nach den Möglichkeiten unserer Zeit und der verschiedenen Gebiete wie auch nach den Verhältnissen der Gläubigen gepflegt und von den in Art. 22 benannten Autoritäten empfohlen werden. Unangetastet aber bleiben soll das Pascha-Fasten am Freitag des Leidens und des Todes unseres Herrn; es ist überall zu begehen und, wo es angebracht erscheint, auf den Karsamstag auszudehnen, damit man so hochgestimmten und aufgeschlossenen Herzens zu den Freuden der Auferstehung des Herrn gelange.

111. Die Heiligen werden in der Kirche gemäß der Überlieferung verehrt, ihre echten Reliquien und ihre Bilder in Ehren gehalten. Denn die Feste der Heiligen künden die Wunder Christi in seinen Knechten und bieten den Gläubigen zur Nachahmung willkommene Beispiele. Die Feste der Heiligen sollen nicht das Übergewicht haben gegenüber den Festen, welche die eigentlichen Heilsmysterien begehen. Eine beträchtliche Anzahl von ihnen möge der Feier in den einzelnen Teilkirchen, Nationen oder Ordensgemeinschaften überlassen bleiben, und nur jene sollen auf die ganze Kirche ausgedehnt werden, die das Gedächtnis solcher Heiligen feiern, die wirklich von allgemeiner Bedeutung sind.

6. Die Kirchenmusik

112. Die überlieferte Musik der Gesamtkirche stellt einen Reichtum von unschätzbarem Wert dar, ausgezeichnet unter allen übrigen künstlerischen Ausdrucksformen vor allem deshalb, weil sie als der mit dem Wort verbundene gottesdienstliche Gesang einen notwendigen und integrierenden Bestandteil der feierlichen Liturgie ausmacht. In der Tat haben sowohl die Heilige Schrift[42] wie die heiligen Väter den gottesdienstlichen Gesängen hohes Lob gespendet; desgleichen die römischen Päpste, die in der neueren Zeit im Gefolge des heiligen Pius X. die dienende Aufgabe der Kirchenmusik im Gottesdienst mit größerer Eindringlichkeit herausgestellt haben. So wird denn die Kirchenmusik umso heiliger sein, je enger sie mit der liturgischen Handlung verbunden ist, sei es, dass sie das Gebet inniger zum Ausdruck bringt oder die Einmütigkeit fördert, sei es, dass sie die heiligen Riten mit größerer Feierlichkeit umgibt. Dabei billigt die Kirche alle Formen wahrer Kunst, welche die erforderlichen Eigenschaften besitzen, und lässt sie zur Liturgie zu. Unter Wahrung der Richtlinien und Vorschriften der kirchlichen Tradition und Ordnung sowie im Hinblick auf das Ziel der Kirchenmusik, nämlich die Ehre Gottes und die Heiligung der Gläubigen, verfügt das Heilige Konzil das Folgende.

113. Ihre vornehmste Form nimmt die liturgische Handlung an, wenn der Gottesdienst feierlich mit Gesang gehalten wird und dabei Leviten mitwirken und das Volk tätig teilnimmt. Was die zu verwendende Sprache betrifft, so gelten die Vorschriften von Art. 36; für die Messe von Art. 54, für die Sakramente von Art. 63, für das Stundengebet von Art. 101.

114. Der Schatz der Kirchenmusik möge mit größter Sorge bewahrt und gepflegt werden. Die Sängerchöre sollen nachdrücklich gefördert werden, besonders an den Kathedralkirchen. Dabei mögen aber die Bischöfe und die übrigen Seelsorger eifrig dafür Sorge tragen, dass in jeder liturgischen Feier mit Gesang die gesamte Gemeinde der Gläubigen die ihr zukommende tätige Teilnahme auch zu leisten vermag, im Sinne von Art. 28 und 30.

115. In den Seminarien, in den Noviziaten und Studienhäusern der Ordensleute beiderlei Geschlechts sowie auch in den übrigen katholischen

42 Vgl. Eph 5,19; Kol 3,16.

Instituten und Schulen soll auf die musikalische Ausbildung und Praxis großes Gewicht gelegt werden. Um diese Ausbildung zu erreichen, sollen die Dozenten der Kirchenmusik sorgfältig vorgebildet werden. Darüber hinaus wird empfohlen, wo es angebracht erscheint, höhere Kirchenmusik-Institute zu errichten. Die Kirchenmusiker aber, die Sänger und besonders die Sängerknaben sollen auch eine gediegene Ausbildung erhalten.

116. Die Kirche betrachtet den Gregorianischen Choral als den der römischen Liturgie eigenen Gesang; demgemäß soll er in ihren liturgischen Handlungen, wenn im Übrigen die gleichen Voraussetzungen gegeben sind, den ersten Platz einnehmen. Andere Arten der Kirchenmusik, besonders die Mehrstimmigkeit, werden für die Feier der Liturgie keineswegs ausgeschlossen, wenn sie dem Geist der Liturgie im Sinne von Art. 30 entsprechen.

117. Die „editio typica“ der Bücher des Gregorianischen Gesanges soll zu Ende geführt werden; darüber hinaus soll eine kritische Ausgabe der seit der Reform des heiligen Pius X. bereits herausgegebenen Bücher besorgt werden. Es empfiehlt sich ferner, eine Ausgabe zu schaffen mit einfacheren Melodien für den Gebrauch der kleineren Kirchen.

118. Der religiöse Volksgesang soll eifrig gepflegt werden, so dass die Stimmen der Gläubigen bei Andachtsübungen und gottesdienstlichen Feiern und auch bei den liturgischen Handlungen selbst gemäß den Richtlinien und Vorschriften der Rubriken erklingen können.

119. Da die Völker mancher Länder, besonders in der Mission, eine eigene Musiküberlieferung besitzen, die in ihrem religiösen und sozialen Leben große Bedeutung hat, soll dieser Musik gebührende Wertschätzung entgegengebracht und angemessener Raum gewährt werden, und zwar sowohl bei der Formung des religiösen Sinnes dieser Völker als auch bei der Anpassung der Liturgie an ihre Eigenart, im Sinne von Art. 39 und 40.

Deshalb soll bei der musikalischen Ausbildung der Missionare sorgfältig darauf geachtet werden, dass sie im Rahmen des Möglichen imstande sind, die überlieferte Musik der betreffenden Völker sowohl in den Schulen als auch im Gottesdienst zu fördern.

120. Die Pfeifenorgel soll in der lateinischen Kirche als traditionelles Musikinstrument in hohen Ehren gehalten werden; denn ihr Klang vermag den Glanz der kirchlichen Zeremonien wunderbar zu steigern und die Herzen mächtig zu Gott und zum Himmel emporzuheben. Andere Instrumente aber dürfen nach dem Ermessen und mit Zustimmung der für die einzelnen Gebiete zuständigen Autorität nach Maßgabe der Art. 22. § 2,37 und 40 zur Liturgie zugelassen werden, sofern sie sich für den heiligen Gebrauch eignen oder für ihn geeignet gemacht werden können, der Würde des Gotteshauses angemessen sind und die Erbauung der Gläubigen wirklich fördern.

121. Die Kirchenmusiker mögen, von christlichem Geist erfüllt, sich bewusst sein, dass es ihre Berufung ist, die Kirchenmusik zu pflegen und deren Schatz zu mehren. Sie sollen Vertonungen schaffen, welche die Merkmale echter Kirchenmusik an sich tragen und nicht nur von größeren Sängerchören gesungen werden können, sondern auch kleineren Chören angepasst sind und die tätige Teilnahme der ganzen Gemeinde der Gläubigen fördern.

Die für den Kirchengesang bestimmten Texte müssen mit der katholischen Lehre übereinstimmen; sie sollen vornehmlich aus der Heiligen Schrift und den liturgischen Quellen geschöpft werden.

7. Die sakrale Kunst, liturgisches Gerät und Gewand

122. Zu den vornehmsten Betätigungen der schöpferischen Veranlagung des Menschen zählen mit gutem Recht die schönen Künste, insbesondere die religiöse Kunst und ihre höchste Form, die sakrale Kunst. Vom Wesen her sind sie ausgerichtet auf die unendliche Schönheit Gottes, die in menschlichen Werken irgendwie zum Ausdruck kommen soll, und sie sind umso mehr Gott, seinem Lob und seiner Herrlichkeit geweiht, als ihnen kein anderes Ziel gesetzt ist, als durch ihre Werke den Sinn der Menschen in heiliger Verehrung auf Gott zu wenden. Darum war die lebenspendende Mutter Kirche immer eine Freundin der schönen Künste. Unablässig hat sie deren edlen Dienst gesucht und die Künstler unterwiesen, vor allem damit die Dinge, die zur heiligen Liturgie gehören, wahrhaft würdig seien, geziemend und schön: Zeichen und Symbol überirdischer Wirklichkeiten. Die Kirche hat mit Recht immer auch eine Art Schiedsrichteramt ausgeübt; sie hat über die Werke der Künstler geurteilt und

entschieden, welche dem Glauben, der Frömmigkeit und den ehrfurchtsvoll überlieferten Gesetzen entsprächen und als geeignet für den Dienst im Heiligtum anzusehen seien. Mit besonderem Eifer war die Kirche darauf bedacht, dass das heilige Gerät würdig und schön zur Zierde der Liturgie diente; sie hat dabei die Wandlungen in Material, Form und Schmuck zugelassen, die der Fortschritt der Technik im Laufe der Zeit mit sich gebracht hat.

So hat es denn den Vätern gefallen, in dieser Sache das Folgende zu verfügen.

123. Die Kirche hat niemals einen Stil als ihren eigenen betrachtet, sondern hat je nach Eigenart und Lebensbedingungen der Völker und nach den Erfordernissen der verschiedenen Riten die Sonderart eines jeden Zeitalters zugelassen und so im Laufe der Jahrhunderte einen Schatz zusammengetragen, der mit aller Sorge zu hüten ist. Auch die Kunst unserer Zeit und aller Völker und Länder soll in der Kirche Freiheit der Ausübung haben, sofern sie nur den Gotteshäusern und den heiligen Riten mit der gebührenden Ehrfurcht und Ehrerbietung dient, so dass sie einstimmen kann in den wunderbaren Chor, den die größten Männer in den vergangenen Jahrhunderten zur Verherrlichung des christlichen Glaubens angestimmt haben.

124. Bei der Förderung und Pflege wahrhaft sakraler Kunst mögen die Ordinarien mehr auf edle Schönheit bedacht sein als auf bloßen Aufwand. Das gilt auch für die heiligen Gewänder und die Ausstattung der heiligen Orte. Die Bischöfe mögen darauf hinwirken, dass von den Gotteshäusern und anderen heiligen Orten streng solche Werke von Künstlern fern gehalten werden, die dem Glauben, den Sitten und der christlichen Frömmigkeit widersprechen und die das echt religiöse Empfinden verletzen, sei es, weil die Formen verunstaltet sind oder weil die Werke künstlerisch ungenügend, allzu mittelmäßig oder kitschig sind. Beim Bau von Kirchen ist sorgfältig darauf zu achten, dass sie für die liturgischen Feiern und für die tätige Teilnahme der Gläubigen geeignet sind.

125. Der Brauch, in den Kirchen den Gläubigen heilige Bilder zur Verehrung darzubieten, werde nicht angetastet. Doch sollen sie in mäßiger Zahl und rechter Ordnung aufgestellt werden, damit sie nicht die Verwunderung der Gläubigen erregen oder einer weniger gesunden Frömmigkeit Vorschub leisten.

126. Bei der Beurteilung von Kunstwerken sollen die Ortsordinarien die Diözesankommission für sakrale Kunst hören und gegebenenfalls auch andere besonders sachverständige Persönlichkeiten sowie die Kommissionen, von denen in den Artikeln 44, 45, 46 die Rede ist. Sorgfältig sollen die Ordinarien darüber wachen, dass nicht etwa heiliges Gerät und Paramente oder kostbare Kunstwerke veräußert werden oder verkommen, sind sie doch Zierde des Hauses Gottes.

127. Die Bischöfe sollen sich entweder persönlich oder durch geeignete Priester, die Sachverständnis und Liebe zur Kunst besitzen, um die Künstler kümmern, um sie mit dem Geist der sakralen Kunst und der Liturgie zu erfüllen. Überdies wird empfohlen, in Gegenden, wo es angezeigt erscheint, Schulen oder Akademien für sakrale Kunst zur Heranbildung von Künstlern zu gründen. Die Künstler aber, die, angetrieben von ihrer schöpferischen Begabung, danach streben, der Herrlichkeit Gottes in der heiligen Kirche zu dienen, mögen sich alle immerdar wohl bewusst sein, dass es dabei um ein Stück heiliger Nachahmung des Schöpfergottes geht und um Werke, die für den katholischen Gottesdienst, für die Auferbauung der Gläubigen wie auch zu deren Frömmigkeit und religiösen Unterweisung bestimmt sind.

128. Die Canones und kirchlichen Statuten, die sich auf die Gestaltung der äußeren zur Liturgie gehörigen Dinge beziehen, sind zugleich mit den liturgischen Büchern im Sinne von Art. 25 unverzüglich zu revidieren.

Das gilt besonders von den Bestimmungen über würdigen und zweckentsprechenden Bau der Gotteshäuser, Gestalt und Errichtung der Altäre, edle Form des eucharistischen Tabernakels, seinen Ort und seine Sicherheit, richtige und würdige Anlage des Baptisteriums, schließlich von den Bestimmungen über die rechte Art der heiligen Bilder, des Schmuckes und der Ausstattung der Kultgebäude. Bestimmungen, die der erneuerten Liturgie weniger zu entsprechen scheinen, mögen abgeändert oder abgeschafft werden; solche aber, die sie fördern, sollen beibehalten oder neu eingeführt werden. In diesem Zusammenhang wird den Bischofsversammlungen der einzelnen Gebiete, besonders hinsichtlich von Material und Form der heiligen Geräte und Gewänder, die Vollmacht erteilt, Anpassungen an die örtlichen Erfordernisse und Sitten vorzunehmen, nach Maßgabe von Art. 22 dieser Konstitution.

129. Die Kleriker sollen während ihrer philosophischen und theologischen

Studienzeit auch über Geschichte und Entwicklung der sakralen Kunst unterrichtet werden, wie auch über die gesunden Grundsätze, auf die sich die Werke der sakralen Kunst stützen müssen. So sollen sie die ehrwürdigen Denkmäler der Kirche schätzen und bewahren lernen und den Künstlern bei der Schaffung ihrer Werke passende Ratschläge erteilen können.

130. Es ist angemessen, den Gebrauch der Pontifikalien jenen kirchlichen Personen vorzubehalten, die Bischöfe sind oder irgendeine besondere Jurisdiktion besitzen.

Anhang
Erklärung des II. Vatikanischen Konzils zur Kalenderreform

Das Heilige Allgemeine Zweite Vatikanische Konzil misst dem Verlangen vieler, das Osterfest auf einen bestimmten Sonntag anzusetzen und den Kalender festzulegen, nicht geringe Bedeutung bei. Nach sorgfältiger Abwägung aller Folgen, die aus der Einführung eines neuen Kalenders entspringen können, erklärt es Folgendes.

1) Das Heilige Konzil widerstrebt nicht der Festlegung des Osterfestes auf einen bestimmten Sonntag im Gregorianischen Kalender, wenn alle, die es angeht, besonders die von der Gemeinschaft mit dem Apostolischen Stuhl getrennten Brüder, zustimmen.

2) Ebenso erklärt das Heilige Konzil, dass es sich nicht gegen Versuche wendet, in der bürgerlichen Gesellschaft einen immer währenden Kalender einzuführen.

Von den verschiedenen Systemen, die zur Festlegung eines immer währenden Kalenders und dessen Einführung im bürgerlichen Leben ausgedacht werden, steht die Kirche nur jenen nicht ablehnend gegenüber, welche die Siebentagewoche mit dem Sonntag bewahren und schützen, ohne einen wochenfreien Tag einzuschieben, so dass die Folge der Wochen unangetastet bleibt, es sei denn, es tauchten ganz schwer wiegende Gründe auf, über die dann der Apostolische Stuhl zu urteilen hat.

Was in dieser Konstitution im Gesamten und im Einzelnen ausgesprochen ist, hat die Zustimmung der Väter gefunden. Und Wir, kraft der von Christus uns übertragenen Apostolischen Vollmacht, billigen, beschließen und verordnen es zusammen mit den Ehrwürdigen Vätern im Heiligen Geiste und gebieten zur Ehre Gottes die Veröffentlichung dessen, was so durch das Konzil verordnet ist.

Rom, bei St. Peter am 4. Dezember 1963

Literaturverzeichnis*

ALBERIGO, G., u. a.: Assisi 1956–1986. Il movimento liturgico tra la riforma conciliare e attese del popolo di Dio, Assisi 1987.

ALTERMATT, U.: Von der Volksreligion zur Massenreligiosität, in: Liturgie in Bewegung. Hg. von Bürki, B./Klöckener, M., a .a. O.

AMON, E.: Lebensaustausch zwischen Gott und Mensch. Zum Liturgieverständnis Johannes Pinsks, Regensburg 1988 (StPaLi 6).

AUF DER MAUR, H.: Feiern im Rhythmus der Zeit I. Herrenfeste in Woche und Jahr, Regensburg 1983 (GdK 5).

AUF DER MAUR, H.: Die Liturgiekonstitution des Zweiten Vatikanischen Konzils. Ihre Schwerpunkte und ihre Aktualität heute, in: ON 28 (1989) 10–25.

AUF DER MAUR, H.: Liturgiereform im Geiste der kirchlichen Tradition. Zum Grundanliegen der Liturgiekonstitution, in: Kremer, J. (Hg.): a. a. O. 46–72.

ARX, W. von: Der Anteil Papst Pauls VI. an der Liturgiereform des Zweiten Vatikanischen Konzils, St. Ottilien 1987 (Fuldaer Hochschulschriften 2).

BAUMGARTNER, J.: Die Rezeption der vatikanischen Liturgiereform, in: HlD 40 (1986) 113–135.

BECKER, H./HILBERATH, B. J./WILLERS, U. (Hg.): Gottesdienst – Kirche – Gesellschaft. Interdisziplinäre und ökumenische Standortbestimmung nach 25 Jahren Liturgiereform, St. Ottilien 1991 (= PiLi 3).

BENKE, C.: „Mit geistlichem Gewinn ..." (SC 11). Zur Tiefendimension gottesdienstlicher Feier, in: LJ 51 (2001) 172–180.

BERANEK, M.: Gemeinde als „Heil-Land". Erfahrungen heilsamer Gemeindepraxis im Rahmen der Studie „Gemeinde als Heil-Land" und theologisch-spirituelle Perspektiven, Dissertation, Wien 2002.

BERGER, R.: Eine Gemeinde betet das Abendlob, in: Klöckener, M./Rennings, H. (Hg.): Lebendiges Stundengebet. A. a. O. 495–505.

BETTAZZI, L.: Das Zweite Vatikanum. Pfingsten unserer Zeit, Würzburg 2002 [übersetzt von B. Häußler, italienisches Original: Brescia 2000].

BILGRI, A./KIRCHGESSNER, B. (Hg.): Liturgia semper reformanda (FS Karl Schlemmer), Freiburg/Br. u. a. 1997.

BOPP, K.: Prinzipielle Defizite in der Liturgiereform des Zweiten Vatikanischen Konzils? Eine pastoraltheologische Kritik, in: ALw 35/36 (1993/94) 121–134.

BORNERT, R.: Pour une interprétation comparative de la réforme liturgique, in: QL 67 (1986) 1–32.

* Erstellt von Dipl. Theol. Markus Krastl.

BREID, F. (Hg.): Die heilige Liturgie. Referate der „Internationalen Theologischen Sommerakademie 1997“ des Linzer Priesterkreises in Aigen/M, Steyr 1997.

Das Breviergebet. Deutsche Ausgabe des Breviarium Romanum. Hg. und mit Erklärungen versehen von P. Dr. P. Morant OFMCap. Band 2, Dreifaltigkeitssonntag bis Advent, 1965.

Das Breviergebet. Deutsche Ausgabe des Breviarium Romanum. Hg. und mit Erklärungen versehen von P. Dr. P. Morant OFMCap. Band 2, Dreifaltigkeitssonntag bis Advent, 1966.

Das Breviergebet. Deutsche Ausgabe des Breviarium Romanum. Hg. und mit Erklärungen versehen von P. Dr. P. Morant OFMCap. Band 1, Advent bis Dreifaltigkeitssonntag, 1967.

BRÜSKE, G.: Plädoyer für liturgische Sprachkompetenz. Thesen zur Sprachlichkeit der Liturgie, in: ALw 42 (2000), 317–343.

BÜRKI, B./KLÖCKENER, M. (Hg.), unter Mitarb. von A. Join-Lambert: Liturgie in Bewegung – Liturgie en mouvement. Beiträge zum Kolloquium „Gottesdienstliche Erneuerung in den Schweizer Kirchen im 20. Jahrhundert“, 1.–3. März 1999 an der Universität Freiburg/Schweiz – Actes du Colloque „Renouveau liturgique des Églises en Suisse au XXe siècle“, 1–3 mars 1999, Université de Fribourg/Suisse, Freiburg/CH – Genève 2000.

BUGNINI, A.: Die Liturgiereform 1948–1975. Zeugnis und Testament, Deutsche Ausgabe hg. von J. Wagner unter Mitarbeit von F. Raas, Freiburg – Basel – Wien 1988 [Original italienisch: La riforma liturgica (1948–1975), Roma 1983].

BUGNINI, A.: La riforma liturgica. 1948–1975. Nuova edizione riveduta e arricchita di note e di supplementi per una lettura analitica, Roma 1997 (BEL.S 30).

CASINI, T.: La tunica stracciata. Lettera di un cattolico sulla „Riforma liturgica“, Florenz bzw. Rom 1967.

CONRAD, M.: Tagzeitenliturgie, in: SKZ 171 (2003) 32–34.

COX, H. G.: The secular city: secularization and urbanization in theological perspective, London 1966.

Deutsche Bischofskonferenz (Hg.): Direktorium über die Volksfrömmigkeit und die Liturgie. Grundsätze und Orientierungen (17. Dezember 2001) (Verlautbarungen des Apostolischen Stuhls 160), Bonn 2001.

Deutsche Bischofskonferenz (Hg.): Pastorales Schreiben: Mitte und Höhepunkt des ganzen Lebens der Christlichen Gemeinde (Die deutschen Bischöfe 74), Bonn 2003.

Deutsches Lektionar für die Feier der Heiligen Messe. In der Textgestalt der Schott-Messbücher. Herausgegeben von den Benediktinern der Erzabtei Beuron, 1964.

Dürig, W.: Zur Interpretation des Axioms „Legem credendi lex statuat supplicandi“, in: Ziegenaus, A., u. a. (Hg.): a. a. O. 226–236 u. a.

„Ecclesia de Eucharistia“ über die Eucharistie in ihrer Beziehung zur Kirche, Bonn 2003 (VApS 159).

Eisenbach, F.: Die Gegenwart Jesu Christi im Gottesdienst. Systematische Studien zur Liturgiekonstitution des II. Vatikanischen Konzils, Mainz 1982.

Erwachsene fragen nach der Taufe. Eine katechetisch-liturgische Handreichung zur Gestaltung des Katechumenats; erarb. im Auftrag des Deutschen Liturgischen Instituts und der Zentralstelle Pastoral der Deutschen Bischofskonferenz, hg. von E. Werner, völlig überarb. Neuausgabe München 2000.

Die Feier der Eingliederung Erwachsener in die Kirche. Grundform, hg. von den Liturgischen Instituten Deutschlands, Österreichs und der Schweiz; erarb. im Auftrag der Internationalen Arbeitsgemeinschaft der Liturgischen Kommissionen im deutschen Sprachgebiet (IAG), Manuskriptausgabe zur Erprobung, Trier 2001.

Die Feier der Eingliederung Erwachsener in die Kirche nach dem neuen Rituale Romanum, hg. von den Liturgischen Instituten Salzburg, Trier und Zürich, 2., durchges. u. nach CIC 1983 korr. Aufl. Freiburg/Br. 1991 (Pastoralliturg. Reihe in Verb. mit der Zs. „Gottesdienst“).

Die Feier der Heiligen Messe. Evangeliar. Für die Bistümer des deutschen Sprachgebietes. Authentische Ausgabe für den liturgischen Gebrauch. Die Evangelien der Sonntage und Festtage in den Lesejahren A, B und C, 1982.

Die Feier der Heiligen Messe. Lektionar. Die Schriftlesungen für die Sonn- und Feiertage des Kirchenjahres. Band II, Lesejahr B, 1969; Band III, Lesejahr C, 1970; Band I, Lesejahr A, 1971.

Die Feier der Heiligen Messe. Lektionar. Band 4, Die Schriftlesungen für die Wochentage des Kirchenjahres. 1. Teil Advent bis Pfingsten, 1975; 2. Teil Pfingsten bis Advent, 1975; Band 5, Die Schriftlesungen für die Gedenktage der Heiligen, 1975; Band 6,1, Die Schriftlesungen für die Messfeier bei besonderen Anlässen, 1973; Band 6,2, Die Schriftlesungen für die Messfeier für Verstorbene, 1972.

Die Feier der Heiligen Messe. Lektionar. Bd. 1–3, Sonntage A–C; Bd. 4–6, Wochentage; Bd. 7, Messen zu bestimmten Feiern; Bd. 8, Votivmessen, Messen für besondere Anliegen.

Die Feier der Heiligen Messe. Messbuch. Für die Bistümer des deutschen Sprachgebietes. Authentische Ausgabe für den liturgischen Gebrauch. 2 Bände, 1975.

Die Feier des Stundengebetes. Lektionar. Für die katholischen Bistümer des deutschen Sprachgebietes. Authentische Ausgabe für den liturgischen Gebrauch. Bände I/1–8 und II/1–8, Freiburg/Br. 1978.

Die Feier des Stundengebetes. Stundenbuch. Für die katholischen Bistümer des deutschen Sprachgebietes. Authentische Ausgabe für den liturgischen Gebrauch. 3 Bände, Freiburg/Br. 1978.

FISCHER, B./MEYER, H. B. (Hg.): J. A. Jungmann. Ein Leben für Liturgie und Kerygma, Innsbruck 1975.

FONTAINE, G.: La Pastorale Liturgique, in: Not. 20 (1984) 835–844.

„Fürbitten formulieren", herausgegeben vom Deutschen Liturgischen Institut Trier.

Gedächtnis der Heiligen. Ausgewählte Studientexte für das künftige deutsche Messbuch. Heft 7, Die Messfeiern zu Ehren der Heiligen, 1972.

GERHARDS, A.: Liturgie feiern mit Menschen von heute. Perspektiven der Liturgieerneuerung im deutschen Sprachgebiet, in: HlD 49 (1995) 217–226.

GERL, H. B.: Romano Guardini, 1885–1968. Leben und Werk, Mainz 1985.

GIAMPIETRO, N.: Il Cardinale Ferdinando Antonelli e gli sviluppi della riforma liturgica dal 1948 al 1970, Roma 1998 (Studia Anselmiana 121 = Analecta Liturgica 21).

GLADE, W.: Ars celebrandi, in: HlD 55 (2001) 235–249.

GREGUR, J.: Die nachkonziliare Bewertung der Liturgiekonstitution „Sacrosanctum Concilium", in: Klöckener, M./Kranemann, B. (Hg.): Liturgiereformen. A. a. O. 751–784.

GUARDINI, R.: Vom Geist der Liturgie, Freiburg/Br. 1918 (= EcOra 1).

GUARDINI, R.: Vom Sinn der Kirche, Mainz 1922.

GY, P.-M.: L'Esprit de la liturgie du Cardinal Ratzinger est-il fidèle au Concile ou en réaction contre?, in: MD 229 (2002) 171–178.

GY, P.-M.: Ist „Der Geist der Liturgie" Kardinal Ratzingers dem Konzil treu?, in: LJ 52 (2002) 59–65.

HAHNE, W.: De arte celebrandi oder Von der Kunst, Gottesdienst zu feiern. Entwurf einer Fundamentalliturgik, Freiburg u. a. [2]1991.

HÄUSSLING, A.: Christliche Identität aus der Liturgie. Theologische und historische Studien zum Gottesdienst der Kirche, Münster 1997.

HÄUSSLING, A.: Der Geist der Liturgie. Zu Joseph Ratzingers gleichnamiger Publikation, in: ALw 43/44 (2001/02) 362–395.

HÄUSSLING, A.: Liturgiereform. Materialien zu einem neuen Thema der Liturgiewissenschaft, in: Ders., Christliche Identität aus der Liturgie. A. a. O. 11–45 (LQF 79).

HÄUSSLING, A.: Liturgiereform. Materialien zu einem neuen Thema der Liturgiewissenschaft, in: ALw 31 (1989) 1–32.

HÄUSSLING, A.: Liturgiereform und Liturgiefähigkeit, in: ALw 38/39 (1996/97) 1–24.

HÄUSSLING, A.: Nachkonziliare Paradigmenwechsel und das Schicksal der Liturgiereform, in: ThG 32 (1989) 243–254.

HÄUSSLING, A.: „Pascha-Mysterium". Kritisches zu einem Beitrag in der dritten Auflage des Lexikons für Theologie und Kirche, in: ALw 41 (1999) 157–165.

HAUKE, R.: Auf der Suche nach dem Menschen von heute. Vorüberlegungen für alternative Seelsorge und Feierformen, Schlemmer, K. (Hg.), St. Ottilien 1999 (Andechser Reihe 3), 156–160.

HAUKE, R.: Feier zur Lebenswende – eine christliche Hilfe zur Sinnfindung für Ungetaufte, in: Bilgri, A./Kirchgessner, B. (Hg.), a. a. O. 86–103.

HAUKE, R.: Das „Nächtliche Weihnachtslob" im Erfurter Dom, in: Kranemann B./Nagel, E./ Nübold, E. (Hg.): Heute Gott feiern. A. a. O. 214–218.

HAUNERLAND, W.: Authentische Liturgie. Der Gottesdienst der Kirche zwischen Universalität und Individualität, in: LJ 52 (2002) 135–157.

HAUNERLAND, W.: Die Eucharistie und ihre Wirkungen im Spiegel der Euchologie des Missale Romanum, Münster 1989 (= LQF 71).

HAUNERLAND, W.: Werk Christi und seiner Kirche, in: HID 52 (1998) 220–226.

HEINZ, A.: Ars celebrandi. Überlegungen zur Kunst, die Liturgie der Kirche zu feiern, in: Lamberts, J. (Hg.) „Ars celebrandi". A. a. O. 15–34.

HEINZ, A.: Evangelisierung durch die Liturgie. Jugendgottesdienste in Trier zur Zeit des NS-Kirchenkampfes, in: Heinz, A./Lentzen-Dies, W./Schneck, E. (Hg.): Wege der Evangelisierung. 147–165.

HEINZ, A.: Die Komplet der Jugend in den vierziger Jahren, in: Renhart, E./Schnider, A. (Hg.): Sursum corda. A. a. O. 185–194.

HEINZ, A.: Die Liturgiereform vor dem Konzil. Die Bedeutung Pius' XII. (1939–1958) für die gottesdienstliche Erneuerung, in: LJ 49 (1999) 3–38.

HEINZ, A./LENTZEN-DIES, W./SCHNECK, E. (Hg.): Wege der Evangelisierung (FS Heinz Feilzer), Trier 1993.

HENNERSPERGER, A.: Ein ein(z)iges Presbyterium. Zur Personalentwicklung von Priestern. Amtstheologische Reflexionen zur Studie Priester 2000, Ostfildern 2003.

HÖSLINGER, N./MAAS-EWERD, T. (Hg.): Mit sanfter Zähigkeit. Pius Parsch und die biblisch-liturgische Erneuerung, Klosterneuburg 1979 (SPPI 4).

HOFINGER, J. (Hg.): Mission und Liturgie. Der Kongreß von Nimwegen 1959, Mainz 1960.

HORX, M.: Megatrends der späten neunziger Jahre, Düsseldorf 1995.

HUBER, W.: Kirche in der Zeitenwende: gesellschaftlicher Wandel und Erneuerung der Kirche, Gütersloh 1999.

HÜNERMANN, P. (Hg.): Die römische Instruktion über die Mitarbeit der Laien am

Dienst der Priester. Klarstellungen – Kritik – Ermutigungen, Freiburg/Br. u. a. 1998, 152–183.
Impulse für eine lebendige Feier der Liturgie (Die deutschen Bischöfe 74), Bonn 2003.
„Institutio generalis Missalis Romani“ (2000) der Editio typica tertia des Missale Romanum (2002).
Instruktion zu einigen Fragen über die Mitarbeit der Laien am Dienst der Priester vom 15. 8. 1997, deutsch in: VApS 129.
JEDIN, H.: Kleine Konziliengeschichte. Mit einem Bericht über das Zweite Vatikanische Konzil, Freiburg/Br. [8]1978.
JOHANNES PAUL II.: „Dies Domini“ vom 31. 5. 1998; deutsche Ausgabe, Bonn 1998 (VApS 133).
JOHANNES PAUL II.: „Vicesimus quintus annus“, in: AAS 81 (1989) 879–918.
JOIN-LAMBERT, A.: Colloque „Prière humaine – l'Église en prière. La liturgie des Heures dans les Églises en Suisse au XXe siècle“. Fribourg (Suisse), les 30 septembre, 1er et 2 octobre 2002, in: MD 233 (2003) 165–169.
JOUNEL, P./KACZYNSKI, R./PASQUALETTI, G.: Liturgia opera divina e umana. Studi sulla riforma liturgica offerti a S. E. Mons. Annibale Bugnini in occasione del suo 70 compleanno, Rom 1982 (BEL.S 26).
JUNGMANN, J. A.: Einleitung und Kommentar [zur Konstitution über die heilige Liturgie], in: LThK E1 1966, 13.
JUNGMANN, J. A.: Liturgische Bewegung zwischen Barock und Gegenwart, in: LJ 12 (1962) 1–15.
JUNGMANN, J. A.: Missarium Sollemnia. Eine genetische Erklärung der römischen Messe. Erster Band, Messe im Wandel der Jahrhunderte. Messe und Kirchliche Gemeinschaft. Vormesse, Freiburg/Br. [4]1958; Zweiter Band, Opfermesse, Freiburg/Br. 1952.
KACZYNSKI, R.: Angriff auf die Liturgiekonstitution? Anmerkungen zu einer neuen Übersetzer-Instruktion, in: StZ 219 (2001) 651–668.
KACZYNSKI, R.: Zwanzig Jahre Liturgiekonstitution, in: Not. 19 (1983) 764–780.
KACZYNSKI, R.: Zwanzig Jahre Liturgiereform. Rückschau und Ausblick, in: MThZ 36 (1985) 52–66.
KAPELLARI, E.: 40 Jahre Liturgiekonstitution – aus der Sicht des liturgieverantwortlichen Bischofs für Österreich, in: HlD 57 (2003) 171–179.
KAPELLARI, E.: Heilige Zeichen in Liturgie und Alltag, Graz 2001.
KASPER, W.: Die bleibende Herausforderung durch das II. Vatikanische Konzil. Zur Hermeneutik der Konzilsaussagen, in: Ders., Theologie und Kirche. A. a. O. 290–299.
KASPER, W.: Theologie und Kirche, Mainz 1987.

Die kirchliche Begräbnisfeier in den katholischen Bistümern des deutschen Sprachgebietes, hg. im Auftrag der Bischofskonferenzen Deutschlands, Österreichs und der Schweiz und des Bischofs von Luxemburg, Einsiedeln u. a. 1973, letzter Nachdruck 2000.

Kleines Stundenbuch. Morgen- und Abendgebet der Kirche aus der Feier des Stundengebetes. 4 Bände: Advent und Weihnachtszeit 1982; Fasten- und Osterzeit 1983; Im Jahreskreis 1981; Die Gedenktage der Heiligen 1984.

Kleinheyer, B.: „Sacrosanctum Concilium 1986". Eine Relecture der Liturgiekonstitution, in: LJ 38 (1988) 4–29.

Klöckener, M.: 25 Jahre Liturgiekonstitution und Liturgiereform. Ein Bericht über Veranstaltungen und Publikationen zu diesem Anlass, in: Becker, H./Hilberath, B. J./Willers, U. (Hg.): Gottesdienst – Kirche – Gesellschaft. A. a. O.

Klöckener, M.: Auch morgen mit Jugendlichen Liturgie feiern. Orientierungspunkte für den Gottesdienst mit jungen Menschen, in: TThZ 99 (1990) 296–313.

Klöckener, M.: Chancen in der Jugendliturgie, in: LS 42 (1991) 196–200.

Klöckener, M.: Die entfremdete Beziehung zwischen Jugendlichen und Liturgie, in: LJ 39 (1989) 228–252.

Klöckener, M.: Feier des Pascha-Mysteriums Jesu Christi, in: SKZ 171 (2003) 657–660.

Klöckener, M.: Freiheit und Ordnung im Gottesdienst – Ein altes Problem mit neuer Brisanz, in: FZPhTh 43 (1996) 388–419.

Klöckener, M.: Die katholische Liturgische Bewegung in Europa. 10 Thesen und Auswahlbibliographie, in: Bürki, B./Klöckener, M. (Hg.): Liturgie in Bewegung – Liturgie en mouvement. A. a. O.

Klöckener, M.: Die liturgischen Bücher im deutschen Sprachgebiet. Verzeichnis für die pastoralliturgische Arbeit, die liturgische Bildung und das liturgiewissenschaftliche Studium (Stand 1. 10. 1995), Trier 1995 (Pastoralliturg. Hilfen 9).

Klöckener, M.: Lucas Brinkhoff OFM (1919–2003) zum Gedächtnis. Anlässlich des Todes eines bedeutenden Zeugen der liturgischen Erneuerung, in: LJ 53 (2003) 69–75.

Klöckener, M.: Die Ritualiensammlung in der Bibliothek des Deutschen Liturgischen Instituts. Anläßlich der Ritualienbibliographie von Manfred Probst, in: LJ 44 (1994) 33–61.

Klöckener, M.: Die Vision einer lebendigen Liturgie, in: Klöckener, M./Nagel, E./Wirtz H.-G. (Hg.): Gottes Volk feiert ... a. a .O. 9–36.

Klöckener, M./Bürki B. (Hg.): Tagzeitenliturgie. Erfahrungen und Perspektiven in ökumenischer Sicht / Liturgie des Heures. Expériences et perspectives oecuméniques, Fribourg 2004.

KLÖCKENER, M./JOIN-LAMBERT, A.: Spiegelbild der liturgischen Bewegung der Schweiz, in: Liturgia et Unitas. Liturgiewissenschaftliche und ökumenische Studien zur Eucharistie und zum gottesdienstlichen Leben in der Schweiz. Études liturgiques et œcuméniques sur l'Eucharistie et la vie liturgique en Suisse. In honorem Bruno Bürki, Freiburg/CH – Genève 2001, 267–277.

KLÖCKENER, M./KRANEMANN, B. (Hg.): Liturgiereformen. Historische Studien zu einem bleibenden Grundzug des christlichen Gottesdienstes (Teil I: Biblische Modelle und Liturgiereformen von der Frühzeit bis zur Aufklärung, Teil II: Liturgiereformen seit der Mitte des 19. Jahrhunderts bis zur Gegenwart) (FS A. Häußling), Münster 2002 (LQF 88).

KLÖCKENER, M./KRANEMANN B. (Hg.): 40 Jahre Liturgiekonstitution des Zweiten Vatikanischen Konzils, [im Druck, 2004].

KLÖCKENER, M./NAGEL, E./WIRTZ, H.-G. (Hg.): Gottes Volk feiert ... Anspruch und Wirklichkeit gegenwärtiger Liturgie, Trier 2002.

KLÖCKENER, M./RENNINGS, H. (Hg.): Dokumente zur Erneuerung der Liturgie, [Bd. 1, Kevelaer/Freiburg, Schw. [2]2002 – Bd. 2, ebd. 1997, Bd. 3, ebd. 2001].

KLÖCKENER, M./RENNINGS, H. (Hg.): Lebendiges Stundengebet. Vertiefung und Hilfe (FS Lucas Brinkhoff), Freiburg/Br. 1989 (Pastoralliturg. Reihe in Verb. mit der Zs. „Gottesdienst").

KOCH, K.: Die Gegenwart Jesu Christi feiern. Bischofswort zum 40-Jahr-Jubiläum der Liturgiekonstitution des II. Vaticanums, [Solothurn] 2003.

KOCH, K.: Die Gemeinde und ihr Gottesdienst, in: StZ 214 (1996), 75–89.

KOHLSCHEIN, F.: Bewusste, tätige und fruchtbringende Teilnahme, in: Maas-Ewerd, T. (Hg.): Lebt unser Gottesdienst? A. a. O. 38–62.

KOHLSCHEIN, F.: Den täglichen Gottesdienst der Gemeinden retten. Plädoyer für die Tagzeitenliturgie in den Pfarrkirchen, in: LJ 34 (1984) 195–234.

KOLBE, F.: Die Liturgische Bewegung, Aschaffenburg 1964 (= Der Christ in der Welt 9, Die Liturgie der Kirche 4).

KRÄTZL, H.: Erneuerung der Liturgie – ein Maßstab nachkonziliarer Reform, in: Ders., Im Sprung gehemmt. A. a. O. 27–46.

KRÄTZL, H.: Im Sprung gehemmt. Was mir nach dem Konzil noch alles fehlt, Mödling [4]1999.

KRÄTZL, H.: Liturgie und Kirche auf dem Weg ins 3. Jahrtausend, in: Ders., Neue Freude an der Kirche. A. a. O. 255–265.

KRÄTZL, H.: Neue Freude an der Kirche. Ein engagiertes Bekenntnis, Innsbruck-Wien 2001.

KRAMP, J.: Bete mit der Kirche, Münster 1936.

KRANEMANN, B.: Grenzgängerin zwischen den theologischen Disziplinen. Die Entwicklung der deutschsprachigen Liturgiewissenschaft im 19. und 20. Jahrhundert, in: TThZ 108 (1999) 253–272.

KRANEMANN, B.: Liturgiereform – ein Baustein in der Liturgiegeschichte, in: HlD 57 (2003) 225–233.

KRANEMANN, B.: Liturgiewissenschaft angesichts der „Zeitenwende". Die Entwicklung der theologischen Disziplin zwischen den beiden Vatikanischen Konzilien, in: Wolf, H. (Hg.): Die katholisch-theologischen Disziplinen in Deutschland. A. a. O. 351–375.

KRANEMANN, B./NAGEL, E./NÜBOLD, E. (Hg.), Heute Gott feiern. Liturgiefähigkeit des Menschen und Menschenfähigkeit der Liturgie, Freiburg/Br. u. a. 1999 (Pastoralliturg. Reihe in Verb. mit der Zs. „Gottesdienst").

KRANEMANN, B./RICHTER, K./TEBARTZ-VAN ELST, F.-P. (Hg.): Gott feiern in nachchristlicher Gesellschaft. Die missionarische Dimension der Liturgie, Stuttgart 2000.

KRANEMANN, B./STERNBERG, T. (Hg.): Wie das Wort Gottes feiern? Der Wortgottesdienst als theologische Herausforderung, Freiburg/Br. 2002 (QD 194).

KREMER, J. (Hg.): Aufbruch des Zweiten Vatikanischen Konzils heute. Geleitwort von Franz Kardinal König, Innsbruck 1993.

KROGMANN, A.: Menschen und Kirche im Gebet – Utopie oder Zukunft christlicher Existenz? Ein Tagungsbericht, in: LJ 53 (2003) 134–137.

KÜPPERS, K.: Diözesan-Gesang- und Gebetbücher des deutschen Sprachgebietes im 19. und 20. Jahrhundert. Geschichte, Bibliographie, Münster 1987 (LQF 69).

KUNZ, R.: „Christus ist gegenwärtig in seinem Wort" (SC 7). Impulse für eine ökumenische Theologie der Liturgie, in: Klöckener, M./Kranemann, B. (Hg.): 40 Jahre Liturgiekonstitution ... a. a. O.

KUNZLER, M.: Die Liturgie der Kirche, Paderborn 1995 (= AMATECA – Lehrbücher zur katholischen Theologie Bd. X).

LAMBERTS, J. (Hg.): „Ars celebrandi". The Art to Celebrate the Liturgy, Löwen 2002.

LEHMANN, K.: Gottesdienst als Ausdruck des Glaubens, in: LJ 30 (1980) 197–214.

LENGELING, J. E.: Die Konstitution des Zweiten Vatikanischen Konzils über die heilige Liturgie, Münster ²1965 (= Reihe Lebendiger Gottesdienst 5/6).

LENGELING, J. E.: Kritische Bilanz. Liturgische Bildung des Klerus und der Laien in den Aussagen des Zweiten Vatikanischen Konzils, in den römischen Ausführungsbestimmungen und in den reformierten liturgischen Büchern, Regensburg 1976.

Liturgiam authenticam. Fünfte Instruktion „zur ordnungsgemäßen Ausführung der Konstitution des Zweiten Vatikanischen Konzils über die heilige Liturgie“ (zu Art. 36 der Konstitution), lateinisch – deutsch, Bonn 2002 (VApS 154).

MAAS-EWERD, T.: Die Krise der Liturgischen Bewegung in Deutschland und Österreich, Regensburg 1981 (= StPaLi 3).

MAAS-EWERD, T. (Hg.): Lebt unser Gottesdienst? Die bleibende Aufgabe der Liturgiereform (FS Bruno Kleinheyer), Regensburg 1988.

MAAS-EWERD, T.: Liturgische Bewegung, I. Katholische Kirche, in: 3/LThK VI 992f.

MAAS-EWERD, T.: „Mediator Dei“ – vor 50 Jahren ein Signal. Die Liturgieenzyklika Papst Pius’ XII. vom 20. November 1947, in: LJ 47 (1997) 129–150.

MAAS-EWERD, T.: Pius Parsch und die Liturgische Bewegung im deutschen Sprachgebiet, in: Höslinger, N./Maas-Ewerd, T. (Hg.): Mit sanfter Zähigkeit. A. a. O. 79–119 (SPPI 4).

MAAS-EWERD, T.: Zur Bedeutung der Komplet in der Jugendseelsorge der dreißiger Jahre, in: Klerusblatt 68 (1988) 317–321.

MARINI, P.: Attività complessiva dei gruppi di studio del „Consilium ad exsequendam Constitutionem de Sacra Liturgia“, Gennaio 1964–Marzo 1965, in: EL 112 (1998) 289–309.

MARINI, P.: Il „Consilium ad exsequendam Constitutionem de Sacra Liturgia“ Gennaio 1964–Marzo 1965. Considerazioni generali, in: EL 113 (1999) 3–30.

MARINI, P.: Il „Consilium“ in piena attività in un clima favorevole, Ottobre 1964–Marzo 1965, in: EL 109 (1995) 97–158.

MARINI, P.: Il primo periodo di attività del „Consilium“. Prospettive e difficultà, Marzo–Giugno 1964, in: EL 107 (1993) 401–439.

MARINI, P.: La nascita del „Consilium ad exsequendam Constitutionem de Sacra Liturgia“, Gennaio–Marzo 1964, in: EL 106 (1992) 289–318.

MARINI, P.: Le premesse della grande riforma liturgica (Ottobre–Dicembre 1963), in: Costitutione liturgica „Sacrosanctum Concilium“. Studi. Hg. von Congrgazione per il Culto Divino, Rom.

MARINI, P.: L’istruzione „Inter Oecumenici“, una svolta decisiva, Luglio–Ottobre 1964, in: EL 108 (1994) 205–231.

MARTIMORT, A. G.: L’ Eglise en prière I. Principes de la liturgie, Paris 1983.

MAZZA, E.: La riforma liturgica: le tappe e la questione del metodo, in: Cristianesimo nella storia 15 (1994) 117–135.

MESSNER, R.: Einführung in die Liturgiewissenschaft, Paderborn 2001.

MESSNER, R./NAGEL, E./PACIK, R. (Hg.): Bewahren und Erneuern. Studien zur Messliturgie, Innsbruck 1995 (ITS 42).

Meyer, H. B.: Liturgie und Spiritualität. Eine Problemskizze, in: Renhart, E./Schnider, A. (Hg.): Sursum corda. A. a. O. 41–48.

Meyer, H. B./Pacik, R.: Dokumente zur Kirchenmusik unter besonderer Berücksichtigung des deutschen Sprachgebietes, Regensburg 1981.

Mikrut, J. (Hg.): Faszinierende Gestalten der Kirche Österreichs, Bd. 4, Wien 2001.

Missale Romanum ex decreto Sacrosancti Oecumenici Concilii Vaticani II instauratum auctoritate Pauli PP. VI promulgatum Ioannis Pauli PP. II cura recognitum. Editio typica tertia, Roma 2003.

Montini, G. B.: Su l'educazione liturgica. Milano 1958; deutsche Ausgabe: Erziehung zur Liturgie. Fastenhirtenbrief 1958, [Übers. und im Auftrag des Liturgischen Instituts hg. von F. Kolbe, Münster 1963].

Mosebach, M.: Häresie der Formlosigkeit. Die römische Liturgie und ihr Feind, Wien u. a. 2002.

Müller, G. L.: Auf dem Weg zum Heiligen Jahr 2000. Aufbruch ins Dritte Jahrtausend – Teil 2. Theologisches Arbeitsbuch, Köln 1997.

Nagel, E.: ... dass die Richtung stimmt. Zum Stand der Liturgischen Erneuerung am Ende des 20. Jahrhunderts, in: Müller, G. L.: Auf dem Weg zum Heiligen Jahr 2000. A .a. O.

Nagel, E. (Hg.) u. a.: Studien und Entwürfe zur Messfeier, Freiburg/Br. 1995.

Nebel, J.: Die editio typica tertia des Missale Romanum. Eine Untersuchung über die Veränderungen, in: EcclOr 19 (2002) 265–314.

Nenning, G.: Gott ist verrückt. Die Zukunft der Religion, Düsseldorf 1997.

Neues Stundenbuch. Ausgewählte Studientexte für ein künftiges Brevier. Band 1: Tagzeiten, 1970.

Neues Stundenbuch. Ausgewählte Studientexte für ein künftiges Brevier. Band 2: Geistliche Lesung, 1971.

Nichols, A.: Looking at the Liturgy. A Critical View on Its Contemporary Form, San Francisco 1996.

Officium Divinum Parvum. Bearbeitet und herausgegeben im Einvernehmen mit dem österreichischen Episkopat von P. H. Fleischmann OSB, Mönch der Abtei Seckau. Ausgabe mit deutschem Text, 1958.

Die Osterfeier. Handreichung für die liturgischen Feiern von Palmsonntag bis Ostermontag mit ausgewählten Studientexten für das künftige deutsche Messbuch, 1971.

Die Osterzeit. Ausgewählte Studientexte für das künftige deutsche Messbuch. Heft 1, kurze Fassung, 1971; Heft 1, lange Fassung, mit Präfationen und Ordinarium, 1971.

Paiano, M.: „Sacrosanctum Concilium". Der schwierige Weg zur Liturgiekonstitution des II. Vaticanums, in: HlD 53 (1999) 82–94, 154–167.

PARSCH, P.: Volksliturgie. Ihr Sinn und Umfang, Klosterneuburg 1940, 2., erweiterte Auflage 1952 und als Neuausgabe: Redtenbacher, A. (Hg.), Würzburg 2004 (PPSt 1).
„Pastorale Einführung in das Messlektionar" des Ordo Lectionum Missae, 1981.
Perikopenbuch für die Messfeier an Wochentagen. Band I, Vom ersten Adventsonntag bis zum Samstag nach dem ersten Passionssonntag, 1966.
Perikopenbuch für die Messfeier an Wochentagen. Band II, Von Ostern bis zum Dreifaltigkeitsfest, 1966.
Perikopenbuch für die Messfeier an Wochentagen. Band III Vom Dreifaltigkeitsfest bis zum Samstag nach dem letzten Sonntag nach Pfingsten, 1966.
PESCH, O. H.: Das Zweite Vatikanische Konzil. Vorgeschichte – Verlauf – Ergebnisse – Nachgeschichte, Würzburg 1996, 105–131.
POSCHMANN, A.: Das Leipziger Oratorium, Leipzig 2001 (EThS 81).
PROBST, M.: Bibliographie der katholischen Ritualiendrucke des deutschen Sprachbereichs. Diözesane und private Ausgaben, Münster 1993 (LQF 74).
RAHNER, K. (Hg.) u. a.: Reformation aus Rom, München o. J.
RAHNER, K./VORGRIMLER, H.: Kleines Konzilskompendium, Freiburg/Br. 191986.
RATZINGER, J.: L'Esprit de la liturgie ou la fidélité au Concile. Réponse au père Gy, in: MD 230 (2002) 114–120.
RATZINGER, J.: Der Geist der Liturgie. Eine Einführung, Freiburg/Br. 2000.
RATZINGER, J.: „Der Geist der Liturgie" oder: Die Treue zum Konzil. Antwort an Pater Gy, in: LJ 52 (2002) 111–115.
RATZINGER, J:. Um die Erneuerung der Liturgie. Antwort auf Reiner Kaczynski, in: StZ 219 (2001) 837–843.
REDTENBACHER, A.: Gemeindetheologie – Gemeindespiritualität, in: IUC 30 (1983) 109–115.
REDTENBACHER, A.: Immer noch Zukunftsvision – „Volksliturgie" nach Pius Parsch, in: HlD 52 (1998) 118–122.
REDTENBACHER, A.: Liturgie und Leben. Erneuerung aus dem Ursprung. Liturgiewissenschaftliche Beiträge – mit einem Vorwort von Franz Kardinal König, Würzburg 2002.
REDTENBACHER, A.: „Sacrosanctum Concilium". Die Liturgiekonstitution des Zweiten Vatikanischen Konzils – 40 Jahre danach, Trier u. a. 2003.
RENHART, E./SCHNIDER, A. (Hg.): Sursum corda. Variationen zu einem liturgischen Motiv. Für Philipp Harnoncourt zum 60. Geburtstag, Graz 1991.
RENNINGS, H.: Fünfundzwanzig Jahre „Herbergssuche" der Liturgie in der römischen Kurie, in: Ders., Gottesdienst im Geist des Konzils. A. a. O. 110–124.
RENNINGS, H.: Gottesdienst im Geist des Konzils. Pastoralliturgische Beiträge

zur Liturgiereform, in Verb. mit dem Deutschen Liturgischen Institut hg. von M. Klöckener, Freiburg/Br. 1995 (Pastoralliturg. Reihe in Verb. mit der Zeitschrift „Gottesdienst“).

Rennings, H./Klöckener, M. (Hg.): Dokumente zur Erneuerung der Liturgie I–III, Kevelaer/Fribourg 1983–2001.

Richter, K.: Das Konzil war erst der Anfang. Die Bedeutung des Zweiten Vaticanums für Theologie und Kirche, Mainz 1991.

Richter, K.: Liturgiereform als Mitte der Erneuerung der Kirche, in: Ders., Das Konzil war erst der Anfang. A. a. O. 53–74.

Richter, K.: Die Signalfunktion der Liturgiekonstitution, in: MThZ 54 (2003) 98–113.

Richter, K.: Das Verhältnis von Kirche und Liturgie. Zur Rezeption des Zweiten Vatikanischen Konzils, in: HlD 54 (2000) 171–180.

Richter, K.: Zur Konstitution Sacrosanctum Concilium des Zweiten Vatikanischen Konzils vom 4. Dezember 1963, in: ThRv 99 (2003) 353–368.

Ringseisen, P.: Morgen- und Abendlob mit der Gemeinde. Geistliche Erschließung, Erfahrungen und Modelle. Mit einem Beitrag von M. Klöckener, Freiburg/Br. u. a. 2002.

Röhrig, F.: Pius Parsch (1884–1954), Chorherr des Stiftes Klosterneuburg. Ein Leben für die Ehre Gottes in der Liturgie, in: Mikrut, J. (Hg.): Faszinierende Gestalten der Kirche Österreichs. A. a. O. 225–249.

Rousseau, O.: Histoire du mouvement liturgique, Paris 1945.

Rubricae Breviarii et Missalis Romani et documenta adnexa, cum indice analytico, hg. von der Sacra Congregatio Rituum, Rom 1960.

Saberschinsky, A.: Liturgie der Gemeinde. Wissenschaftliches Kolloquium über die Tagzeitenliturgie, in: Gd 37 (2003) 1–3.

Sauer, R.: Die Kunst, Gott zu feiern. Liturgie wieder entdecken und einüben, München 1996.

Schilson, A.: Der Geist der Liturgie – von Guardini bis Ratzinger, in: Gottes Volk feiert … Anspruch und Wirklichkeit gegenwärtiger Liturgie. Hg. von Klöckener, M./Nagel, E./Wirtz, H.-G., Trier 2002.

Schmid-Keiser, S.: Aktive Teilnahme. Kriterium gottesdienstlichen Handelns und Feierns. Zu den Elementen eines Schlüsselbegriffes in Geschichte und Gegenwart des 20. Jahrhunderts. 2 Bände, Frankfurt – New York 1985 (EHS.T 250).

Schmidt, H.: Die Konstitution über die heilige Liturgie. Text, Vorgeschichte, Kommentar, Freiburg/Br. u. a. 1965 (Herder Bücherei 218).

Schmitt, S.: Die internationalen liturgischen Studientreffen 1951–1960. Zur Vorgeschichte der Liturgiekonstitution, Trier 1992 (TThS 53).

SCHOTT, A,: Das Messbuch der heiligen Kirche. Mit liturgischen Einführungen und kurzen Lebensbeschreibungen der Heiligen. Neu bearbeitet von den Benediktinern der Erzabtei Beuron, 1957.

SCHOTT A.: Das Messbuch der heiligen Kirche. Mit liturgischen Einführungen. Neubearbeitet von den Benediktinern der Erzabtei Beuron, 1962.

SCHOTT A.: Das Messbuch der heiligen Kirche. Mit neuen liturgischen Einführungen. In Übereinstimmung mit dem Altarmessbuch neu bearbeitet von den Benediktinern der Erzabtei Beuron, 1966.

Schott-Messbuch. Die neuen Lesungen bei besonderen Anlässen. Teil 1, Sakramente und Sakramentalien. Votivmessen. Originaltexte der Altarausgabe des Lektionars. Mit Einführungen hg. von den Benediktinern der Erzabtei Beuron, 1973.

Schott-Messbuch. Originaltexte der authentischen deutschen Ausgabe des Messbuches und des Messlektionars. Mit Einführungen hg. von den Benediktinern der Erzabtei Beuron. Für die Sonn- und Festtage des Lesejahres. A 1983; B 1984; C 1982; Für die Wochentage 2 Bde. 1984; Für verschiedene Anlässe 1986.

SCHÜLING, H.: Katalog einer Sammlung von Gesang- und Gebetbüchern. Gießen 1992 (Berichte u. Arbeiten aus der Universitätsbibliothek u. dem Universitätsarchiv Gießen 44).

SCHWARZENBERGER, R.: Bewusst und tätig. Die Liturgieerneuerung des II. Vaticanums, Wien 1983.

SODI, M.: La „Sacrosanctum Concilium" e i suoi commenti dal 1964 ad oggi, in: Not. 19 (1983) 571–607; auch: ON 23 (1984) 125–147.

SODI, M.: Vent'anni di studi e commenti sulla „Sacrosanctum Concilium", in: Costituzione liturgica „Sacrosanctum Concilium". Studi. Hg.: Congregazione per il Culto Divino. Rom 1986 525–570 (BEL.S 38).

SODI, M./TONIOLO, A.: Praenotanda Missalis Romani. Textus – Concordantia – Appendices, Editio typica tertia, Città del Vaticano 2003 (Monumenta studia instrumenta liturgica 24).

STUFLESSER, M.: Memoria Passionis, Regensburg 1940.

TRAPP, P.: Vorgeschichte und Ursprung der Liturgischen Bewegung, Regensburg 1940.

VOLK, H.: Theologische Grundlagen der Liturgie, Mainz 1964.

Volks-Schott. Für das Lesejahr A. Originaltexte der authentischen deutschen Ausgabe des Messbuchs und des Lektionars. Mit Einführungen hg. von den Benediktinern der Erzabtei Beuron, 1977.

Volks-Schott. Für das Lesejahr B. Originaltexte der authentischen deutschen Ausgabe des Messbuchs und des Lektionars. Mit Einführungen hg. von den Benediktinern der Erzabtei Beuron, 1975.

Volks-Schott. Messbuch für die Sonn- und Feiertage. Im Anschluss an das größere Messbuch von P. Anselm Schott OSB herausgegeben von den Mönchen der Erzabtei Beuron, 1951.

Volks-Schott. Messbuch für die Sonn- und Feiertage. Im Anschluss an das größere Messbuch von P. Anselm Schott OSB herausgegeben von den Benediktinern der Erzabtei Beuron, 1958.

WAGNER, J.: Die neue Liturgie, in: Rahner, K. (Hg.) u. a.: Reformation aus Rom, München o. J., 40–48.

WAGNER, J.: Mein Weg zur Liturgiereform 1936–1986. Erinnerungen, Freiburg-Basel – Wien 1993.

WAGNER, K.: Die Feier der Beerdigung. Studienausgabe für die Begräbnisfeier mit besonderer Berücksichtigung der Gegebenheiten in der Großstadt, Freiburg/Br. 2001.

WAINWRIGHT, G.: Der Gottesdienst als „Locus Theologicus", in: KuD 28 (1982) 248–258.

WASSILOWSKY, G. (Hg.): II. Vaticanum – Vergessene Anstöße, gegenwertige Fortschreibungen (QD 207), Freiburg/Br. 2004, 90–115.

WEAKLAND, R.: Liturgie zwischen Erneuerung und Restauration, in: StZ 220 (2002) 475–487; auch in HlD 56 (2002) 83–93.

WEIS, H.- W.: Exodus ins Ego. Therapie und Spiritualität im Selbstverwirk-lichungsmilieu, Zürich 1998.

WERNER, E.: Erwachsene fragen nach der Taufe. Eine katechetisch-liturgische Handreichung zur Gestaltung des Katechumenats. Erarb. im Auftrag des Deutschen Liturgischen Instituts und der Zentralstelle Pastoral der Deutschen Bischofskonferenz. Völlig überarb. Neuausgabe, München 2000.

WILLA, J.-A.: Die Erneuerung des gemeinschaftlichen Betens als pastorale Notwendigkeit und ökumenisches Anliegen. Ein liturgiewissenschaftliches Kolloquium zur Tagzeitenliturgie an der Universität Freiburg (Schweiz), in: HlD 57 (2003) 86–88.

WOLF, H. (Hg.): Die katholisch-theologischen Disziplinen in Deutschland 1870–1962, Paderborn u. a. 1999.

ZIEGENAUS, A./COURTH, F./SCHÄFER, P. (Hg.): Veritati Catholicae (FS L. Scheffczyk), Aschaffenburg 1985.

ZULEHNER, P. M.: Aufbrechen oder untergehen. So geht Kirchenentwicklung. Am Beispiel des Passauer Pastoralplanes, Ostfildern 2002.

ZULEHNER, P. M.: Megatrend Religion, in: Stimmen der Zeit 221 (2/2003) 87–96.

ZULEHNER, P. M.: Priester im Modernisierungsstress, Ostfildern 2001.

ZULEHNER, P. M./HENNERSPERGER, A.: „Sie gehen und werden nicht matt" (Jes 40,31). Priester in heutiger Kultur, Ostfildern 2001.

ZULEHNER, P. M./LOBINGER, F.: Um der Menschen und der Gemeinden willen. Plädoyer zur Entlastung der Priester, Ostfildern 2002.

ZULEHNER, P. M. u. a.: Kehrt die Religion wieder? Religion im Leben der Menschen 1970–2000, Ostfildern 2002.

ZULEHNER, P. M., u. a.: Gottvoll und erlebnisstark. Für eine Kultur und Qualität unserer Gottesdienste, Ostfildern 2004, ist ansatzweise ausgewertet in: Redtenbacher, A.: Liturgie und Leben. Erneuerung aus dem Ursprung. A. a. O. 50–55.

Verzeichnis der Mitarbeiter

Univ.-Prof. Dr. Hans-Jürgen FEULNER, Ordinarius für Liturgiewissenschaft in Wien;

Univ.-Prof. Dr. Martin KLÖCKENER, Ordinarius für Liturgiewissenschaft in Fribourg;

Kardinal DDr. Franz KÖNIG (†), Alterzbischof von Wien, langjähriger Vorsitzender der Österreichischen Bischofskonferenz, ehemaliger Präsident des Päpstlichen Sekretariates für die Nichtglaubenden, Konzilsteilnehmer;

Dipl. Theol. Markus KRASTL, Wissenschaftlicher Mitarbeiter, DLI-Trier;

Mag. Dr. Andreas REDTENBACHER, Habilitand im Fach Liturgiewissenschaft in Trier, Vorsitzender der Österreichischen Liturgiereferentenkonferenz und des Liturgieausschusses des Bischofsvikariates Wien-Stadt;

Kardinal Dr. Christoph SCHÖNBORN, Erzbischof von Wien, Vorsitzender der Österreichischen Bischofskonferenz;

Apost. Protonotar Prälat Dr. Rudolf SCHWARZENBERGER, ehemaliger Pastoralamtsleiter und Vorsitzender der Liturgiekommission der Erzdiözese Wien;

Pfarrer KR Anton STRUTZENBERGER, Vorsitzender der Liturgiekommission der Erzdiözese Wien, Moderator der Pfarre ‚Zum hl. Klaus von Flüe';

Univ. Ass. Dr. Hubert Philipp WEBER, Assistent am Institut für Dogmatik in Wien, Referent im Erzbischöflichen Sekretariat, ea. Mitarbeiter des Liturgieausschusses des Bischofsvikariates Wien-Stadt;

Univ.-Prof. DDr. Paul Michael ZULEHNER, Ordinarius für Pastoraltheologie und Dekan der Kath.-Theol. Fakultät Wien.